现代物流与供应链管理研究

徐湘匀 范 丹 侯志斌◎著

吉林科学技术出版社

图书在版编目（CIP）数据

现代物流与供应链管理研究 / 徐湘匀，范丹，侯志
斌著. -- 长春：吉林科学技术出版社，2022.9
ISBN 978-7-5578-9706-2

Ⅰ. ①现… Ⅱ. ①徐… ②范… ③侯… Ⅲ. ①物流管
理—研究②供应链管理—研究 Ⅳ. ①F252.1

中国版本图书馆 CIP 数据核字 (2022) 第 177813 号

现代物流与供应链管理研究

著	徐湘匀 范 丹 侯志斌
出 版 人	宛 霞
责任编辑	张伟泽
封面设计	金熙腾达
制 版	金熙腾达
幅面尺寸	185mm×260mm
字 数	290 千字
印 张	12.75
印 数	1–1500 册
版 次	2022年9月第1版
印 次	2023年4月第1次印刷

出 版 吉林科学技术出版社
发 行 吉林科学技术出版社
地 址 长春市福祉大路5788号
邮 编 130118
发行部电话/传真 0431-81629529 81629530 81629531
　　　　　　　　81629532 81629533 81629534
储运部电话 0431-86059116
编辑部电话 0431-81629518
印 刷 三河市嵩川印刷有限公司

书 号 ISBN 978-7-5578-9706-2
定 价 80.00元

前　言

随着市场经济的不断发展，企业之间的竞争越来越激烈，为顺应市场发展以及企业外部环境的急剧变化，企业也在进一步谋求自身的改革和发展，在各个方面进行转型升级。企业纷纷将精力转向物流的开发和运营中，希望通过提升物流质量和服务水平，来获取竞争优势。供应链管理是进入 21 世纪后企业适应全球化竞争的一个有效途径、一种新的管理模式。在实施物流管理过程中，供应链管理成了核心管理发展方式，其强调的重点核心内容为企业间相互形成战略联盟，优化整合物流、资金流以及信息流，使之成为可充分实现共享的企业优势资源。因此，基于一体化的供应链管理思想越来越明确地成为企业管理发展的一个新方向。

企业物流管理与供应链管理，这两门不同的学科在这样的背景下不断发展融合，形成了一个新的研究领域，即供应链管理物流。具体来说，就是通过对供应链管理的研究和分析，规划出最适合企业发展的物流发展策略，保持同供应链上其他企业的良好关系，以此实现企业的经营目标。

本书是现代物流与供应链管理方向的著作，主要研究物流与供应链的管理与应用。本书从物流与供应链管理基础介绍入手，针对运输与配送管理、仓储与库存管理以及供应链运作管理进行了分析研究；另外对供应链采购管理、供应链信息管理做了一定的阐述；还对现代物流与供应链管理的未来创新发展进行了简述。本书通过分析现代物流与供应链管理的未来创新发展方向，旨在为提升企业运作效率，促进物流行业不断发展提供一些借鉴。

在本书撰写过程中，参考了大量的科技文献，在此谨向相关文献的作者表示衷心的感谢！同时由于作者水平及时间有限，加上现代物流技术及物流产业发展迅速，相关技术和管理理念不断更新，书中难免有疏漏和不足之处，敬请读者批评指正。

作者

2022 年 6 月

目 录

第一章　现代物流与供应链管理概述

第一节　现代物流与管理概述

一、现代物流概述

（一）物流的产生和发展

1. 物流的产生

物流的产生历史悠久，自从有了人类，物流这种形态就存在于人类社会之中。但是，由于人类初期的生产力低下，这一阶段的物流组织处于原始状态。物流概念是在社会经济高度发展条件下才出现的，即市场经济发展的产物。大机器生产的出现，大大提高了社会劳动生产率。但是从整个社会看，总的产品数量还很有限，一般来说，产品生产出来总可以分销出去。所以，人们的注意力都放在怎样改进生产技术，多生产产品，而不必过多担心产品分销不出去，进而也就不关心分销及其运输成本和效益，因而也不会产生物流的概念。

现代物流最早出现于 20 世纪初，被称为"physical distribution"（PD），即"实物分配"或"货物配送"。当时很多国家已开始出现生产大量过剩、需求严重不足的经济危机，迫切需要解决商品的销售和物资流通的问题。在一些经济发达国家，其生产力发展到较高的水平，社会总产品数量达到比较饱和的程度，社会总需求也相应有较大程度的增长，市场竞争激烈，企业生产出来的产品不一定都能分销出去，而且再靠提高生产技术已经有一定难度。这时，人们不得不关心分销工作，希望通过分销来打开市场，这样一来，降低分销成本、提高分销经济效益就成为企业关注的大事。由此，人们才逐渐关注分销物流，物流的概念也开始出现萌芽。

2. 世界物流发展阶段

根据物流实践的内容、应用技术、实现手段和方式特点等，物流活动的发展可分为两大发展阶段。其中，20 世纪 80 年代中期可以作为两大发展阶段的分水岭。

（1）传统物流阶段

传统物流以手工作业、机械作业为主，重视物流的各项功能。从物流整体发展过程分析，初级物流时间阶段为20世纪40年代末至80年代中期,其中还可以进一步划分为若干时期。其主要特点是专业化、机械化发展,以提高运输、仓储、配送、外购等各种物流环节的效率、效益为重点。

（2）现代物流阶段

现代物流以电子信息技术为基础,注重服务、人员、技术、信息和管理的综合集成,是现代生产方式、现代管理手段与电子信息技术相结合在物流领域的体现。同一物流活动中,各运作主体依托电子信息技术,使物流活动能有效地在企业内部、多企业之间、区域、全国乃至国际间展开经营活动。现代物流是在现代技术（如电子信息技术、准时制计算机集成制造系统等）与现代经营管理（如市场营销、战略管理、全面质量管理等）相互促进的过程中发展起来的,也可以说是现代技术、电子信息技术和现代管理理论综合应用的产物。

（二）物流的概念及特点

1. 物流的概念

在中华人民共和国国家标准《物流术语》中,物流的定义为:物品从供应地向接收地的实体流动过程,根据实际需要,将运输、储存、装卸、搬运、包装、流通加工、配送、信息处理等基本功能实施有机结合。该定义从两个角度对物流概念进行了概括:一是从物流的表观现象角度客观地表述物流活动的过程和状态,二是从管理角度表述物流活动的具体工作内容以及对这些工作进行系统的管理。该定义的前半部分内容明确指出了物流的特定范围,起点是"供应地",终点是"接收地",只要符合这个条件的实体流动过程都可以看成是物流,这充分表达了物流的广泛性;该定义的后半部分内容明确指出了物流所包含的功能要素,实现这些功能要素的措施是"有机结合"。因此,物流是系统化的产物,也需要"管理"。

2. 物流的特点

在物流产业蓬勃发展的今天,人们对现代物流的理解存在很多偏差。有人认为,现代物流就是送货上门的服务,就是建立拥有先进存储设施的产品分销中心,就是对传统贸易方式下的有形市场做进一步发展。事实上,真正的现代物流是要以虚拟市场取代有形市场,要压缩有形的仓储设施和商品分销中心,要精简和简化分销网络。随着社会经济的发展,现代物流也呈现出多样化的特征。

（1）技术信息化

21世纪人类社会已经进入了信息时代,信息技术特别是电子数据交换技术和网络技术的应用对物流技术的发展产生了深远的影响。无论是在时间上,还是在空间上,都极大地缩短了物流活动的运作范围,使得物流活动更加快速、更为有效。物流信息化主要包括:物流信息收集的数据库化和代码化、物流信息处理的计算机化和自动化、物流信息传递的标准化和实时化、物流信息存储的数字化、运输网络和营销网络的合理化、物流中心管理的电子化及物品条码技术应用带来的产品数字化等等。可以说，信息化是物流业发展的助推器，是现代物流发展的基础，也是现代物流最基本的特征。

（2）组织网络化

网络化以物流的信息化为基础，一般包括组织的网络化和计算机信息通信的网络化。高效的物流网络为物流系统各环节的顺畅运作提供了必要的保障。

（3）物流系统化

所谓物流系统化，就是将物流的诸环节（子系统）有机地结合起来，看作一个物流大系统，进行整体设计和管理，通过统筹协调、合理规划，以最佳的结构、最好的配合、合理的组织，充分发挥物流的综合效益及总体优势。物流系统化的核心与关键是物流的整合，而这也是实现物流系统化的根本途径。通过整合物流，不但有利于降低成本，更好地挖掘"第三利润源"，还可以提高物流的效率，更加合理地配置和利用物流资源。现代物流从系统的角度统筹规划整体的各种物流活动，力求整体活动的最优化。

（4）作业标准化

物流作业标准化是物流现代化的基础，是物流现代化管理的必要条件和重要体现。没有物流标准化，就会出现物流设施不规范、物流信息不一致、物流作业流程不统一，从而致使物资流通以及信息交换不顺畅、流通费用增加、流通速度减慢，也就影响了整个供应链顺利运作。物流标准化已受到全球的普遍重视，各国制定的本国物流标准要与国际物流标准化相一致，否则会加大其国际交往的技术难度，增加对外贸易的成本。

（5）运行社会化

物流运行社会化的产生是生产社会化的必然，随着社会化大生产的发展，流通的规模越来越大，也越来越复杂。大规模的流通已经超越了生产企业本身的能力，急需社会化物流来解决其自身的产品流通问题。简单地说，物流社会化就是指推进流通代理制，将社会物流网点集中组织，形成规模效应，从而减轻和分担企业的供应和销售压力。这将极大地节约物流费用和社会流动资金，既提高经济效益，又提高社会效益，不仅满足企业对流通社会化的要求，同时又为企业的物流活动提供社会保障。

（6）手段现代化

世界上最先进的物流系统已经在运用 GPS（全球卫星定位系统）、卫星通信、射频识别装置、机器人等现代技术，实现了自动化、机械化、无纸化和智能化。同时，通过采用ERP（企业资源计划）系统，企业对库存与运输的控制能力已大大增强，利用各种自动化技术，物资在分类、配送、库存管理、计量等活动中实现无人自动化控制，极大地提高了物流作业的能力，减少了物流作业的差错。自动化设施的种类有很多，如自动分拣系统、自动存取系统、自动化立体仓库、自动定位系统、货物自动跟踪系统、条码／射频自动识别系统等。所有这些充分发挥了机电一体化的作用，大大提高了劳动生产率。

（7）服务个性化

随着经济的发展，人们的需求也发生了变化，更倾向于个性化。为了适应消费需求的变化，生产方式逐渐向多品种、小批量、灵活多变的方向转化。国际制造业也都纷纷推出各种柔性化发展的概念及技术，例如柔性制造系统（flexible manufacturing system，FMS）、敏捷制造（agile manufacturing，AM）、企业资源计划（enterprise resource planning，ERP）、供应链管理、计算机集成制造系统（computer integrated manufacturing system，CIMS）等。通过这些来实行柔性化生产，并灵活地组织和安排物流活动，以适应消费需求的"多品种、小批量、多批次、短周期"等个性化要求。

（8）反应快速化

快速反应是物流管理的目标之一。快速反应是指物流企业对客户的服务需求迅速做出回应的过程。信息技术的进步为物流企业提高反应速度、压缩服务时间提供了技术支持。目前，物流企业提高自身快速反应能力的工作重点已不再是如何提高预测的准确性，通过准确的预测与适度的准备来迅速满足客户，而是要通过建立合理的运作模式和反应机制来迅速回应客户需求。

（三）物流要素

物流首先来源于商品交换活动，来源于买卖活动，即来源于商流。但是，仅仅完成买卖活动以实现商品所有权的转移，并没有结束商品流通过程，卖方还需要将商品交付给买方。商品从卖方到买方的场所转移，或者说商品从其生产地到消费地的实体运动过程，即物流过程。它包括运输、保管、装卸搬运、包装、流通加工、配送、包装物和废品回收以及与其相联系的物流信息等各种活动，这些活动构成物流过程的组成要素。

上述这些物流活动在社会再生产过程中所处的中介地位以及促进和制约生产的作用，随着生产社会化程度的发展，将愈加显著和重要。显然，这些物流活动构成的物流要素，不仅具有各自的功能，而且又是相互联系的，因此，亦称之为物流的基本功能。

1. 运输

在社会分工和商品生产条件下，企业生产的产品作为商品销售给消费者或其他企业使用，但商品生产者与其消费者在空间距离上常是相互分离的。运输的功能就在于完成商品在空间的实体转移，克服商品生产者（或供给者）与消费者（或需求者）之间的空间距离，创造商品的空间效用。

运输是物流的核心环节，不论是企业的输入物流还是输出物流，都依靠运输来实现商品的空间转移。可以说，没有运输也就没有物流。

2. 保管

产品的生产完成时间与其消费时间总有一段时间间隔，特别是季节性生产和季节性消费的产品尤为显著。此外，为了保证再生产过程的顺利进行，也需要在产、供、销各个环节中保持一定的储备。保管的功能就是将商品的使用价值和价值保存起来，克服商品生产与消费在时间上的差异，创造商品的时间效用。保管是物流的主要功能之一，它包括储存、管理、保养、维护等活动。为保管商品，需要在流通领域中建立相应的仓库设施，采取相应的保管方法和保养技术，以便完好地保存商品的使用价值和价值。

3. 装卸搬运

装卸搬运是随运输和保管而产生的必要物流活动，是对运输、保管、包装、流通加工等物流活动进行衔接的中间环节，包括装车（船）、卸车（船）、堆垛、入库、出库以及连接以上各项活动的短程搬运。对装卸搬运活动的管理，主要是对装卸搬运方式和装卸搬运机械的选择、合理配置与使用以及装卸搬运合理化，尽可能保证商品在装卸搬运过程中完整无损，以免造成损失。

4. 包装

为保证商品完好地运送到消费者那里，大多数商品都需要进行不同方式、不同程度的包装。因此，包装形式和包装方法的选择，包装单位的确定，包装形态、大小、材料、重量等的设计以及包装物的改制、保管等，都是物流的功能。

5. 流通加工

流通加工是在物品从生产者向消费者流动的过程中，为了促进销售，满足用户需要，维护产品质量和实现物流效率化，对物品进行辅助性加工，使物品发生物理或化学变化的活动。这种流通加工活动，不仅存在于社会流通过程中，也存在于工厂内部的物流过程中，以便使流通过程更加合理化，这是现代物流发展的一个重要趋势。

6. 配送

配送是物流进入最终阶段，以配货、送货形式最终完成社会物流，并最终实现资源配置的活动。配送活动过去一直被看作是运输活动中的一个组成部分或运输形式，所以未将其独立出来作为物流系统实现的功能，而是将其作为运输中的末端运输来对待。但是，配送作为一种现代流通方式，特别是在现代物流中的作用非常突出，它集经营、服务、集中库存、分拣和装卸搬运于一体，已不是简单的送货运输，所以，在现代物流中已将其作为独立的功能来看待。

7. 物流信息

在物流过程中，伴随着物流的进行，产生大量的、反映物流过程的关于输入、输出物流的结构、流向与流量、库存动态、物流费用、市场情报等信息并不断传输和反馈，形成物流信息。同时，应用电子计算机进行加工处理，获得实用的物流信息，这有利于及时了解和掌握物流动态，协调各物流环节，有效地组织好物流活动。

为了实现物流合理化，必须对物流进行整体系统管理，这对改进服务质量、促进生产和销售、降低库存和物流费用水平、提高社会效益和企业经济效益等方面都具有重要的作用。

（四）物流的分类

由于物流对象、物流目的、物流范围及范畴不同，形成了不同的物流类型，如宏观物流和微观物流、社会物流和企业物流、国际物流和区域物流、一般物流和特殊物流等。

1. 按物流的层次分类

（1）宏观物流

宏观物流是指社会再生产总体的物流活动。这种物流活动的参与者构成社会总体的大产业和大集团。宏观物流研究社会再生产的总体物流，研究产业式集团的物流活动和物流行为，具有宏观性和全局性。

在人们常提出的物流活动中，下述若干物流应属于宏观物流，即社会物流、国民经济物流和国际物流。主要研究的内容是物流总体构成、物流与社会的关系、物流与经济发展的关系、社会物流系统和国际物流系统的建立与运作等。

（2）微观物流

微观物流是指生产者、销售者、消费者从事的实际的、具体的物流活动，如在整个物流活动之中的一个局部、一个环节的具体物流任务，在一个地域空间发生的具体物流任务，针对某一种具体产品所进行的物流活动。企业物流、生产物流、供应物流、销售物流、回收物流、废弃物物流、生活物流等都属于微观物流。微观物流具有具体性和局部性。

2. 按物流的社会范畴分类

（1）社会物流

社会物流是指以社会为范畴、面向社会为目的的物流，其活动范畴是社会经济的大领域，研究社会再生产过程中的物流活动、国民经济中的物流互动、社会物流体系结构和运行等，带有宏观性和广泛性。

（2）企业物流

企业物流是从企业角度研究与之有关的物流活动，是具体的、微观的物流活动的典型领域。按照物流活动在企业中所起的作用不同，企业物流又可分为不同类型的物流活动：

第一，供应物流。生产企业、流通企业购入原料或辅助材料、零部件、燃料的物流过程称为供应物流，即物资资料生产者或所有者到使用者之间的物流。企业供应物流的目标不仅是保证供应，还要保证以最低成本、最小消耗来组织物流活动。因此，企业供应物流对企业正常生产、效益提高起着很重要的作用。

第二，生产物流。从工厂的原料或辅助材料、零部件入库起，直到从成品库发送成品为止的全过程称为生产物流。生产物流与生产流程同步，原料或辅助材料、零部件等按照工艺流程在各个加工点之间移动、流转，形成了生产物流。研究企业生产物流的目的就是要缩短生产周期、杜绝生产浪费、节约劳动成本等。

第三，销售物流。它是企业为了保证自身的经营效益，伴随着销售物流活动，将产品所有权转移给用户的物流活动。现代市场环境是一个完全的买方市场，通过销售物流活动满足买方需求，最终实现销售。

第四，废弃物物流。它是企业对生产和流通过程中所产生的无用的废弃物进行运输、装卸、处理等的物流活动。虽然废弃物物流对企业没有直接的经济效益，但具有重要的影响作用。

第五，回收物流。企业在生产、供应、销售的活动中会产生各种边角余料、废料、包装废弃物，需要回收并加以利用。这种分类回收和再加工就属于回收物流。

3. 按物流区域的空间范围分类

（1）国际物流

国际物流是现代物流系统发展很快、规模很大的一个物流领域，是伴随国际间投资、贸易活动和其他国际交流所发生的，是不同国家之间的物流活动。它是国内物流的延伸和进一步扩展，是跨国界的、流通范围扩大的物的流通，是国际贸易的必然组成部分。国际物流是随着国际经济大协作、工业生产社会化和国际化的发展而产生的，跨国公司的发展使得一个企业的经济活动范围可以遍布各国，国家之间原材料与产品的流通业随之发达。

（2）国内物流

相对于国际物流而言，国内物流是发生在一个国家范围内的物流活动。由于国家的权威性和独立性，政府在一国领土内拥有毋庸置疑的政治、经济控制力，国内物流活动处于统一法律、规章、制度约束下，加上受相同文化及社会因素的影响，各地经济发展水平比较接近，企业处于基本相同的科技水平和装备水平中，因而各国物流往往有其自身的特点。研究各个国家的物流，找出其区别与差异所在，找出其连接点和共同因素，是研究国际物流的重要基础。

（3）区域物流

区域物流是指一个国家、一个城市或一个经济区域内的物流。按行政区域划分，如北京、上海、西安、香港等区域物流；按经济圈划分，如京津地区物流、长江三角洲物流、珠江三角洲物流、东北地区物流、西部地区物流等。这种物流对提高该地区企业物流活动的效率有着重要的作用。

4. 按物流活动的对象分类

（1）一般物流

一般物流是指具有共同点的一般性的物流活动。这种物流系统的建立、物流活动的开展具有普遍的适应性。一般物流的研究重点是物流的一般规律、普遍方法，普遍适用的物流标准化系统，共同的功能要素，物流与其他系统的结合、衔接，物流信息系统及管理系统等内容。

（2）特殊物流

特殊物流活动的产生是社会分工深化、物流活动合理化和精细化的产物。专门范围、专门领域以及特殊行业，在遵循一般物流规律的基础上，带有特殊制约的因素，从而形成特殊物流，如特殊应用领域、特殊管理方式、特殊劳动对象、特殊机械装备特点的物流，都属于特殊物流范围。特殊物流的研究对推动现代化物流的发展作用也很大。

二、现代物流管理理论

（一）现代物流管理的概念

现代物流管理，从宏观上来讲就是运用管理的基本原理和方法，以物流系统为对象，研究现代物流活动中的技术问题和经济问题，以实现物流系统最佳经济效益。从微观上讲，现代物流管理就是运用计划、组织、控制三大管理职能，借助现代物流理念和现代物流技术，通过运输、搬运、储存、保管、包装、装卸、流通加工和物流信息处理等物流基本活动，对物流系统各要素进行有效组织和优化配置，来解决物流系统中供需之间存在的时间、空间、数量、品种、价格等方面的矛盾，为物流系统各类客户提供满足要求的物流服务。

（二）现代物流管理的层次

从企业经营的角度讲，物流管理是以企业的物流活动为对象，为了以最低的成本向用户提供满意的物流服务，对物流活动进行的计划、组织、协调和控制。根据企业物流活动的特点，企业物流管理可以从三个层次展开：

1. 物流战略管理

企业物流战略管理就是站在企业长远发展的立场上，就企业物流的发展目标、物流在企业经营中的战略定位、物流服务水准以及物流服务内容等问题做出整体规划。

2. 物流系统设计与运营管理

企业物流战略确定以后，为了实施战略必须有一套得力的实施手段或工具，即物流运作系统。作为物流战略制定后的下一个实施阶段，物流系统设计与运营管理的任务是设计物流系统和物流能力，对物流系统运营进行监控，并根据需要调整系统。

3.物流作业管理

根据业务需求，制订物流作业计划，按照计划要求对物流作业活动进行现场监督和指导，并对物流作业的质量进行监控。

（三）现代物流管理的内容

现代物流管理的主要内容包括：

1.物流基本活动管理

包括运输管理、搬运管理、储存管理、保管管理、包装管理、装卸管理、流通加工管理、配送管理和物流信息管理等。

2.物流基本职能管理

包括物流战略管理、物流计划管理、物流组织管理、物流运行监控等。

3.物流基本要素管理

包括人力资源管理、物流技术管理、物流设施管理、物流成本管理等。

（四）物流管理的主要目标

物流管理在本质上还是要实现下列的功能目标：快速响应、最小变异、最低库存、整合资源、质量保证、生命周期的支持等等。

1.快速响应

快速响应能力关系到一个厂商是否能及时满足客户服务需求的能力。信息技术提高了在最短的可能时间内完成物流作业和尽快交付所需存货的能力，这样就可减少传统上按预期的客户需求过度储备存货的情况。快速响应的能力把作业的重点从市场预测和对存货储备的预期，转移到装运的方式对客户需求做出反应方面上来。不过，由于在还不知道货主需求和尚未承担任务之前，存货实际上并没有发生移动，因此，必须仔细安排作业，不能存在任何缺陷。

2.最小变异

变异是指破坏系统表现的任何意想不到的事件，它可以产生于任何一个领域的物流作业，诸如客户收到订货的期望时间被延迟、制造中发生意想不到的损坏、货物到达客户所在地发现受损，或者把货物交付到不正确的地点——所有这一切都将使物流作业时间遭到破坏。对此，必须予以解决。物流系统的所有作业领域都容易遭受潜在的变异，减少变异的可能性关系到内部作业和外部作业。传统的解决变异的办法是建立安全储备存货或使用高成本的溢价运输。当前，考虑到这类实践的费用和相关风险，它已被信息技术的利用所取代，以实现积极的物流控制。在某种程度上，变异已可减少至最低限度，作为经济上的作业结果是提高了物流生产率。因此，整个物流表现的基本目标是要使变异减少到最低限度。

3.最低库存

最低库存的目标涉及资产负担和相关的周转速度。在企业物流系统设计中，由于存货所占用的资金是企业物流作业的最大经济负担，在保证供应的前提下提高周转率，意味着存货占用的资金得到了有效的利用。因此，保持最低库存的目标是要把存货配置减少到与客户服务目标相一致的最低水平，以实现最低的物流总成本。"零库存"是企业物流管理的理想目标，伴随着"零库存"目标的接近与实现，物流作业的其他缺陷也会显露出来。所以企业物流系统设计必须将库存占用和库存周转速度当成重点来控制。

4.整合资源

最重要的物流成本之一是运输。运输成本与产品的种类、装运的规模以及距离直接相关。许多具有溢价服务特征的物流系统所依赖的高速度、小批量装运的运输，是典型的高成本运输。要减少运输成本，就需要实现整合运输。一般说来，整个装运规模越大以及需要运输的距离越长，则每单位运输成本就越低。这就需要有创新的规划，把小批量的装运聚集成集中的、具有较大批量的整合运输。这种规划必须得到超越整个供应链的工作安排的帮助。

5.质量保证

物流目标还要寻求持续的质量改善。如果一个产品变得有缺陷或者服务承诺没有得到履行，那么，物流就没有增加什么价值。事实上，当质量不合格时，像物流表现那样的典型的需要就会被否定，然后还需要重新做一遍。物流本身必须履行所需的质量标准。管理上所面临的实现"零缺陷"的物流表现的挑战被这样的事实强化了，即物流作业必须在日夜24小时的任何时间，跨越广阔的地域来履行。而质量上的挑战被这样的事实强化了，即绝大多数的物流工作是在监督者的视线外完成的。由于不正确装运或运输中的损坏导致重做客户订货所花的费用，远比第一次就正确地履行所花费的费用多。因此，完善物流管理是发展和维持全面质量管理不断改善的主要组成部分。

三、物流与流通

（一）流通的内容

传统流通过程要解决两个方面的问题：一是产成品从生产者所有转变为用户所有，即对象物所有权转移的活动，是解决所有权的更迭问题，我们称之为商流；二是实现物的流转过程，即解决对象物从生产地转移到使用地以实现其使用价值的问题，我们称之为物流。商流与物流共同构成了传统流通活动的全部内容。

然而，随着时代的进步、商品经济的发展，流通领域也在不断地扩展，这种扩展结果使人们认识到当今的流通领域已不能简单地用"商流＋物流"来概括了，应该说现代流通领域已包含了四大支柱流，即商流、物流、信息流、资金流。

1. 商流

商流是物资在由供应者向需求者转移时物资的社会实体流动，主要表现为物资与其等价物的交换运动和物资所有权的转移运动。具体的商流活动包括买卖交易活动及商情信息活动。商流活动可以创造物资的所有权效用，主要包括以下活动：交易前收集商品信息，进行市场调查；按照市场调查的结果，对商品生产计划、数量、质量、销售渠道等因素进行调整；买卖双方通过谈判达成交易；交易的履行过程。

2. 物流

现代流通领域中的物流包含了"物流"与"后勤"两层含义，它是与传统物流相区别的现代"大物流"。

3. 信息流

信息流有广义和狭义之分：信息流的广义定义是指人们采用各种方式来实现信息交流，从面对面的直接交谈直到采用各种现代化的传递媒介，包括信息的收集、传递、处理、储存、检索、分析等渠道和过程；从现代信息技术研究、发展、应用的角度看，信息流的狭义定义指的是信息处理过程中信息在计算机系统和通信网络中的流动。

信息流与物流既有联系又有区别。在物流系统中，信息流用于识别各种需求在物流系统内所处的具体位置，两者之间的关系极为紧密，它们互为存在之前提和基础。而从传递内容来看，信息流是一种非实物化的传递方式，物流转移的则是实物化的物质。

流通过程中的信息流，从其信息的载体及服务对象来看，又可分成物流信息和商流信息两类。两类信息中，有一些是交叉的、共同的，又有许多是商流或物流特有的、非共同的信息。

商流信息主要包含进行商品交易有关的信息，如资源信息、价格信息、市场信息、资金信息、合同信息、需求信息、付款结算信息等。物流信息则主要是输入、输出物流的结构、流向与流量、库存储备量、物流费用、市场动态等信息。商流中的商品交易、供需合同等信息不但提供了商品交易的结果，也提供了物流的依据，是两种信息流主要的交汇处。而物流信息中的库存量信息不但是物流的结果，也是商流的依据，还是两种信息流的交汇处。所以，物流信息不仅作用于物流，也作用于商流，是流通过程不可缺少的预测和决策依据。因此，在商品经济条件下，迅速、准确、完整地掌握商流信息和物流信息就成为企业、部门、地区和国家经济是否能够持续、快速、健康发展的重要前提。

4. 资金流

资金流可以从营销和物流两个角度来进行分析：从营销角度来看，资金流就是指在营销渠道成员间随着商品实物及其所有权的转移而发生的资金往来流程；从物流角度来看，资金流是指用户确认购买商品后，将自己的资金转移到商家账户上的过程。

（二）物流与商流的关系

商流和物流是同一个生产资料流通过程中相伴发生的两个方面，表现在流通领域中生产资料商品的价值和使用价值的运动，因此，商流和物流是互相依存的关系。然而，商流和物流又有不同的内容、特点和规律性，因而可以把商流和物流作为两个独立的范畴加以研究。

1.物流和商流之间的联系

第一，它们都属于流通领域，是商品流通的两种不同形式，在功能上互相补充。通常是先发生商流后发生物流，在商流完成以后再进行物流。

第二，它们都是从供应者到需求者的流动，具有相同的出发点和归宿。

2.物流和商流之间的区别

第一，流动的实体不同。物流是物资的物质实体的流动，商流是物资的社会实体的流动。

第二，功能不同。物流创造物资的空间效用、时间效用、形质效用，而商流创造物资的所有权效用。

第三，发生的先后和路径互不相同。但在特殊情况下，没有物流的商流和没有商流的物流都是可能存在的。

总之，先有商流，然后才有物流。商流是物流的上游，没有上游就没有下游，所以要靠商流带动物流。但是，如果没有物流，商流也就无从实现。商流越兴旺，则物流越发达；反之，如果物流服务滞后，也会影响商流的发展。因此，两者之间是相辅相成、相互促进的。

（三）物流、商流和信息流之间的关系

物流、商流和信息流之间关系极为密切，可以说，失去了其中任何一个"流"，另外两"流"都不会长期存在下去。三个"流"是互为依存的前提条件，又是互为依存的基础。具体表现在：

第一，信息流是由商流和物流引起并反映其变化的各种信息、情报、资料、指令等在传送过程中形成的经济活动。因此，信息是具有价值和使用价值的。没有信息流，商流和物流就不能顺利地进行。

第二，信息流既制约着商流，又制约着物流，是为商流和物流提供预测和决策依据的。同时，信息流又将商流和物流相互沟通，完成商品流通的全过程。

第三，三个"流"之间相辅相成，紧密联系，互相促进。因此，三个"流"不仅有利于提高流通企业的经济效益，而且有利于提高社会效益。

第二节　供应链的基本概念

供应链的概念自　产生以来，国内外就存在不同的认识，并且随着企业竞争环境的变化以及管理理论的发展，对于供应链的概念也一直进行着改进与创新。

一、供应链的定义

供应链（Supply Chain）的概念最初是从扩大生产概念发展来的，它将企业的生产活动进行了前伸和后延。

（一）供应链是一个系统，是人类生产活动和整个经济活动的客观存在

人类生产和生活的必需品，都是从最初的原材料生产、零部件加工、产品装配、分销、零售直到最终消费的过程，这里既有物质材料的生产和消费，也有非物质形态（如服务）产品的生产（提供服务）和消费（享受服务）。

（二）供应链由相关企业构成

供应链包含所有涉及提供给最终消费者产品和服务的企业，从最初的原材料供应商开始，到中间的制造商、组装商、分销商和零售商，直到最终客户。

（三）供应链中存在核心企业

核心企业主导供应链的构建，可能是制造企业，也可能是零售或其他类型的企业，这要视该企业在供应链中的作用而言。

（四）供应链是一种网络

供应链是不同企业间的物流、信息流、资金流的交换与流动构成的网络，这个网络促成供应链上的企业通过计划、生产、存储、分销、服务等这样一些活动而形成衔接，从而使供应链能满足内外部顾客的需求。

（五）供应链是一条增值链

物料在供应链上因加工、包装、运输等过程而增加其价值，给相关企业都带来收益。

二、供应链的特征

（一）整体性

供应链是一个有机的整体，是合作伙伴间的功能集成，而不是简单叠加。如果企业要打造真正的以供应链为核心的市场能力，就必须从最末端的供应控制开始，到最前端的消

费者，在整个供应链流程上，不断优化、建设和集成外部资源。供应链系统的整体功能集中表现在供应链的综合竞争能力上，这种综合竞争能力是任何一个单独的供应链成员企业都不具有的。

（二）层次性

运作单元、业务流程、成员企业、供应链系统构成了供应链不同层次上的主体，每个主体都具有自己的目标、经营策略、内部结构和生存动力。供应链是一个系统，同时也是它所从属的更大系统的组成部分；供应链各成员企业分别都是一个系统，也是供应链系统的组成部分，它们往往分布于不同的行业、不同区域或不同阶段，各自自成体系地承担着在供应链中的不同工序；同时，各成员企业为实现自身运作单元、业务流程，又可能构筑一条相应的分支供应链，从而形成了多层次、多维度、多功能、多目标的立体网链。从系统层次性的角度来理解，相对于传统的基于单个企业的管理模式而言，供应链管理是一种针对更大系统（企业群）的管理模式。

（三）动态性

供应链的动态性一般表现在供应链成员的不稳定性及成员间关系的不稳定性。这主要是由于企业战略和适应市场需求变化时，供应链节点企业需要动态的更新。一般情况下供应链处于稳定状态，但市场需求变化时，供应链成员企业会在利益的引导下决定是否为共同利益而参与合作，这必然会导致节点企业数量的调整；同时，由于成员企业间的竞争合作关系，一旦某企业的经济实力发生改变，其在供应链上的地位也会发生改变，从而造成供应链节点企业间的关系变化。这些都决定了供应链是一个动态的系统。

（四）目的性

供应链系统有着明确的目的，就是在复杂多变的竞争环境下，以最低的成本、最快的速度、最好的质量为客户提供最满意的产品和服务，通过不断提高客户的满意度来赢得市场，这也是供应链各成员企业的共同目的。可以说，供应链的形成、存在、重构都是基于最终客户需求而发生，这种需求拉动是供应链里流动的物流、信息流、知识流、资金流等相互交换、运作实现对市场的迅速、有效反应的驱动源。

（五）复杂性

供应链的复杂性体现在成员企业间的不同竞争合作关系。供应链是由多个企业组成的虚拟组织，这些具有独立经济利益的单个企业是供应链运作的主体。一方面，各企业追求自身利益最大化，使得个体目标与整体目标可能发生冲突；另一方面，各企业处于同一供应链上，任何企业要实现利润最大化，又必须以整条供应链的价值增值为基础。这就导致成员企业间存在不同程度的竞争合作关系。比如，成员企业的关系可能是合作性的，也可能是竞争性合作关系，或者是交易性关系；而在合作时可能是战略性合作，也可能是技术性合作，还可能是物流操作合作。

（六）风险性

供应链是一个复杂的体系，影响其运作过程的各种内部、外部因素很多，也必然存在各种风险。这些风险可以影响甚至破坏供应链的安全运行，造成供应链效率下降、成本增加，严重的甚至可以造成供应链失败或解体，使供应链整体及各成员企业达不到预期目标。比如，由供应链内部因素构成的内生风险，包括道德、信息传递、采购、生产、物流运作等风险；由供应链外部因素构成的外在风险，包括市场需求不确定、经济周期、政策、意外灾祸等风险。

第三节　供应链管理的内涵

对供应链这一复杂系统而言，要想取得良好的绩效，必须找到有效的协调管理方法，供应链管理的思想就是在这种环境下提出的。对于供应链管理，有许多不同的称呼，如有效用户反应（Efficient Consumer Response，ECR）、快速反应（Quick Response，QR）、虚拟物流（Virtual Logistics，VL）或连续补充（Continuous Replenishment，CR）等，这些称呼因考虑的层次、角度各异而不同，但都通过计划和控制实现企业内部和外部之间的合作，实质上它们在一定程度上都集成了供应链和增值链两个方面的内容。

一、供应链管理的概念

供应链的概念和传统的销售链不同，它已跨越了企业界限，从建立合作制造或战略伙伴关系的新思维出发，从产品生命线的"源"开始，到产品消费市场的"汇"，从全局和整体的角度考虑产品的竞争力，使供应链从一种运营性的竞争工具上升为一种管理性的方法体系。在"以客户为中心"的理念推动下，供应链管理已经成为表征企业核心竞争力的一项重要指标，并成为企业生存和发展的基本保障。清晰地勾画供应链管理的定义和特点，有助于深入剖析供应链管理的内核。供应链管理理论源于物流管理研究，经历了一个由传统物流管理到供应链管理的演化过程。

对于供应链管理的定义，至今尚未统一。有人认为供应链管理与物流管理的内涵是相同的，有人认为供应链管理是物流管理的延伸，有人认为供应链是一种企业业务的综合，等等。事实上，供应链管理的概念与物流管理的概念密切相关，在现代物流管理的理解上，存在广义和狭义的区分：广义的物流管理即跨越组织间的界限，寻求综合的物流控制和管理；狭义的物流管理即企业内部的库存、运输管理。显然，广义的物流管理与供应链管理是一致的。但是，目前通行的看法是供应链管理并不仅仅是物流管理，较之后者有更多功能。

供应链管理是物流管理范畴的扩展，它除了包含与物品实体运动相关的种种活动外，还包括组织间协调活动和业务流程的整合过程。比如，为了提高市场的应对能力，还需要与外部的企业寻求合作，亦即由供应链构成的多数企业间业务流程的整合被看作是供应链管理。

供应链可定义为确保原材料到最终消费者整个过程中所发生的与物流和信息流相关的所有活动，而供应链管理则是为获得持续的竞争优势，在供应链关系基础上种种活动的整合。从这一定义可以看出，供应链的构成是以生产者为中心，由位于上游的供给阶段和位于下游的流通渠道中所有企业所组成的，供应链的活动，包括信息系统管理、采购管理、生产管理、订货管理、在库管理、客户服务以及废弃物处理等。

下面从几种视角来解析供应链的定义。

1. 供应链主体视角

供应链管理包含了满足顾客需求的所有间接或者直接的阶段。供应链不仅仅包括制造商和供应商，还包括运输商、仓储商、零售商以及顾客。

2. 供应链结构视角

供应链管理是执行原材料采购，把原材料转化成为最终产品以及分销这些产品到达顾客的设施和分销网络的选择。

3. 供应链协调视角

供应链管理是为了达到供应链每个企业绩效的长期改善而进行的对供应链企业以及企业内部各个部门系统的战略性的协调。

在中华人民共和国国家标准《物流术语》中，对供应链管理是这样定义的：供应链管理是利用计算机网络技术全面规划供应链中的商流、物流、信息流、资金流等并进行计划、组织、协调与控制。

综合以上定义，对于供应链管理的概念，可以从以下几方面来把握：

第一，供应链管理把对成本有影响和在产品满足客户需求的过程中起作用的每一方都考虑在内，包括供应商和制造工厂、仓库和配送中心、批发商、零售商以及商店。

第二，供应链管理的目的在于追求效率和整个系统的费用有效性，使系统总成本达到最小。这个成本包括运输成本、配送成本以及库存成本。因此，供应链管理的重点不在于简单地使运输成本达到最小或减少库存，而在于用系统方法来进行供应链管理。

第三，因为供应链管理是围绕着供应商、制造商、分销商（包括批发商和零售商）有效率地结合成一体这一问题来展开的，因此它包括公司许多层次上的活动，从战略层次到战术层次一直到作业层次。

二、供应链管理的内容

供应链管理的内容主要涉及四个层面，即核心层、规划层、业务层和支持层。

可以将供应链管理的整体内容看成一个"房屋"：房顶是供应链管理的核心层，体现为供应链的战略定位，具体来说就是识别核心能力，构建竞争优势，通过战略匹配实现合作共赢；左右墙体是供应链管理的业务层，包括供应链的运作管理、采购管理、分销管理及库存管理，业务层是供应链管理的主要面向对象；房间是供应链管理的规划层，是供应链核心企业构建主体网络和客体网络而形成的运作框架，供应链网络规划合理与否对业务层各职能的运转效率有至关重要的影响；房基是整个供应链管理的支撑层，包括供应链的信息集成、契约管理及融资管理，它为供应链的流畅运转提供了有效而扎实的基础保障。

（一）供应链管理的核心层

供应链管理的理念是识别供应链核心企业的优势核心业务，把非核心业务外包给具有竞争优势的成员企业；节点企业之间尽管存在一定的竞争，但更多体现出合作关系，通过合作实现共赢。构建供应链系统最关键的就是确定供应链的战略定位，具体内容包括供应链战略的组成部分及要点、供应链能力与企业战略及客户需求的匹配、供应链核心企业应该如何进行供应链外包或者自营业务决策，供应链运营绩效的驱动力及评价指标，主要包括业务流程指标、节点关系指标和客户服务指标。

（二）供应链管理的业务层

1.供应链运作管理

供应链运作管理需要对制造产品和提供服务的过程进行组织、计划、实施和控制。具体包含的内容有：供应链运作模式的演进及竞争因素的变迁。不同类型的供应链运作模式，包括推动式和拉动式供应链、敏捷化和精细化供应链、定制化和延迟化供应链以及全球化供应链。

2.供应链采购管理

供应链采购管理影响着企业物资供应库存水平、生产计划的完成、顾客服务水平等，是提高供应链上企业同步化运营效率的关键环节。具体包含的内容有：现代采购管理的理念、范围和流程，与物料匹配的采购策略，集中与分散采购策略，准时化采购策略，电子采购策略，供应商的选择和评价决策以及供应关系的管理。

3.供应链分销管理

供应链分销管理是对产成品从制造商到配送中心再到最终消费者的整个过程的管理。具体包含的内容有：供应链分销管理的内涵及主要内容、识别客户价值和客户感知价值、对客户关系进行分类、分散式库存与集中式库存的效果比较、与集中式库存和分散式库存相关联的集中式和分散式配送战略。

4.供应链库存管理

供应链库存管理通过平衡产品存货水平缓解供给与需求之间的矛盾，对于任何企业都是至关重要的。具体包含的内容有：供应链库存的类型、供应链库存的影响因素、独立需求库存控制策略、循环库存和安全库存的确定以及相应的订货模型、供应商管理库存模式和供应链联合库存管理及多级库存管理。

（三）供应链管理的规划层

供应链网络规划包括主体网络规划和客体网络规划两个层面。供应链主体网络的构建需要考虑参与企业的网络位置以及由此形成的网络强度，网络位置和网络强度确定了企业间的合作关系，进而可以实现资源的协调，这体现了供应链的组织能力；供应链客体网络的结构取决于采购、库存、分销、运输和选址等驱动要素，要充分考虑网络密度和网络流量，而网络密度、网络流量和信息共享的程度共同决定了客体网络的运作效率，当效率较低时，就需要考虑进行流程再造，这体现了供应链的技术能力。可以说，供应链网络规划对供应链整体运转效率至关重要。具体内容包括：供应链网络规划的内涵、原则及重点，供应链参与主体及物流客体的网络结构，供应链合作关系的目标以及如何构建合理的合作关系，基于供应链战略和数据收集的基础上优化和完善物流网络方案，供应链业务流程再造。

（四）供应链管理的支持层

1.供应链信息管理

为了保证供应链能够顺畅地运作，信息系统的支持必不可少。供应链信息管理的内容包含了供应链管理面临的挑战、供应链信息技术的目标、供应链信息流的共享与集成、供应链信息系统的技术架构、供应链信息管理系统的组成以及电子商务环境下的供应链信息管理。

2.供应链融资管理

基于供应链核心企业信用的供应链金融是解决供应链上下游中小企业资金困难的有效途径。供应链融资管理的主要内容包括供应链金融的内涵、供应链融资相较于其他融资方式的优势、供应链金融的参与主体、典型的供应链融资模式，还要注意识别供应链融资的风险及管控。

3.供应链契约管理

通过构建供应链契约可以有效保障供需双方的权益并界定其责任。供应链契约管理的主要内容包括供应链契约涉及的主要内容，包括：定价决策契约、订货决策契约、供应商持股与零售商售股的激励契约、批发价格契约协调契约、收入共享契约、利润共享契约、收益共享契约、回购契约、退货契约、期权型契约、批发价格契约、数量柔性契约、数量折扣契约、数量弹性契约、价格补贴契约。

三、供应链管理的意义

有效实施供应链管理对企业具有非常重要的意义。供应链管理利用现代信息技术，通过改造和集成业务流程、与供应商以及客户建立协同的业务伙伴联盟、实施电子商务，大大提高了企业的竞争力，使企业在复杂的市场环境下立于不败之地。

（一）供应链管理可以减少企业运作过程中的不必要浪费

企业运作过程中，较长的物流流通时间、较高的运作成本和库存等都可以看作是不必要的浪费。供应链管理的实施可以使企业总成本下降10%，供应链上的节点企业生产率提高5%以上，订货—生产的周期时间缩短25%～35%，供应链上的节点企业库存周转率提高10%以上，等等。这些数据说明，供应链企业在不同程度上都取得了发展，其中以"订货—生产的周期时间缩短"最为明显。

能取得这样的成果，完全得益于供应链企业间的互相合作、互相利用对方资源的经营模式。试想一下，如果制造商从产品开发、生产到销售完全自己包下来，不仅要背负沉重的投资负担，而且还需要相当长的生产时间。采用了供应链管理模式，则可以使企业在最短时间里寻找到最好的合作伙伴，用最低的成本、最快的速度、最好的质量赢得市场，并且受益的不止一家企业，而是一个企业群体。因此，供应链管理模式吸引了越来越多的企业。

（二）供应链管理可以增强成员企业的竞争优势

现代企业的业务越来越趋向于国际化，优秀的企业都把主要精力放在企业的关键业务上，并与世界上优秀的企业建立战略合作关系，将非关键业务转由这些企业完成。现在行业的领头企业在越来越清楚地认识到保持长远领先地位的优势和重要性的同时，也意识到竞争优势的关键在于战略伙伴关系的建立。

供应链管理的理念强调的正是将多个企业联合起来，为共同的利益而奋斗，共同抵挡外来竞争并在竞争中获胜。众多企业联合所产生的竞争力，远远大于各个企业力量的简单相加。通过构建快速反应市场需求、战略管理、高柔性、低风险、成本—效益目标等优势，减少企业运作的不必要浪费，增强抵御市场不确定性的能力，从而大大增强企业乃至整个供应链的竞争优势。

（三）供应链管理的优势不易被他人复制

供应链管理的最大优势在于，供应链中的上下游企业形成战略联盟，它们通过信息共享，形成双赢关系，实现社会资源的最佳配置，降低社会总成本，避免企业间的恶性竞争，提高各企业和整个供应链的效益。

供应链管理作为一种新型的管理理念、模式和一套实际的管理系统，已被越来越多的企业所认识、接受和采用。在经济全球化环境下，从供应链管理的角度来考虑企业乃至整个供应链的经营活动，可以充分发挥各企业的核心能力，对广大企业提高竞争力将是十分重要的。通过实施供应链管理，供应链上的企业可以在以下方面获得满意效果：开发新产品，使产品或服务进入新市场；开发新分销渠道，提高售后服务水平和用户满意程度；降低库存持有成本、运输和仓储物流成本、单位制造成本，提高效益和效率；等等。

实施供应链管理带给企业的优势十分明显。但供应链管理不是一件容易的事，这是因为：一方面，供应链成员的某些目标会相冲突；另一方面，供应链是一个动态的系统，顾客需求变化、供应商能力变化或者供应链成员关系变化，都会增加供应链管理的复杂性，动态系统的资源优化配置难度更大。而恰恰是因为供应链管理的不易，使得供应链管理带给企业的优势是可持续的、不易被复制的。

第四节　供应链管理的应用

一、供应链管理的关键业务流程

成功的供应链管理需要一个转变，即从单独功能部门管理转变为将所有活动集成为一个关键供应链进行管理。全球供应链论坛（Global Supply Chain Forum）提出了七项关键的供应链管理业务流程，具体包括：客户关系与客户服务管理、需求与供给管理、订单执行、生产流管理、采购和供应商关系管理、产品研发以及退货与逆向物流管理。

（一）客户关系与客户服务管理

面向供应链管理的第一步是定义关键的客户或客户群落，这一组织目标是企业经营使命的核心和关键。这是一种以客户为中心的管理思想和经营理念，通过在市场、销售、服务与技术支持等与客户相关的领域内，提供快速和周到的服务吸引和保持更多的客户，从而完善客户服务并深入分析客户需求以供预测。另外，客户关系和客户服务管理还通过对营销业务流程的全面管理来降低产品的销售成本，保证客户价值的实现。

（二）需求与供给能力匹配管理

需求与供给管理过程是将客户的需求与企业的供应能力相匹配和平衡的过程。到目前为止，无规律订单客户需求是不确定性的最大来源，因此，接收订单时需要进行多资源和多路由的选择。由于这种客户订单的不确定性，市场需求和产品计划应该使企业在广泛的基础上进行协同运营，以实现最后的平衡。在现有的供应链管理中，需求与供给能力匹配管理是非常重要的一个环节。

（三）客户订单接受与履行管理

客户订单接受与履行管理实际上是一个根据市场和客户的需求，最大限度地利用企业自身的和供应链上其他成员能整合的资源，按时、按质和按量地满足客户订单需求的过程。该过程将企业各相关部门的计划集成在一起，并与供应链上的相关成员企业的业务紧密联系起来，共同在尽可能减少总交货成本的情况下满足客户需求。

（四）生产流程最优化运营管理

过去，企业提供产品多是采用"推"式的驱动方式，尤其是在面向库存的生产过程中，产品是由物料需求计划（Material Requirement Plan，MRP）推动进行生产的，这常常会生产出不符合市场和客户需求的产品，造成不必要的库存，进而导致成本增加。为了更灵活地响应市场变化，产品生产开始转向由客户需求拉动。在这种模式下，企业的生产计划人员与客户服务的计划人员必须协同工作，缩短生产制造流程周期时间和改进生产过程的柔性，以便整条供应链能快速地实现所有调整以适应大量的客户化要求。

（五）采购和供应商的关系管理

供应商关系管理（Supplier Relationship Management，SRM）是指在对企业的供方，包括原料供应商、设备及其他资源供应商、服务供应商等，以及与供应方相关的信息进行完整有效管理与运用的基础上，对供应商提供的产品或服务、信息交流、项目合同以及相关的业务决策等进行全面的管理与支持。供应商关系管理要求有策略地管理与供应商的关系，并获得战略性的资源，与供应商一同支持产品的生产制造。

（六）上下游产品联合开发管理

新产品是企业活力的源泉。由于产品生命周期的不断缩短，企业为了保持其竞争力，必须不断开发出新产品，并成功地将产品推向市场。为了缩短产品投放市场的时间，企业必须将客户和供应商的相关业务流程都集成到产品开发的过程中。产品开发和商品化过程需要采用客户关系管理和供应商管理技术，协同地确定客户的需求，将产品开发、生产制造流程与市场相结合，为客户提供合适的产品。

（七）退货和废旧回收物流管理

退货和回收物流作为一个逆向业务过程，同样提供了取得持续竞争优势的机会。有效的逆向物流管理能够使企业改善市场形象并获取更多的市场机会，更好地改善与客户之间的关系，提高资产的利用率，降低成本。

二、供应链管理的发展趋势

随着全球经济一体化的深入以及经济环境、网络信息技术、全球动态联盟等的不断发展和变迁，现代供应链管理也将向信息化、智能化、绿色化和全球化等方向发展。

（一）信息化供应链

优化供应链管理的实现，不仅需要高效快速的物流、资金流，更需要快速、准确的信息流。而电子商务的迅速发展，为信息流的快速、准确提供了保证。通过构建基于电子商务的信息化供应链，可以优化业务流程、降低运行成本和管理费用，使物流作业、运营与控制都得以信息化，并通过电子化手段实现供应链及物流的高效率运作。

（二）智能化供应链

在信息化供应链的基础上，通过集成全球定位系统（GPS）、电子数据交换（EDI）、射频识别技术（RFID）、条形码（Code）、无线传感（WSN）等技术手段，实现具有一定智能的自动化、可视化的高效供应链集成系统，以确保产品和服务可以不间断地由供应商流向最终客户。

（三）绿色化供应链

随着人类物质文明发展对环境和资源的破坏以及绿色平衡的失调，绿色供应链管理便随之产生。绿色化供应链是指通过以资源的最优配置、增进福利、实现与环境相容为目标，从资源开发到产品的消费过程中物料获取、加工、包装、仓储、运输、销售、使用到报废和回收等一些活动的集合，是一种融合了资源减量、环境友好理念的供应链管理决策模式，也是企业提高竞争优势的一项具有长远利益的"战略武器"。

（四）全球化供应链

企业要在电子商务全球化竞争环境中取得核心竞争优势，就要与全球范围内的包括供应商、分销商等在内的上下游企业紧密配合。为适应这种形势，全球化供应链便成为企业未来发展的重要方向。只有全球化供应链管理才能真正借助全球化的电子商务平台，对整个供应链体系进行合理优化和管理，协调其各合作伙伴的运作机制和协作规则，才能增加潜在的商业机会和开拓新的全球化市场。全球化供应链管理是国际企业间资源集成的桥梁，是一种综合性的、跨国界的集成化管理模式，也是适应全球化下的企业跨国经营的管理模式。

第二章　现代物流运输与配送管理

第一节　现代物流运输概述与运输方式

一、运输概述

（一）运输的概念

交通运输既是衔接生产和消费的一个重要环节，又是保证国家在政治、经济、文化和人民生活等方面保持联系的手段之一。

运输是指用运输设备将物品从一个地点向另一地点运送，其中包括集货、分配、搬运、中转、装入、卸下、分散等一系列操作。

（二）运输的功能

1. 产品转移

运输的主要功能就是实现产品在价值链中的移动。这方面的功能有：以最低的时间、财务和环境资源成本，将产品从原产地转移到规定的地点；使产品灭失、损坏降到最低；产品转移所采用的方式必须能满足顾客有关交付履行和装运信息的可行性等方面的要求。

2. 产品储存

这里的储存是指短时储存，就是将运输工具（车辆、船舶、飞机、管道等）作为临时的储存设施储藏和保管货物。

短时储存是一个不太寻常的运输功能，因为将运输车辆作为临时储存设施是相当昂贵的。这个功能在以往并没有被人们关注。但是，如果转移中的产品需要储存，但在短时间内（1～3天）又将重新转移，那么该物品在仓库卸下来和再装上去的成本也许会超过存放在运输工具中所支付的费用，此时就将运输工具作为临时的储存设施。

（三）运输在物流中的作用

运输是物流的主要功能。物流依靠运输功能，解决了物品的供给地和需求地之间的空间距离问题，创造了物品的空间价值。运输在整个物流中占有很重要的地位，运输成本占物流成本的 35%～50%，占商品价格的 4%～10%。

1. 运输是物流的主要功能要素之一

物流是"物"的位移，不仅改变了物的时间状态，也改变了物的空间状态。运输承担了改变空间状态的主要任务，是改变空间状态的主要手段，运输再配以储存、装卸搬运、包装、流通加工、信息处理和配送等活动，就能圆满完成物流的任务。

在现代物流概念诞生以前，甚至就在今天，仍有不少人将运输等同于物流，其原因是物流中很大一部分活动是由运输担任的，是物流的主要部分。

2. 运输是社会物质生产的必要条件之一

运输连接着生产与再生产、生产与消费，连接国民经济各部门、各企业，连接着城乡，连接着不同国家和地区。

3. 运输可以创造"场所效用"

场所效用也叫空间效用，是指同种物品由于空间场所的不同，其使用价值的实现程度不同，其效益的实现也不同的一种现象。利用运输可以把物品运送到空间效应最高的地区，从而可以获得最大的利益。在宏观上也起到了资源配置的作用，能实现资源的优化配置。

4. 运输是"第三利润源"的主要源泉

运输与静止的保管不同，是运动中的活动，要靠大量的动力消耗才能实现，而运输又承担大跨度空间转移的任务，所以活动的时间长、距离长，消耗也大。消耗的绝对数量大，其节约的潜力也就大。

从运费来看，运费在全部物流费用中所占比例最高，一般占50%左右，所以节约的潜力很大。由于运输总里程大，运输总量巨大，通过体制改革和运输合理化可大大缩短运输吨公里数，从而获得比较大的成本节约。

（四）运输的基本原理

1. 规模经济

规模经济的特点是随着装运规模的增长，使每单位的运输成本下降。运输规模经济之所以存在，是因为有关的固定费用可以按整批货物的重量分担，如运输工具投资。规模经济使得货物的批量运输显得合理。

2. 距离经济

距离经济的特点是每单位距离的运输成本随运输距离的增加而减少。距离经济的合理性类似于规模经济，尤其体现在运输装卸费用的分摊上。距离越长，可使固定费用分摊后的值越小，导致每单位距离支付的总费用很小。

（五）运输的参与者

运输的参与者主要包括托运人、承运人、收货人、政府以及公众。

1. 托运人和收货人

托运人（一般是货物的卖方）和收货人（一般是买方）关心的是在规定的时间内以最低的成本将货物安全地从起始地转移到目的地。运输服务中应包括具体的提取货物和交付货物的时间、预计转移的时间等。

2. 承运人

承运人作为中间人，其目的与托运人和收货人多少有点区别。承运人期望以最低的成本完成所需的运输任务，同时获得最大的运输收入。这种观念表明，承运人想要按托运人（或收货人）愿意支付的最高费率收取运费，而使转移货物所需要的劳动、燃料和运输工具成本最低。要实现这一目标，承运人期望在提取和交付时间上有一定的灵活性，以便于能够使个别的装运整合成经济运输批量。

3. 政府

基于运输对经济的影响，政府期望一种稳定而有效率的运输环境，以使经济能持续增长。

稳定而有效率的市场经济需要承运人提供有竞争力的服务，同时有利可图。政府通过限制承运人所能服务的市场或确定他们所能采取的价格来规范他们的行为，通过支持研究开发或提供诸如公路或航空交通控制系统之类的通行权来促进承运人有序竞争。

4. 公众

公众是最后的参与者，关注运输的可达性、费用和效果以及环境和安全上的标准。公众通过按合理价格产生对周围的商品需求最终确定运输需求。尽管最大限度地降低成本对于消费者来说是重要的，但与环境和安全标准有关的交易代价也需要加以考虑。环境风险或运输工具事故的成本都将转移到消费者身上，因此消费者必然会参与到运输活动中并对运输的安全性做出判断。

显然，由于各方之间的相互作用，使得运输关系很复杂。这种复杂性会导致托运人、收货人和承运人之间频繁冲突，政府与公众之间频繁冲突。这些冲突已经导致了运输服务备受规章制度的限制。

二、运输方式

（一）基本运输方式

现代运输有五种基本的运输方式，包括公路运输、铁路运输、水路运输、航空运输和管道运输。每一种运输方式都可以直接向客户提供服务。

1. 公路运输方式

公路运输是利用汽车在公路上运送旅客和货物的运输方式，是最普遍的一种运输方式。

公路运输主要承担近距离、小批量的货物运输，以及水路运输与铁路运输难以到达的长途、大批量货物运输。公路运输可以配合船舶、火车、飞机等运输工具完成运输的全过程，是港口、车站、机场集散货物的重要手段。

（1）公路运输的优点

第一，机动灵活。公路运输在时间方面的机动性比较好。车辆可随时调度、装运，各环节之间的衔接时间短。尤其是对货运量的多少具有很强的适应性，汽车的载重吨位有小（0.25～1吨）有大（200～300吨），既可以由单个车辆独立运输，也可以由若干车辆组成车队同时运输，这一点对抢险、救灾工作和军事运输具有特别重要的意义。公路运输网的密度大，分布面广，因此，公路运输车辆可以"无处不到，无时不有"。

第二，中短途运输速度较快。在中短途运输中，由于公路运输可以实现"门到门"的直达运输，中途不需要倒运、转乘就可以直接将货物运送到目的地，因此，与其他运输方式相比，其货物在途时间较短，运送速度较快。

第三，投资少。修建公路的材料和技术问题比较容易解决。因此，公路运输易在全社会广泛发展。公路运输与铁路、水路、航空运输方式相比，所需固定设施简单，车辆购置费用一般也比较低，因此，投资兴办容易，投资回收期短。据有关资料表明，在正常经营情况下，公路运输的投资每年可周转1～3次，而铁路运输则需要3～4年才能周转一次。

（2）公路运输的缺点

第一，运输能力小。每辆普通载货汽车每次运送的数量较少，一般中型货车的额定载荷为4～6吨，重型货车的额定载重大于14吨。

第二，运输能耗高。公路运输能耗是铁路运输能耗的10.6～15.1倍，是沿海运输能耗的11.2～15.9倍，是内河运输能耗的11.5～19.1倍，是管道运输能耗的4.8～6.9倍，但比民航运输能耗低，只有民航运输能耗的6%～87%。

第三，运输成本高。公路运输成本是铁路运输的11.1～17.5倍，是沿海运输的27.7～43.6倍，是管道运输的13.7～21.5倍，但比民航运输成本低，只有民航运输的6.1%～9.6%。由于汽车载重量小，行驶阻力比铁路大9～14倍，所消耗的燃料又是价格较高的液体汽油或柴油，因此，除了航空运输，就属汽车运输的成本最高了。

第四，劳动生产率低。公路运输的劳动生产率只有铁路运输的10.6%，是沿海运输的1.5%，是内河运输的7.5%，但比民航运输劳动生产率高，是民航运输的3倍。此外，由于汽车体积小，因而无法运送大件物资，不适宜运输大宗货物。

第五，占地多。公路建设占地多，随着人口的增长，占地多的矛盾将表现得更为突出。

第六，安全性较低。汽车引起的交通事故频发，我国平均每年有数万人死于汽车交通事故。此外，汽车所排出的尾气和引起的噪声也严重地威胁着人类的健康，是大城市环境污染的最大污染源之一。

2. 铁路运输方式

铁路运输是指利用机车、车辆等技术设备沿着铺设轨道运行的运输方式。

（1）铁路运输的优点

第一，适应性强。依靠现代科学技术，铁路几乎可以在任何需要的地方修建，可以全年全天候不停地运营，具有较高的连续性，而且适合于长短途旅客和各类不同重量、不同体积货物的双向运输。铁路运输过程受自然条件限制较小，连续性强，通用性能好。

第二，运输能力大。铁路是大宗、通用的运输方式，能够承担大量的运输任务，铁路的载运能力比汽车和飞机大得多。一般每列客车可载旅客 1800 人左右，一列火车可装 2000 ～ 3500 吨货物，重载列车可装 2 万多吨货物。

第三，安全性高。火车货物运输到发时间准确性较高，运行比较平稳，安全可靠。随着先进技术的发展，铁路运输的安全程度也越来越高。在各种现代运输方式中，按所完成的旅客人公里和货物吨公里计算的事故率，铁路运输是很低的。

第四，运送速度快。铁路运行速度快，速度一般为 80 ～ 120 千米 / 小时；铁路货物列车运行速度一般为 80 ～ 100 千米 / 小时。

第五，环境污染程度小。铁路运输能耗较低，环境污染小。铁路运输每千吨公里耗标准燃料为汽车运输的 1/11 ～ 1/15，为民航运输的 1/174。而且，铁路运输对环境和生态平衡的影响程度小，特别是电气化铁路的影响更小。

第六，运输成本低。铁路运输成本比水路运输成本高些，但比公路运输和航空运输成本要低很多。我国铁路运输成本分别是公路运输和航空运输成本的 1/20 和 1/128。

（2）铁路运输的缺点

第一，投资高。单线铁路每公里造价为 100 万～ 300 万元，复线造价在 400 万～ 500 万元。

第二，建设周期长。一条干线要建设 5 ～ 10 年，而且由于占地多，随着人口的增长，将给社会增加负担。

第三，短途运输灵活性差。在运输的起点和终点必须有其他运输方式的配合与衔接，为铁路运输集散货物。

综上所述，铁路运输主要适用于：大宗低值货物的中长距离运输，也较适合运输散装、罐装货物；大量货物一次高效率运输；运费负担小、货物批量大、运输距离长的货物运输；要求运输安全系数大的货物运输。

3. 水路运输方式

水路运输是指用船舶在内河或海洋上运送货物。水路运输通常表现为四种形式：沿海运输、近海运输、远洋运输和内河运输。在国际贸易中 85% 以上的货物是通过海洋运输来实现的，我国的对外贸易运输中 90% 以上的货物是通过海洋运输实现的。

（1）水路运输的优点

第一，运输能力大。在五种运输方式中，水路运输能力最大。在长江干线上，一支拖驳或顶推拖驳船队的载运能力已经超过万吨，国外最大的顶推驳船队的载运能力达到3万～4万吨。

第二，水运建设投资省。水路运输只需利用江河湖海等自然水利资源，除必须投资购造船舶、建设港口外，沿海航道几乎不需要投资，整治航道也仅仅只有铁路建设费用的1/3～1/5。

第三，运输成本低。我国沿海运输成本只有铁路的40%，长江干线运输成本只有铁路运输的84%。

第四，平均运距长。水路运输平均运距分别是铁路运输的2.3倍，公路运输的59倍，管道运输的2.7倍，民航运输的68%。

（2）水路运输的缺点

第一，受自然条件影响较大。内河航道和某些港口受季节影响较大，因冬季结冰和枯水期水位变低等难以保证全年通航，水路运输受海洋与河流的地理分布及其地质、地貌、水文与气象等条件和因素的制约与影响明显；此外，水运航线无法在广大陆地上任意延伸。

第二，运送速度慢，准时性差。普通杂货船速度为20～30千米/小时，在途的货物多，会增加货主的流动资金占有量，经营风险增加。

第三，运输连续性差。一个航次长达数十天，短的也要一个星期左右。

所以，水路运输主要适合承担以下作业任务：大批量货物，特别是集装箱运输；原料半成品等散货运输；远距离、运量大、不要求快速抵达的货物运输。

4. 航空运输方式

航空运输是指利用飞机运送货物的现代化运输方式。近年来，采用航空运输方式日趋普遍，航空货运量越来越大，航空运输的地位日益提高。

（1）航空运输的优点

第一，运送速度快。航空运输的一般速度在800～900千米/小时，大大缩短了两地之间运输的时间。

第二，机动性能好。航空运输几乎可以飞越各种天然障碍，可以到达其他运输方式难以到达的地方。

第三，破损率低。采用航空运输的货物本身价值就较高，其地面操作流程环节比较严格，管理制度比较完善，这就使得货物破损率很低，安全性较高。

（2）航空运输的缺点

航空运输的主要缺点有：飞机机舱容积和载重量都比较小、航空运输的运载成本和运价比地面运输高、运输的准确性和正常性会受到天气条件的影响、维护成本高、运输技术要求高、人员培训费用高。

因此，航空运输主要适用于：附加值高、质量轻、体积小、运费承担能力强的中长距离运输，如精密仪器、电子仪器仪表、电脑设备、贵重金属、宝石等；货物的紧急运输，如救灾物资的运输和时效性物品的运输。航空运输不适合于低价物品和大批量货物的短距离运输。

（3）航空运输的经营方式

①班机运输

班机是指在固定的航线上定期航行的航班，即有固定始发站、目的站和途经站的飞机。班机的航线基本固定，定期开航，收、发货人可以确切地掌握起运和到达时间，保证货物能够安全迅速地运达目的地，对运送鲜活、易腐的货物以及贵重货物非常有利。其不足之处是舱位有限，不能满足大批量货物及时出运的需要。

②包机运输

包机运输可分为整架包机和部分包机。

整架包机是指航空公司或包机代理公司，按照与租机人双方事先约定的条件和运价，将整架飞机租给租机人，从一个或几个航空站装运货物至指定目的地的运输方式。运费随国际航空运输市场的供求情况而变化。

部分包机是指几家航空货运代理公司联合包租一架飞机，或者由包机公司把一架飞机的舱位分别分给几家航空货运代理公司，适合1吨以上但不足装一整架飞机的货物，运费较班机低，但运送时间则比班机要长。

③集中托运

集中托运是航空货运代理公司把若干批单独发运的、发往同一方向的货物集中起来，组成一票货，向航空公司办理托运，采用一份总运单集中发运到同一站，由航空货运代理公司在目的地指定的代理人收货、报关并分拨给各实际收货人的运输方式。这种托运方式，货主可以得到较低的运价，使用比较普遍，是航空货运代理的主要业务经营方式之一。

④航空快递

航空快递是由一个专门经营该项业务的公司和航空公司合作，通常为航空货运代理公司或航空速递公司派专人以最快的速度在货主、机场和用户之间运送和交接货物的快速运输方式。该项业务是在两个空运代理公司之间通过航空公司进行的，是一种最快捷的运输方式。

5. 管道运输方式

管道运输是用管道输送流体货物和粉末货物的一种运输方式。它是依靠物体在管道内顺着压力方向顺序移动实现的。它与其他运输方式的重要区别在于管道设备是静止不动的。

（1）管道运输的优点

第一，运输量大。一条直径 720 毫米的输煤管道，一年即可输送煤炭 2000 万吨，几乎相当于一条单线铁路的单方向的输送能力。

第二，占地少。管道运输只需要铺设管线，修建泵站。在平原地区管道大多埋在地下，不占农田；管道可以从河流、湖泊甚至海洋的水下穿过，也可以翻越高山，横越沙漠。

第三，安全性高，无污染。管道运输的成品油运费仅为铁路的 $1/6 \sim 1/3$，接近于海洋。管道运输没有有害物质排放。

第四，稳定性好。管道运输不受气候影响，可以全天候运输，送达货物的可靠性高。

（2）管道运输的缺点

第一，专用性强。管道只能运输石油、天然气及固体料浆（如煤炭等）。管道运输不如其他运输方式灵活，承运的货物比较单一，货源减少时不能改变路线，当运输量降低较多并超出其合理运行范围时，优越性难以发挥。另外，运输速度较慢。

第二，专营性强。管道运输属于专用运输，其生产和运销混为一体，不提供给其他发货人使用。

第三，机动灵活性差。管道运输仅提供单向运输。不易随便扩展管道，路线往往完全固定，服务的地理区域十分有限。

第四，固定投资大。为了进行连续输送，还需要在各中间站建立储存库和加压站，以促进管道运输的畅通。

（二）多式联运

1. 多式联运的概念

所谓多式联运，就是根据实际运输要求，将不同的运输方式组合成综合性一体化运输，通过一次托运、一次计费、一张单证、一次保险，由各运输区段的承运人共同完成货物的全程运输的运输组织形式。

多式联运是按照社会化大生产要求组织运输的一种方法，它是将多种运输工具有机地结合在一起，以最合理、最有效的方式实现货物运输。所以，多式联运是一种高级的运输组织形式，它不仅可以最大限度地方便货主，加速货物运输过程，而且可以进一步实现运输合理化、物流合理化，提高运输的工作效益和经济效益。

由于多式联运被广泛应用于国际货物运输中，所以许多物流书籍或资料将其称为国际多式联运。

2. 多式联运的特点

多式联运与其他的单一运输方式相比，有着明显的特征。

（1）运输方式的通用性

多式联运在全程运输中至少使用两种或两种以上的运输方式，而且是不同方式的连续运输。与按单一方式的货运不同，多式联运所使用的运输单证、商务规定和货运合同协议、法律、规章等必须具有适用于两种以上方式的通用性。

（2）运输责任的全程性

运输合同包括从起运地到目的地的全程运输。多式联运是不同运输方式的综合组织，其全程运输均由多式联运经营人完成或组织完成。无论涉及几种运输方式、分为几个运输区段、有多少个中间环节，多式联运经营人都要对全程负责，完成或组织完成全程运输中所有的运输及相关的服务业务。多式联运经营人可以在运输网中选择适当的运输路线、运输方式和各区段的实际承运人，降低运输成本，提高运送速度，实现运输合理化。

（3）运输手续的简单性

多式联运是一票到底，实行单一费率的运输，发货人只要订立一份合同，一次性付费，一次保险，通过一张凭证，即可完成全程运输。与传统的分段运输相比，手续简便，不仅能最大限度地方便货主，缩短货物的运输时间，而且可以提前结汇，缩短货主的资金占用时间，提高经营效益。

（4）经营人身份的双重性

多式联运经营人在完成或组织完成全程运输过程中，首先要与托运人或货主订立全程运输合同，在合同中是承运人；但在与各种运输方式、各区段的实际承运人订立的分运（或分包）合同中，多式联运经营人又是以托运人和收货人的身份出现。这样，联运经营人就具有双重身份。就其业务内容和性质来看，联运经营人的主要工作实际上是组织、衔接各区段的货物运输，而各区段承运人对自己承担区段的货物运输负责。由此可知，联运经营人的这种身份与传统的货运代理人身份相似，担负的是"一手托两家"的中介组织任务。

由于多式联运可以集中各种运输方式的优势，组成连贯运输，所以，发展多式联运，有利于发挥综合运输的优势，简化货运环节；加速货物和资金周转，缩短货运时间，减少货损货差，提高货运质量；节省运杂费用，降低运输成本；有利于挖掘运输潜力，提高运输效率，形成以城市为中心、港站为枢纽的综合运输网络，方便无港站的县、市办理货运业务；同时，有利于交通运输管理体制的改革，扩大运输经营人的业务范围，提高运输的组织水平。

3. 多式联运的组织形式

（1）海陆联运

海陆联运是国际多式联运的主要组织形式。这种组织形式以航运公司为主体，签发联运提单，与航线两端的内陆运输部门开展联运业务，与陆桥运输展开竞争。

（2）陆桥运输

所谓陆桥运输，是指使用横贯大陆的铁路、公路运输系统作为中间桥梁，把大陆两端的海运系统连接起来，形成跨越大陆、连接海洋的运输组织形式。如西伯利亚大陆桥、北美大陆桥、新亚欧大陆桥等都是陆桥运输的代表。

在国际多式联运中，陆桥运输起着非常重要的作用。它是远东—欧洲国际多式联运的主要形式。严格地讲，陆桥运输也是一种海陆联运形式，只是因为它在国际多式联运中的独特地位，故将其单独作为一种运输组织形式。

（3）海空联运

海空联运又称为空桥运输。在运输组织方式上，海空联运与陆桥运输有所不同：陆桥运输在这个货运过程中使用的是同一个集装箱，不用换装，而海空联运的货物通常要在航空港换入航空集装箱。不过，两者的目标是一致的，即以低费率提供快捷、可靠的运输服务。采用这种运输方式，运输时间比全程海运少，运输费用比全程空运便宜。

第二节　现代物流运输的合理化与运输决策

一、运输的合理化

（一）运输合理化的概念

运输合理化是指物流运输企业优化资源配置，以最经济的手段和方法满足客户要求的过程，也就是从物流系统的总体目标出发，按照货物流通的规律，运用系统理论和有关原理、方法，合理利用各种运输方式，选择合理的运输路线和运输工具，以最短的路径、最少的环节、最快的速度和最少的劳动消耗组织货物运输。

（二）运输合理化的意义

1. 促进国民经济的持续、稳定、协调发展

按照社会主义市场经济的基本要求组织货物的合理运输，可以使物质产品迅速从生产场所向消费场所转移，加速资金周转，促进社会再生产过程顺利进行，保证国民经济持续、健康、稳定地向前发展。

2. 缩短运输时间，加快物流速度

货物运输时间是决定物流速度的重要因素。合理组织运输活动，可使货物的在途时间尽可能缩短，加快物流速度。从宏观角度看，物流速度加快，商品库存量减少，资金占用大为降低，社会物质产品的使用效率也会相应提高。

3. 节约运输费用，降低物流成本

运输费用是物流费用的主要组成部分。物流过程的合理运输就是通过选择合适的运输方式、运输工具和运输路线，优化运输方案，实现运输合理化，从而缩短运输里程，提高运输工具的运送效率，节约运输费用，降低物流成本。

4. 节约运力，节省能源

运输合理化能有效克服回空等不合理的运输现象，从而节约运力，提高货物通过能力以及合理利用运输能力。同时，运输合理化降低了运输部门的能源消耗，提高了能源利用率，这对于缓解我国目前运力和能源紧张的情况具有重大的现实意义。

（三）不合理运输及其表现

不合理运输是指没有达到应有的运输水平而造成运力浪费、运费超支和运输时间增加等问题的运输组织形式。如在组织货物运输过程中，违反货物流通规律，不按经济区域和货物自然流向组织货物调运，忽视运输工具的充分利用和合理分工，装载量过低，流转环节过多，都会造成运力浪费和运输费用增加的现象。

不合理运输大致可分为以下六大类：

1. 与运输距离有关的不合理运输

与运输距离有关的不合理运输主要包括过远运输和迂回运输。

（1）过远运输

过远运输是指调运货物舍近求远的物流运输行为，即完全可以由距离较近的供应地调运却从远处调运质量相同的货物，从而造成浪费的一种不合理运输形式。过远运输导致货物在途时间长、运输工具周转慢、货物占压资金多，又容易出现货损，增加费用开支。

（2）迂回运输

迂回运输是指可以选取较短路线却选择了较长路线的一种不合理运输形式。需要说明的是，只有当计划不周、地形不熟、组织不当而发生的迂回运输才属于不合理运输。当最短距离路线上有交通阻塞、路况不好或者对噪声、尾气等存在特殊限制时所发生的迂回运输不能称为不合理运输。

2. 与运输方向有关的不合理运输

与运输方向有关的不合理运输主要包括对流运输和倒流运输。

（1）对流运输

对流运输又称相向运输、交错运输，凡属同一种货物或彼此间可以相互代用又不影响管理、技术及效益的货物，在同一线路上或平行线路上做相对方向的运输，并与对方运程的全部或部分发生重叠的运输，即为对流运输。

对流运输有两种类型：一种是明显的对流运输，即在同一路线上的对流运输；另一种情况是同一种货物违反"近产近销"的原则，在两条平行的路线上沿相对的方向运输，它不易被发现，因而称为"隐蔽的对流运输"。

（2）倒流运输

倒流运输是指商品从销地（或中转地）向产地（或起运地）回流的一种不合理运输现象。其不合理程度要甚于对流运输，原因在于往返两程的运输都是不必要的，形成了双程浪费。倒流运输也可以看成是隐蔽对流的一种特殊形式。

3. 与货物运量有关的不合理运输

与货物运量有关的不合理运输主要包括返程或启程空驶和重复运输。

（1）返程或启程空驶

空车、空船或无货载行驶可以说是不合理运输的最严重形式。在实际运输组织中，有时候必须调运空车、空船，从管理上不能将其看成不合理运输。但是，因调运不当，货源计划不周，不采用运输社会化而形成的空驶，则是不合理运输的表现，造成空驶的主要原因有以下几种：

第一，能利用社会化的运输体系而不利用，却依靠自备车送货提货，这往往出现单程重车、单程空驶的不合理运输。

第二，由于工作失误或计划不周，造成货源不实，车辆空去空回，形成双程空驶。

第三，由于车辆过分专用，无法搭运回程货，只能单程重车、单程回空周转。

（2）重复运输

重复运输是指一种货物本可直达目的地，却由于某种原因而在中途停卸、重新装运的不合理运输现象。重复运输虽未延长运输里程，但增加了装卸环节，延长了货物在途时间，增加了装卸搬运费用，而且降低了车船使用效率，影响了其他货物运输。

4. 与运力有关的不合理运输

与运力有关的不合理运输主要包括运力选择不当和托运方式选择不当。

（1）运力选择不当

运力选择不当是指未正确利用运输工具造成的不合理现象。常见有以下若干形式：

第一，弃水走陆。在同时可以利用水运及陆运时，不利用成本较低的水运或水陆联运，而选择成本较高的铁路运输或汽车运输，使水运优势不能发挥。

第二，火车、飞机、大型船舶过近运输。火车、飞机及大型船舶起运及到达目的地的准备、装卸时间长，机动性不足，如果在过近距离中利用这些运输工具，不仅发挥不了它们的优势，相反，由于装卸时间长，反而会延长运输时间，增加装卸难度和运输费用。

第三，运输工具承载能力选择不当。不根据承运货物数量及重量选择，而盲目决定运输工具，造成过分超载、损坏车辆及货物不满载、浪费运力的现象。尤其是"大马拉小车"现象发生较多。由于装货量小，单位货物运输成本必然增加。

（2）托运方式不当

托运方式不当是指没有选择最好的托运方式，造成运力浪费及费用增加的一种不合理运输。例如，应选择整车运输而采取零担托运，应采取直达运输而选择了中转运输，都是托运方式不当的表现。

5. 与线路设计有关的不合理运输

与线路设计有关的不合理运输主要包括交叉运输和配送区域重叠。

（1）交叉运输

交叉运输是指在同一区域进行物流运输时，设计的线路之间相互交叉，增加车辆行驶距离的一种不合理运输形式。

（2）配送区域重叠

配送区域重叠必然导致交叉运输，它是指在两个或两个以上配送区域有部分区域重叠，导致运输线路交叉，车辆行驶距离增加，从而造成运力浪费的一种不合理运输形式。

6. 与运输工具使用有关的不合理运输

与运输工具使用有关的不合理运输主要包括运输工具类型与货物特性不匹配等，如有些货物在运输过程中，需要恒定的温度或湿度，对运输工具的要求很高，如果运输工具达不到货物运输的要求，将会造成货物的腐烂、变质等。

需要说明的是，上述各种不合理的运输形式都是在特定条件下表现出来的，判断时必须注意各自的前提条件，进行综合判断，才能得出正确的结论，否则就容易判断失误。例如，对于同一种产品，只要商标、价格不同，发生的对流运输就不能视为不合理运输，因为其中存在市场竞争。如果因为所谓的"不合理"而不允许对流运输，就会起到保护落后、阻碍竞争甚至助长地区封锁的副作用。

（四）运输合理化的五要素

影响运输合理化的因素很多，一般认为起决定性作用的有以下五个方面的因素，称为合理运输的"五要素"。

1. 运输距离

运输距离简称运距。在运输过程中，运输时间、货损货差、运费、车辆或船舶周转等经济技术指标都与运输距离存在着较强的正相关关系。因此，运距长短是运输是否合理的一个最基本因素，缩短运距既具有宏观的社会效益，也具有微观的企业效益。

2. 运输环节

每增加一次运输，必然会增加运输的附属作业活动，所以，减少运输环节，尤其是减少同一工具的运输环节，是运输合理化的基本条件之一。

3. 运输方式

各种运输方式都有它的优势和劣势，合理地选择、组织运输方式，最大限度地扬长避短，并根据各种运输方式的特点进行装卸、搬运、包装等附属作业是运输合理化的重要一环。

4. 运输时间

运输是物流所有活动中最耗费时间的环节，长距离运输尤其如此。因此，缩短运输时间对缩短整个物流时间具有决定性意义。缩短运输时间也有利于加速运输工具的周转，从而充分发掘运力。此外，缩短运输时间还有利于加快货主资金的周转速度和提高运输线路的通过能力，增加经济效益和社会效益。

5. 运输费用

运输费用简称运费，在全部物流费用中占很大比例，运费高低是衡量物流运输是否合理的一个重要标志，在一定程度上决定了整个物流系统的竞争能力，也是物流企业采取的运输合理化措施是否有效的最终判断依据之一。因此，降低运费是物流企业的一个重要目标，也是货主企业的重要指标。

（五）运输合理化的有效措施

1. 发展合装整车运输

合装整车运输也称"零担拼整车中转分运"，它主要适用于杂货运输。如在铁路运输中，合装整车运输是在组织货运时，由同一发货人将不同品种但发往同一车站、同一收货人的零担托运货物由物流企业自己组配在一个车皮内，以整车运输的方式运到目的地；或把同一方向不同到站的零担货物集中组配在一个车皮内，运到一个适当的车站，然后再中转分运。

合装整车运输的具体做法有四种：零担货物拼整车直达运输、零担货物拼整车接力直达或中转分运、整车分卸、整装零担。由于采用合装整车的办法可以减少一部分运输费用，所以这种措施可以取得较好的经济效果，还能提高运输工具的利用率。

2. 发展直达运输

直达运输是运输合理化的重要表现形式，其要点是通过减少过载、换载，提高运输速度，节省装卸费用，降低中转货损。直达的优势在一次运输批量和用户一次需求量达到整车运输要求时表现得最为突出。此外，在生产资料、生活资料运输中，利用有效的技术来实现直达运输，可以建立起稳定的产销关系和运输系统，有利于提高运输水平和运输效率。

需要指出的是，直达运输的合理性在一定条件下才会表现出来。即直达运输是否优于中转运输，要根据用户的要求做出判断。一般而言，从用户角度来看，批量较大时，直达运输较为合理；批量较小时，中转运输较为合理。

3. 发展"四就"直拨运输

"四就"直拨是指：就厂直拨，就车站、码头直拨，就库直拨，就车、船过载等。一般批量到站或到港的货物，首先要进入分配部门或批发部门的仓库，然后再按程序分拨或销售给用户，这样一来，往往出现不合理运输。"四就"运输就是力求减少中转运输环节，以最少的中转次数完成运输任务的一种形式。

"四就"直拨和直达运输之间既有联系又有区别。一般而言，直达运输的货物运输里程较远，批量较大，而"四就"直拨运输的货物运输里程较近，批量较小，一般只在大中城市批发站所在地办理。在运输过程中，如能将"四就"直拨运输与直达运输结合起来，往往会收到更好的经济效果。

4. 提高技术装载量

提高技术装载量是组织合理运输、提高运输效率的重要内容。提高技术装载量不仅可以最大限度地利用车船载重吨位，而且可以充分利用车船装载容积。具体做法有以下几种：

（1）组织轻重装配

组织轻重装配是把实重货物和轻泡货物组装在一起，既可以充分利用车船装载容积，又能达到装载重量要求，充分提高运输工具的综合利用率。

（2）实行解体运输

实行解体运输是针对一些体积大而且笨重、不易装卸、容易碰撞致损的货物所采取的一种装载技术。例如，在运输大型机电产品、科学仪器、自行车、缝纫机等货物时，可将其拆卸装车，分别包装，以缩小占用空间，达到便于装卸搬运和提高运输装载效率的目的。

（3）堆码技术的运用

在物流运输过程中，应根据车船的货位情况及不同货物的包装形态，采取有效的堆码技术，如多层装载、骑缝装载、紧密装载等，以提高运输效率。与此同时，改进包装技术，逐步实行集装箱化、托盘化，对提高车船技术装载量也有重要意义。

5. 分区产销平衡运输

分区产销平衡运输就是在组织物流活动中，对某种货物而言，根据产销分布情况和交通运输条件，在产销平衡的基础上，按照"近产近销"的原则，一般都从固定的生产区运往特定的消费区，使货物运输线路最短，实现合理运输。

分区产销平衡运输主要适用于品种单一、规格简单、生产集中、消费分散，或消费集中、生产分散，以及调运量大的物质产品，如煤炭、木材、水泥、粮食、生猪、建材等实行这一办法，对于加强产、供、运、销一体化，消除过远运输、迂回运输、对流运输等不合理运输，充分利用地方资源，促进生产力合理布局，降低物流费用，节约运力，具有十分重要的意义。

二、运输决策

（一）运输方式的选择

1. 影响运输方式选择的因素

人类经过长期的实践，已经总结出影响运输方式选择的主要因素，包括货物的特性（货物品种）、运输批量、运输距离、运输时间、运输成本等。

（1）货物的特性

货物的性质、形状、价值、单件的重量、容积、危险性、易腐性等都是在选择运输方式时首先要考虑的问题。只有符合运输物品的特质或特点的运输方式才可以考虑选择。如电风扇、电视机、洗衣机等家用电器，选择管道运输就是不可行的。

（2）运输批量

大批量运输成本低，应尽可能使物品集中地、大批量地运输。同时，选择合适的运输工具运载货物是降低成本的良策。一般来说，15～20吨以下的物品用汽车运输，15～20吨以上的物品用铁路运输，数百吨以上的原材料之类的物品可以选择船舶运输。

（3）运输距离

运输距离是影响运输成本的主要因素，因为它直接对劳动、燃料和维修保养等可变成本发生作用。应根据运输距离的不同，选择不同的运输方式。按照国际惯例，可以依照以下原则：300千米以内，用汽车运输；300～500千米的区间，用铁路运输；500千米以上，用船舶运输。一般采取这样的选择是比较经济合理的。当然，在参照运输距离选择运输方式时，要特别注意与运输经由地的地形特点、运输的基础设施相联系。

（4）运输时间（期限）

运输时间是指从货源地发货到目的地接受货物之间的时间。运输时间的度量是货物如何快速地实现发货人和收货人之间"门到门"的时间，而不仅仅是运输工具如何快速移动、货物从运输起点到终点的时间。运输时间与交货日期相联系，要想做到按时及时交货，必须调查各种运输工具所需要的运输时间，根据运输时间来选择运输工具。

（5）运输成本

运输成本是指为两个地理位置间的运输所支付的费用以及与运输管理、维持运输中存货有关的总费用。运输成本因货物的种类、重量、容积、运距不同而不同。而且，运输工具不同，运输成本也会发生变化。在考虑运输成本时，必须注意运费与其他物流子系统之间存在着互为利弊的关系，不能只考虑用运输费用来决定运输方式，要由全部总成本来决定。

在上述五个因素中，货物的特性、运输批量和运输距离三个因素是由货物自身的性质和存放地点决定的，因而属于不可变量。与此相反，运输时间和运输成本是不同运输方式相互竞争的重要条件，运输时间与成本的变化必然带来所选择的运输方式的改变。

缩短运输时间与降低运输成本之间是此长彼消的关系：如果要利用快速的运输服务方式，就有可能增加运输成本；而运输成本下降有可能导致运输速度减缓。因此，如何有效地协调这两者的关系，使其保持一种均衡状态，是企业选择运输方式时必须考虑的重要因素。

2. 基于物流总成本比较的运输方式选择

运输方式的选择既是战术性决策又是操作性决策。与某个承运商签订合同的决策属于战术性决策，而具体运输方式的选择则是操作性决策。对于两种决策来说，托运人都必须权衡总成本。由于物流各环节之间存在着效益背反，因而运输成本的降低会导致其他环节（如库存）成本的上升。一种运费最低的运输方式，并不一定使运输总成本最低。运输的时间和可靠性会影响托运人和收货人的库存水平以及他们之间的在途库存水平。因此，应该以总成本分析为基础来选择运输方式。

运输对库存的影响有以下几点：

第一，较慢的运输模式会引起较多的中转或运输库存。

第二，较大运量的运输方式会导致订单量超过需求量的情况，从而增加库存。

第三，不可靠的运输模式会引起安全库存的提高。

在选择运输方式时，就要考虑库存持有成本可能升高而抵消运输服务成本降低的情况。因此，选择运输方式时的最合理方案应该是既能满足顾客需求，又使总成本最低的服务，即最佳服务——使某种运输服务的成本与该运输服务水平以及相关的库存成本之间达到平衡的运输服务。

（二）运输线路选择分析

由于运输成本在整个物流成本中占很大比例，因而最大化地利用运输设备和人员，提高运作效率，是我们关注的首要问题。

　　货物运输在途时间的长短可以通过运输工具在一定时间内运送货物的次数和所有货物的总运输成本来反映。其中，最常见的决策问题就是，找到运输工具在公路网、铁路线、水运航道和航空线运行的最佳路线，以尽可能地缩短运输时间或运输距离，从而在运输成本降低的同时使客户服务也得到改善。

　　1. 运输路线选择问题的类型

　　（1）起讫点不同的单一路径问题

　　这类运输路径规划问题可以通过特别设计的方法很好地加以解决。最简单、最直接的方法就是最短路径法。

　　（2）多起讫点问题

　　如果有多个货源地可以服务多个目的地，那么我们面临的问题是，要指定各目的地的供货地，同时要找到供货地、目的地之间的最佳路径。该问题经常发生在多个供应商、工厂或仓库服务于多个客户的情况下。如果各供货地能够满足的需求数量有限，则问题会更复杂。

　　（3）起点和终点相同的路径规划

　　物流管理人员经常会遇到起讫点相同的路径规划问题。在企业自己拥有运输工具时，该问题是相当普遍的。例如，从某仓库送货到零售点然后返回的路线设计（从中央配送中心送货到食品店或药店），从零售店到本地客户配送的路线设计（商店送货上门），校车、送报车、垃圾收集车和送餐车等的路线设计。这类路径问题是起讫点不同的问题的扩展形式，但是由于要求车辆必须返回起点行程才结束，问题的难度就提高了。我们的目标是找出途经点的顺序，使其满足必须经过所有点且总出行时间或总距离最短的要求。

　　起讫点重合的路径问题一般被称为"流动推销员"问题，人们已提出不少方法来解决这类问题。如果某个问题中包含很多个点，要找到最优路径是不切实际的，因为许多现实问题的规模太大，即使用最快的计算机进行计算，求最优解的时间也非常长。

　　2. 合理路线和时刻表的制定原则

　　合理路线和时刻表的制定是运输路径问题的扩展形式。更加接近实际的限制条件包括以下几点：

　　第一，在每个站点既要取一定量的货，又要送一定量的货。

　　第二，使用多部车辆，每部车的载重量和容量不同。

　　第三，司机的总驾驶时间达到一定上限时，必须休息至少 8 小时。

　　第四，每个站点每天只允许在特定的时间内取货或送货。

　　第五，允许驾驶员每天在特定的时间休息和用餐。

　　这些限制条件增加了问题的复杂性，也使我们寻找最优解的努力受挫。但是，运用制定合理路线和时刻表的原则或启发式求解法仍然可以得到该类问题比较好的解。

其他的制定原则还有：

第一，安排车辆负责相互距离最接近的站点的货物运输。卡车的行车路线围绕相互靠近的站点群进行计划，以使站点之间的行车时间最短。

第二，安排车辆各日途经的站点时，应注意使站点群更加紧凑。如果一周内各日服务的站点不同，就应该对一周内每天的路线和时刻表问题分别进行站点群划分。各日站点群的划分应避免重叠，这样可以使为所有站点提供服务所需的车辆数降至最低，同时使一周内卡车运行的时间和距离最少。

第三，从距仓库最远的站点开始设计路线。要设计出有效的路线，首先要划分距仓库最远的周围的站点群，然后逐步找出仓库附近的站点群，一旦确定了最远的站点，就应选定距离该核心站点最近的一些站点形成站点群，分派载货能力可以满足该站点群需要的车辆，然后从还没有分派车辆的其他站点中找出距仓库最远的站点，分派另一车辆。如此往复，直到所有的站点都分派有车辆。

第四，卡车的行车路线应呈水滴状。安排行车路线时，各条线路之间应该没有交叉。

第五，尽可能使用最大的车辆进行运送，这样设计出的路线是最有效的。

第六，取货、送货应该混合安排，不应该在完成全部送货任务之后再取货。

第七，对过于遥远而无法归入群落的站点，可以采用其他配送方式。

（三）运输承运人的选择

货主把货物交给承运人后，承运人会根据双方的合同和行业的惯例履行运输的义务，把货物安全、及时地送交收货人。只要运输业没有垄断存在，对于同一种运输方式，货主都有机会面对相同的物流运输企业，此时选择适合货主标准和偏好的承运人就成了货主需要考虑的头等重要的问题。虽然货主在选择承运人时，其结果取决于运输服务的众多特性，如运输速度、服务的可靠性、运输能力、运输设备的可得性和充足性、服务的可得性、理赔服务的质量、货物跟踪服务以及对解决问题是否有帮助等。但一般来说，货主在选择承运人时会从以下几个方面进行比较考虑。

1. 运输质量比较

运输所体现的价值是借助于运输工具将货物从一个地方运送到另一个地方，使其产生空间上的移动。"移动"这种产品是运输企业的最终产品，"移动"的质量就是指它的使用价值在运输生产过程中使货物产生位移，并且在产生移动的过程中，保证被移动货物的完整无损、无差错，满足货主的要求。由于运输业的特殊性，运输质量与一般工农业产品质量相比较，有特殊的质量要求，它主要是指物流运输企业向社会提供运输劳务、满足货主需要的程度。

（1）运输的安全性

运输货物的"移动"必须首先保证货主的货物完整无损、平安顺利地运达目的地，这是运输企业的基本职责，也是货主最基本的要求。这里所说的完整无损、平安顺利包含两层意思。一是货主从托运开始到收货结账为止全过程的安全工作，包括：偷、盗、扒、窃等事故的防止；危险品、禁运品的检查、运输和防护；货物的妥善装卸、运输、保管和收交，不发生短缺差错。二是安全运行不出事故，保证货物不发生损坏、污染和变质。因此，大多数货主会将运输货物的安全性作为选择承运人的首要因素。具体应考虑以下几方面：

第一，运输设备的完好状态。

第二，装卸公司的服务质量。

第三，员工工作的经验和责任心。

第四，运输流程的控制情况。

（2）运输的及时性

货主不仅要求货物安全地运达目的地，许多时候还要求运输企业按照协议、合同或企业承诺的期限，在保证安全的情况下，争取最快地运达目的地。特别是对于需要及时、快捷运送的货物，货主会更多地考虑运输的及时性。同时，还会在以下几方面提出要求：

第一，运输的准确率。

第二，单证的准确率。

第三，运输的合理间隔。

（3）运输的经济性

货主要求承运人在运送货物时做到运价便宜、运费少。承运人应千方百计降低运输成本，降低各项消耗，以最经济的运输方案和较低的运价实现货物位移的功能。在运输技术及运输工具不断发展的今天，各承运人之间提供的运输质量差异越来越小，货主在选择承运人时，对一些运送质量要求不高的货物，会更多地考虑运输的经济性。在经济上主要是观察：

第一，运输费率的高低。

第二，运输单位成本的水平。

（4）运输的服务性

货主要求承运人提供尽可能方便的商务作业手续、完善的服务设施、齐全的服务项目和优良的服务质量，货主在选择承运人时还会考虑运输的服务性：

第一，信息查询的方便程度。

第二，运输纠纷的理赔状况。

第三，提供高附加值的内容。

2. 综合指标比较

许多货主在选择承运人时考虑的不仅仅是某一个方面的因素，很多时候，综合因素的考虑会显得更为重要。如同时考虑承运人的品牌、经济实力、运输服务网点数量、运输价格、总资产状况以及其他货主需要考虑的因素。

不同因素的权数确定，货主可根据自己所运送货物的具体情况，确定各因素权数的大小；而对于不同因素评分的确定，货主可根据自己对承运人运输的安全性、及时性、经济性和服务性等众多因素确定其应有的分数。一般来说，承运人的综合计分越高，说明其运输条件越好。

第三节　供应链中的运输管理

一、供应链中的运输问题

运输是供应链的驱动要素之一，但是在供应链管理中却很少被提及，即使提到也主要是单纯地从运输自身的角度来考虑节约成本，没有从运输与供应链其他环节的相互关系出发进行分析。运输是供应链运作必需的环节，有效的运输策略甚至可以使货物不进仓库而直接在车辆间进行交换，使运输设备成为流动的仓库。因此，面对全球经济一体化的趋势，没有良好的运输作业基础，企业很难在市场竞争中立足。供应链运输决策应考虑的问题包括：

（一）运输部门的激励机制

进行运输决策时应确保运输战略对企业的发展战略起促进作用。如在决策时只考虑降低运输成本而不顾客户响应程度，将使企业总成本增加。所以，企业对运输部门的业绩考核应综合考虑运输成本、受运输决策影响的库存成本以及所达到的客户响应程度。

（二）在自营运输和外包运输之间做出权衡

自营运输、外包运输各有自己的优势，考虑使用自营运输、外包运输或二者兼而有之，应基于企业的运输管理能力和运输对企业发展战略的重要性。当运量较小、运输不是企业成功的关键因素时，可以将运输外包给第三方承担，以节约成本。然而，当运量大、客户响应程度重要时，运输对企业发展战略的成功影响就非常大，企业应拥有自己的运输车队。

（三）运输网络的柔性

进行运输网络设计时应考虑需求的不确定性和运输的可利用性。忽视需求不确定性会导致大量采用廉价、非柔性的运输方式。如果运输计划不变，这种运输网络会执行得很好；

然而，当运输计划改变时，该网络往往就很差劲。如果企业考虑了不确定性，在运输网络设计中采用一些柔性的运输方式，虽然会昂贵一些，但可以让企业以较低的成本提供高水平的客户响应。

（四）运输成本与其他相关成本

供应链中的运输决策必须考虑库存成本、设备和加工处理成本、供应链节点企业间的协作成本以及能够实现的客户的服务水平，对不同的运输配置进行评估，按不同的成本、收入以及协作的复杂性分成不同的等级，然后进行合适的运输决策。

1. 运输与库存成本

越廉价的运输方式提前期越长，装货量也越大，库存水平越高；装载量小的运输方式可降低库存水平，但相对昂贵。在供应链环境中，运输与库存成本间的权衡不仅包括运输方式的选择，还包括供应链中库存的集中程度。

供应链中可以通过将分散的库存集中起来以降低安全库存量。但是，库存集中策略可能会增加运输成本。当库存、设备成本占供应链总成本的比例很高时，集中库存是一个可以考虑的办法。

2. 运输成本与客户响应

供应链中运输成本与供应链提供的客户响应程度密切相关。如果企业的响应程度高，当天接收到的客户订单当天完成，由于运量小、车辆利用率低，将导致很高的运输成本；反之，如果降低响应程度，在发货前经过一段时间集中订单，将会因运量增大带来的规模经营而使运输成本降低，但集中订单因为耽搁了及时发货而使客户响应程度降低。

（五）供应链中运输的不确定性

在供应链中运输是一个由多方共同参与的过程，它具有很强的不确定性。运输过程中出现的问题不仅会影响运输活动自身的正常进行，而且会降低供应链的整体绩效，甚至可能使供应链停止运作。如何避免运输不确定性带来的副作用是个值得关注的问题，只要有预见性和周密的规划，供应链中出现的运输问题大多可以得到解决。以下策略可供参考：

第一，制订备选规划和具体的可选方案，使得遇到突发事件时能够从容应对，一旦运输出现问题，立即启动备选方案。

第二，注意收集、更新有关数据，如燃料价格、承运商的经营状况等，通过对这些数据的分析，提高对运输问题的预见性。

第三，选择承运商时，应进行全面、严格的考核分析，不能仅仅基于价格进行选择。

二、供应链运输网络的设计方案

（一）直接运输网络

对于零售供应链而言，在直接运输网络中，所有货物直接从供应商处运达零售店，每一次运输的线路都是指定的，供应链管理者只需要决定运输的数量并选择运输方式。

直接运输网络的主要优势在于无需中介仓库，而且在操作和协调时简单易行。运输决策只会对当次运输产生影响，不会影响别的货物运输。同时，由于每次运输都是直接的，从供应商到零售商的运输时间短。

（二）循环取货路线的直接运输网络

循环取货路线是指一辆卡车将从一个供应商那里提取的货物送到多个零售店时所经历的线路，或者从多个供应商那里提取货物送到一个零售店时所经过的线路。在这种运输体系中，供应商通过一辆卡车直接向多个零售店供货，或者由一辆卡车从多个供应商那里装载要运送到一家零售店去的货物。一旦选择这种运输体系，供应链管理者就必须对每条循环取货路线进行规划，循环取货路线通过多家零售店在一辆卡车上的联合运输降低了运输成本。

（三）所有货物通过配送中心的运输网络

在这种运输系统中，供应商并不直接将货物运送到零售店，而是先运到配送中心，再运到零售店。零售供应链依据空间位置将零售店按区域划分，并在每个区域建立一个配送中心。供应商将货物送到配送中心，然后由配送中心选择合适的运输方式，再将货物送到零售店。

在这一运输体系中，配送中心是供应商和零售商之间的中间环节，发挥两种不同的作用：一方面进行货物保管，另一方面则充当转运点。当供应商和零售店之间的距离较远、运费高昂时，货物保存和转运有利于减少供应链中的成本耗费。通过使进货地点靠近最终目的地，配送中心使供应链获取了规模经济效益，因为每个供应商都将中心管辖范围内的所有零售店的进货送至该配送中心。此外，配送中心的送货费不会太高，因为它只给附近的商店送货。

（四）量身定做的运输网络

量身定做的运输网络是上述运输体系的综合利用。它在运输过程中综合利用货物对接、循环取货路线、满载和非满载承运，甚至在某些情况下使用包裹递送，目的是根据具体情况采用合适的运输方案。送到大规模商店的大批量产品可以直接运送，送到小商店的小批量产品可以通过配送中心运送。这种运输体系的管理是很复杂的，因为大量不同的产品和商品需要使用不同的运送程序。量身定做的运输网络的运营，要求较多的信息基础设施，以便进行协调，但同时，这种运输网络也可以有选择地使用进／供货方法，减少运输成本和库存成本。

第四节　现代物流的配送管理

一、配送概述

（一）配送的概念

配送是指在经济合理区域范围内，根据客户要求，对物品进行拣选、加工、包装、分割、组配等作业，并按时送达指定地点的物流活动。它是物流中一种特殊的、综合的业务，面向特定用户服务，具有辐射范围小、品种多、批量小的特点。

从物流的角度来说，配送几乎包括了所有的物流功能要素，包括装卸、包装、保管、运输等活动，通过这一系列活动完成将货物送达客户的目的。

从商流角度来说，物流是商物分离的产物，而配送则是商物合一的产物。配送是"配"和"送"的有机结合体。在具体实施时，配送也有以商物分离形式实现的，但从配送的发展趋势看，商流与物流越来越紧密的结合，是配送成功的重要保障。

（二）配送的特点

配送需要依靠信息网络技术来实现，它包括以下特点：

1. 配送不仅仅是送货

配送业务中，除了送货，在活动内容中还有"拣选""包装""分货""分割""组配""配货"等工作，这些工作难度很大，必须具有发达的商品经济和现代化的经营水平才能做好。在商品经济不发达的国家及历史阶段，很难按用户要求实现配货，要实现广泛的高效率的配货就更加困难。因此，一般意义的送货和配货存在着很大的区别。

2. 配送是送货、分货、配货等活动的有机结合体

配送是许多业务活动有机结合的整体，同时还与订货系统紧密联系。要实现这一点，就必须依赖现代情报信息，建立和完善整个大系统，使其成为一种现代化的作业系统。这也是以往的送货形式无法比拟的。

3. 配送的全过程有现代化技术和装备的保证

由于现代化技术和装备的采用，使配送在规模、水平、效率、速度、质量等方面远远超过以往的送货形式。在活动中，由于大量采用各种传输设备及识别码、拣选等机电装备，使得整个配送作业像工业生产中广泛应用的流水线，实现了流通工作的一部分工厂化。因此，可以说，配送也是科学技术进步的一个产物。

4. 配送是一种专业化的分工方式

以往的送货形式只是作为推销的一种手段，目的仅仅在于多销售一些商品。而配送则是一种专业化的分工方式，是大生产、专业化分工在流通领域的体现。因此，如果说一般的送货是一种服务方式的话，配送则可以说是一种体制形式。

（三）配送的分类

配送以不同的运作特点和形式满足不同的客户需求，形成不同的配送形式。

1. 按配送的组织主体不同来分

按配送组织主体的不同，可以把配送分为以下几种：

（1）配送中心配送

配送中心是指从事配送业务且具有完善信息网络的场所或组织。配送中心应基本符合下列要求：主要为特定的客户或末端客户提供服务，配送功能健全，辐射范围小，提供高频率、小批量、多批次配送服务。

该种配送的组织者是专职配送中心，规模较大。有的配送中心需要储存各种商品，储存量也比较大；有的配送中心专门进行配送，储存量较小，货源靠附近的仓库补充。配送中心专业性较强，和客户有固定的配送关系，一般实行计划配送，需配送的商品有一定的库存量，一般很少超越自己的经营范围。配送中心的设施及工艺流程是根据配送需要专门设计的，所以配送能力强，配送距离较远，配送品种多，配送数量大，承担工业生产用主要物资的配送及向配送商店实行补充性配送等。配送中心配送是配送的主体形式，在数量上占主要部分，但是难以一下子建设大量的配送中心。因此，这种配送形式仍有一定的局限性。

（2）仓库配送

这种配送方式以仓库为中心，可以在保留仓库原有功能的基础上进行配送，即以仓库原功能为主，再增加一部分配送的职能。由于是对仓库进行的部分改造，不是按照配送中心的专门要求而设计和建立的，因而在规模和专业化方面不及配送中心，但是可以利用原仓库的储存设施及能力、交通运输路线开展中等规模的配送形式。另一种形式是对仓库按照配送中心的标准进行全面改造，使其成为完全意义上的配送中心。

（3）商店配送

这种配送方式的组织者是商业或物资的门市网点。这些网点往往经营商品的零售，它们可以在经营的同时，根据用户的要求，将本店经营的商品种类配齐，甚至为用户代为订购其他店的商品，连同该店的商品一起送到用户的手中。该配送方式适用于小批量、零星商品的配送，因为商业或物资的门市网点通常规模和实力有限，所以一般无法承担大批量的商品配送。然而，这种经营网点较多，可以灵活机动地对非生产企业非生产性物资的产品进行配送,满足企业或消费者的需求。

（4）生产企业配送

这种配送形式的组织者是生产企业,尤其是进行多种产品生产的企业。这种配送方式越过了配送中心,直接由生产企业进行配送。由于具有直接、避免中转的特点,因而在节省成本方面具有一定的优势。这种配送方式多适用于大批量、单一产品的配送,不适用于多种产品"划零为整"的配送方式,具有一定的局限性。其实,把生产企业作为配送的主体是不适宜的,只有在那些有独特的生产技术和独特的产品种类的企业才适用。

2. 按配送时间及数量不同分类

按配送时间及数量的不同,可以把配送分成以下几种:

（1）定时配送

定时配送即按事先约定的时间间隔进行配送,如数天、数小时一次,每次配送的品种及数量可以预先计划,也可以根据客户的需求进行调整,用商定的联络方式（电话、计算机终端等）通知配送品种和数量。

这种方式时间固定,易于安排工作计划,易于计划使用设备,也有利于安排接运人员和接运作业。但是临时性较强,配货、配装工作紧张,难度较大,如果配送数量变化较大,则会出现配送运力的困难。

日配是定时配送中使用较广泛的一种方式,尤其是在城市内的配送,日配占了绝大多数比例。日配在时间方面的要求大体是:上午订货下午送达,下午订货第二天送达,配送时间在订货后24小时之内。

日配主要适用于以下一些情况:

一是生鲜食品配送,如蔬菜、水果、点心、肉类等的配送。

二是小型商店配送,这些商店要求商品随进随售,因而需要采取日配形式快速周转。

三是不能保持较长时期库存的用户配送,如实现"零库存"的企业或缺乏冷冻设施的用户。

（2）定量配送

定量配送是按规定的批量在一个指定的时间范围内进行的配送。由于数量和品种相对固定,使得备货工作相对简单,而时间规定不严格,则为将不同用户所需的物品拼凑整车运输、充分提高运力利用率提供了机会,并且能对配送路线进行合理优化,达到节约运力、降低成本的目的。此外,定量配送还有利于充分发挥集合包装运输的优越性,如使用托盘或集装箱进行运输,提高运送效率。

（3）定时、定量配送

定时、定量配送是在规定的时间内对规定的商品品种和数量进行配送。它兼有以上两种方式的特点，对配送企业的要求比较严格，管理和作业的难度较大，需要配送企业有较强的计划性和准确度，因而相对来说比较适用于生产和销售稳定、产品批量较大的生产制造企业和大型连锁商场的部分商品的配送及配送中心采用。

（4）定时、定量、定点配送

定时、定量、定点配送是按照确定的周期、确定的货物品种和数量，对确定的用户进行配送。这种配送形式一般事先由配送中心与用户签订配送协议，双方严格按协议执行。这种配送方式能够适应重点企业和重点项目的需要，配送中心一般与用户有长期稳定的业务往来，这对于保证物资供应、降低企业库存非常有利。

（5）定时、定路线配送

定时、定路线配送是通过对客户的分布状况进行分析，设计出合理的运输路线，根据运输路线安排到达站点的时刻表，按照时刻表沿着规定的运行路线进行配送。用户可以按规定的路线站点及规定的时间接货以及提出配送要求。这种方式对于配送中心来说，易于安排车辆和驾驶人员及接、运货工作。对于用户来讲，可以就一定路线和时间进行选择，又可以有计划地安排接货力量，适用于消费者比较集中的地区。

（6）即时配送

即时配送是完全按照用户突然提出的时间和数量方面的配送要求，立即将商品送达指定地点的配送方式。即时配送可以灵活高效地满足用户的临时需求，但是对配送中心的要求比较高，特别是对配送速度和配送时间要求比较严格。因此，通常只有配送设施完备，具有较高的管理和服务水平、较高的组织和应变能力的专业化的配送中心才能大规模地开展即时配送业务。只有即时配送才会使用户真正实现保险储备的零库存，适用于采取"准时"生产的企业。

（7）快递配送

快递配送是一种面向社会的快速的配送方式。这种配送方式与即时配送相比更为灵活机动。其服务对象为广大的企业和用户，覆盖范围比较广，服务时间随地域的变化而变化，配送的物品主要是小件物品，它可以快速地将物品送到所需用户手中，因为其方便快捷的特点大受欢迎，发展很快。如美国的联邦快递、德国的急配中心、中国的特快专递等都是成功的快递式配送企业。

3. 按配送商品种类及数量不同分类

按配送商品种类及数量的不同，可以把配送分为以下几种形式：

（1）少品种大批量配送

当生产企业所需的物资品种较少或只需要某个品种的物资，且需要量较大、较稳定时，可以采用这种配送方式。由于这种方式配送的商品种类较少，又不必与其他物资一同进行装配，所以配送机构内部组织计划工作比较简单，而且运输量一般较大，易于装配和合理使用运输车辆，多采取直达运输，配送成本较低。这种方式多用于生产企业配送和批发商配送。

（2）多品种少批量配送

多品种少批量式的配送是按照用户的要求，将其所需要的多种商品通过集货、分拣、配货、流通加工等环节，分期分地配送给客户的方式。现代企业的发展趋势是多品种、小批量的生产方式，因而除了少数大型企业外，大量企业需要多种多样的物资。因此，采用多品种少批量配送方式十分有利于企业安排生产。但是，这种配送方式对于配送中心来说作业难度大，技术要求高，使用的设备特别是分拣设备较复杂，还要具备配送计划的严格性和作业环节的协调性所要求的管理的高水平。目前国内经济发达地区，生产制造企业零配件的配送和商业连锁体系商品的配送使用这种方式较多。

（3）配套（成套）配送

配套（成套）配送是按照企业的生产需要，将其所需的多种商品（配套或成套产品）配备齐全后直接运送到生产企业和用户的手中。例如，某装配企业需要装配一台机器设备，那么配送中心应按照企业的工作计划和作业的时间进度，将企业所需要的全部零部件配齐后，按时送往装配企业。这样装配企业可以直接将零部件投入生产线，节省库存成本，有利于企业实现"零库存"。

（四）配送在物流中的作用

配送是从最后一个物流节点到用户之间的物资空间移动过程，是完善物流终端运作的重要组成部分。

1. 配送完善了运输及整个物流系统

配送中心是运输的终点，同时也是配送的起点；客户是配送的终点，也是物流系统服务的终点，必须合理、经济地组织商品的运输和配送。通过集中配送的方式，按一定规模集约并大幅度提高其能力，实现多品种、小批量、高周转的商品运送，可提高物流的整体效率，同时也降低物流成本，使物流服务水平与物流成本相协调。

2. 提高了物流的经济效益

配送减少了过多的进货环节，节约了各个环节的费用，能够降低商品的采购成本，压缩库存资金，降低经营成本，缩短资金周转期，加速资金周转，使资金充分发挥作用。通过集约化操作完善物流配送，提高了经济效益。

3. 通过集中库存，降低企业的库存

通过集中库存，可以降低企业的库存，实现低库存或零库存。配送一改以往社会流通所出现的每个企业基本上独立设库的局面，解决了库存分散、库存量过大的难题，根据市场供求关系的变化、消费量的多少、用户的订货要求集中进行采购，满足用户的需求，从而改变库存结构的失衡状态，使库存结构在合理的情况下，实现库存总量的降低。

（五）配送与运输的关系

1. 运输与配送的联系

由概念可知：运输和配送都是线路活动，运输活动必须通过运输工具在运输线路上移动才能实现位置移动，这是一种线路活动。配送以送为主，属运输范畴，也是线路活动。

2. 运输与配送的差别

运输与配送的区别主要表现在以下几个方面：

（1）活动范围不同

运输是在大范围进行的，如国家之间、地区之间、城市之间等。配送一般仅局限在一个地区或一个大城市之内。

（2）功能上存在差异

运输是以实现大批量、远距离的物品位置转移为主，运输途中客观上存在着一定的存储功能。配送以实现小批量、多品种物品的近距离位置转移为主，同时要满足用户的多种要求，如多个品种、准时到货、多个到货地点、小分量包装、直接到生产线、包装物回收等。为了满足用户的上述要求，有时需要增加加工、分割、包装、存储等功能，因此，配送具有多功能性。

（3）二者的目标追求不同

运输主要追求提高运输效率。配送主要追求服务好。

二、配送作业流程

物流配送作业一般由备货（集货）、理货和送货三个基本环节组成：

备货是配送作业的基本环节，涉及接收并汇总订单、订货、验货、存货等操作性活动。

理货是按照客户需要，对货物进行分拣、配送、包装等一系列操作性活动。理货是配送业务中操作性最强的环节，是配送区别于一般送货的重要标志，而且从操作角度讲，理货技术也是配送业务的核心技术。

送货是配送业务的核心，也是备货和理货的延伸，涉及装车、出货、送达等操作性活动。

在实际的操作当中，不管是配送中心的配送，还是生产企业的配送，或者是商店的自有仓库的配送，它们的业务作业流程基本上都是相同的。

下面以配送中心的配送为例进行配送作业流程分析。

（一）备货作业

1. 接收并汇总订单

无论从事何种货物配送活动，配送中心都有明确的服务对象。换言之，无论何种类型的配送中心，其经营活动都是有目的的经济活动。因此，在未进行实质性的配送活动之前，都有专门的机构以各种方式收取客户的订货通知单加以汇总。按照惯例，需要配送服务的各个客户一般都要在规定的时间以前将订单通知给配送中心，以此来确定所要配送货物的种类、规格、数量和配送时间等。

2. 进货

配送中心的进货流程包括以下几种作业：

（1）订货

配送中心收到和汇总客户的订货单后，首先要确定配送货物的种类和数量，然后要查询系统现有库存商品中有无所需的现货。如有现货，则转入拣选流程；如果没有，或虽有现货但数量不足，则要即时向供应商发出订单，进行订货。有时，配送中心也根据各客户需求情况、商品销售情况以及供货商签订的协议进行订货，以备发货、接货。通常，在商品资源宽裕的条件下，配送中心向供应商发出订单之后，后者会根据订单的要求很快组织供货，配送中心的有关人员接到货物以后，需要在送货单上签收，继而对货物进行检验。

（2）查验

查验作业是核对凭证并对货物进行数量和质量检验活动的总称，是物流配送中心作业管理的一个重要环节。

①查验目的

查验作业是为了确保物流配送中心货物的品种、数量和规格与相关单据相符。供应商送来的货物来自不同地方的工厂或配送中心，由于在不同的交接点间，货物运输过程中会因种种原因造成货物溢缺、损坏等问题，因此，通过在货物入库时的查验作业便可以分清各作业交接环节的责任。货物的查验工作包括对货物"品质的检验"和"数量的点收"两方面。查验工作的进行有两种不同的情形：一是先点收数量，再通知检验部门办理检验工作；二是先由检验部门检验品质，认为完全合格后，再通知仓储部门，办理收货手续，填写收货单。

在货物入库时，将货物的实际状况搞清楚，判明货物的品种、规格、质量、外包装等是否符合国家标准或供货合同规定的技术指标，数量上是否与供货单位附来的单据相符，以便货物按品种、规格分别进行分区分类堆码存放，保证在储存过程中货物不发生变质。对于受损的货物，如果不经过检查验收就按合格品入库，必然造成货物积压。货物验收过程中若发现货物数量不足，或发现规格不符，或质量不合格时，配送中心检验人员应做详细的验收记录，据此由业务主管部门向供货单位提出退货、换货或向承运责任方提出索赔等要求。倘若货物入库时未进行严格的验收，或没有做严格的验收记录，而在保管过程中甚至在发货时才发现问题，这就会使责任不明，难以交涉，带来不必要的经济损失。

②查验要求

第一，货物与相关单据凭证是否相符。货物入库时，首先检查单据所列的产地、货号、品名、规格、数量、单价等与货物原包装上的识别标志内容是否一致，即使只有一项不符，也不能入库。

第二，包装是否符合要求。在清点货物数量的同时，还要检查包装，如木箱、塑料袋、纸盒等是否符合要求，有无玷污、残破、拆开等现象，有无受潮水湿的痕迹，包装标识是否清楚等。

第三，货物质量是否合格。货物验收时，除查看包装外部情况外，还要适当开箱拆包，查看内部货物是否有发霉、腐烂、融化、虫蛀、鼠咬等。同时，还要测定货物的含水量是否正常、是否超过安全水分率等。对液体货物，要检查有无沉淀及包装有无破损等。有问题的货物暂不入库区。

此外，还要查验货物的条形码是否符合相关要求。

③问题处理

查验作业中发现问题等待处理的货物，应该单独妥善保管，防止混杂、丢失、损坏。货物若发生数量不符的情况，不论是何原因，应由收货人员与相关负责人员在单证上做好详细记录并签字，按实际数量签收，并通知发货人。货物质量不符合规定时，要让有关人员当场做出详细记录，交接双方在记录上签字，随后及时与供货单位进行交涉，办理退货、换货，或采取其他解决方法。货物规格不符合要求或错发时，应先将规格对的予以入库，规格不对的要详细做好验收记录并交给主管部门处理。没有单证或单证不齐时，应及时向供货单位索取，到库货物应作为待检验货物堆放在待验区，等单证到齐后再进行验收。单证未到之前，不能验收，不能入库。经检验发现是由承运商造成的货物数量短少或外观包装严重残损时，要凭借提货时索取的"货运记录"向承运商索赔。

（3）分拣

对于供应商送来的商品，经过有关部门验收之后，配送中心的工作人员随即要按照类别、品种将其分门别类地存放到指定的场地或直接进行下一步操作。

（4）存储

货物经过入库查验作业和分拣作业后即进入在库保管环节，其主要任务是妥善保存货物，合理利用仓储空间，有效利用劳力和设备，安全和经济地搬运货物，对存货进行科学管理。

（二）理货作业

为了顺利、有序地出货，以及为了便于向客户发送商品，配送中心一般都要对各种货物进行整理，并依据顾客要求进行组合。从地位和作用上说，理货是整个作业流程的关键环节，同时也是配送活动的实质性内容。

从理货流程的作业来看，它是由以下几项作业构成的：加工作业，分拣及配货作业。具体情况概述如下：

1. 加工作业

配送中心的加工作业主要是指流通加工。流通加工是指物品在物流配送的过程中，为了更好地满足客户的要求，改善物品功能，适应多样化的客户需求，提高物品的附加值，促进销售，推进物流系统化而对物品进行的加工。在配送作业中，流通加工这一功能要素属于增值性活动，不具有普遍性。虽然不具有普遍性，但通常是具有重要作用的功能要素。有些加工作业属于初级加工活动，如按照客户的要求，将一些原材料套裁；有些加工作业属于辅助加工，如对物品进行简单组装，给物品贴上标签或套塑料袋等；也有些加工作业属于深加工，食品类配送中心的加工通常是深加工，如将蔬菜和水果洗净、切割、过磅、分份并装袋，加工成净菜，或按照不同的风味进行配菜组合，加工成原料菜等配送给超市或零售店。

2. 分拣及配货作业

分拣及配货不仅是配送不同于其他物流形式的功能要素，也是配送成败的一项重要支持性工作，它是完善送货、支持送货的准备性工作，是不同配送企业在送货时进行竞争和提高自身经济效益的必然延伸。

（1）分拣作业

分拣作业就是配送中心的工作人员根据订货通知单，从储存的货物中拣选出客户所订商品的一种活动。在接收到的所有订单中，每张客户的订单都至少包含一项以上的物品，如何将这些不同种类数量的物品由配送中心中取出并集中在一起，这就是分拣作业要完成的任务。对于小体积、多品种物品可以采用摘取的方式拣选；或采用人工作业配合自动传输系统拣取；也可以采用高度自动化的保管和搬运结合成一体的高层货架系统，用计算机进行集中控制，自动进行存取作业。而对大体积或大数量物品的出货，可以采用播种分堆的方式分拣。

①摘取式拣货

摘取式拣货是指针对每张订单，作业人员巡回于仓库内，将订单上的商品逐一挑出集中的拣货方式。

②播种式拣货

播种式拣货是指把多张订单集合成一批订单，依商品类别将数量汇总后再进行拣取，然后依客户订单再做分货处理的拣货方式。

（2）配货作业

配货是用各种拣选设备和传输装置，将存放的物品按客户的要求分拣出来，配备齐全，送入指定发货地点。配货作业是指把拣取分类完成的物品经过配货检查过程后，装入容器和做好标志，再运到配货准备区，待装车后发送。配货作业须按一定步骤进行，其步骤一般为：

①分货

分货就是把拣货完毕的物品按客户或配送路线进行分类的工作。

②配货检查

配货检查作业是指根据客户信息和车次对拣送物品进行物品号码和数量的核实，以及对物品状态、品质的检查。分类后需要进行配货检查，以保证发运前的物品品种、数量、质量无误。

③包装、打捆

配货作业的最后一环，便是要对配送物品进行重新包装、打捆，以保护物品，提高运输效率，便于配送到户时客户识别各自的物品等。配货作业中的包装主要是指物流包装，其主要作用是为了保护物品并将多个零散包装物品放入大小合适的箱子中，以实现整箱集中装卸、成组化搬运等，同时减少搬运次数，降低货损，提高配送效率。另外，包装也是物品信息的载体，通过在外包装上书写产品名称、原料成分、重量、生产日期、生产厂家、物品条码、储运说明等，可以便于客户和配送人员识别物品，进行物品的装运。通过扫描包装上的条形码还可以进行物品跟踪，配货人员可以根据包装上的装卸搬运说明对物品进行正确操作。

（3）组装或配装作业

为了充分利用载货车辆的容积和提高运输效率，配送中心常常把一条送货路线上不同客户的货物组织起来，配装在同一辆载货车上。

（三）送货作业

这是配送中心的末端作业，也是整个配送流程中的一个重要环节，包括装车、出货和送达三项活动。

1. 装车

配送中心的装车作业有两种表现形式：其一是使用机械装卸货物，其二是利用人力装车。通常，批量较大或较重的物品都被放在托盘上进行装车。有些散装货物，或用吊车装车，或用传送设备装车。因各配送中心普遍推行混载送货方式，对装车作业有如下几点要求：

第一，按送货点的先后顺序组织装车，先到的要放在混载货物的上面或外面，后到的要放在其下面或里面。

第二，要做到"轻者在上，重者在下""重不压轻"。

2. 出货

出货是货物向客户需要的地点运输或运送。在一般情况下，配送中心都使用自备的车辆进行出货作业。有时，它也借助于社会上专业运输组织的力量，联合进行出货作业。此外，为适合不同客户的需要，配送中心在进行出货作业时，常常做出多种安排。有时是按照固定时间、固定路线为固定客户送货；有时也不受时间、路线的限制，机动灵活地进行。

3. 送达

将客户所需的货物在指定时间送到指定地点，并由客户在回执上签字，一次配送活动就此完成。

三、现代配送模式及选择

在供应链环境下，配送在物流中占据着重要的地位，配送成本的高低，直接关系到物流成本的高低，而要想降低配送成本，首先要选择合适的配送模式，即以哪种方式进行配送才能高效地将物料送达需求方。

（一）自营配送模式

1. 自营配送模式的概念

自营配送是指企业运用自己企业现有的物流设施及资源，结合各下游企业的各种货物需求及布局网点等多项因素，在合适的地点建立一个或几个物流配送中心，再由企业内部派人对配送过程进行经营管理，企业自营配送中心的建立、配送的各个环节都由企业自己筹建并进行组织管理。企业选择自营配送模式时，因为企业对整个配送过程进行自主管理，所以企业对配送系统的运作过程具有有效的控制权，可以随时根据市场需求对配送系统进行调整，提高系统对顾客服务的专用性，最大限度地满足客户需要。

2. 自营配送模式的优缺点

（1）优点

企业建立自营配送模式，优点有：

首先，企业自主控制产品的配送过程，不必为和对方配送费用达不到一致而产生纠纷苦恼，提高了配送效率，降低了交易成本。

其次，企业能够有效控制竞争对手对企业优质的产品配送系统的利用，保证企业的优势竞争地位。

最后，企业能够及时了解客户需求，反馈市场供求信息，从而减少交易时间，及时调整自身配送系统。

（2）缺点

并不是所有的企业都适合采用自营配送模式。在建立自营配送系统时，企业必须有巨大的资金作为后盾，并且因为管理上的复杂性，要充分调动企业所有员工的积极性，还需要对各项业务都精通，因此，必须引入大量的管理人才，加强员工培训，势必要增加企业的管理成本。如果企业的规模实力达不到，建立自营配送系统不但不会发挥规模经济的优势，反而会造成企业成本的增加、资源的浪费。

（二）共同配送模式

1.共同配送的概念

简单来讲，共同配送是指两个或两个以上的有配送业务的企业相互合作对多个用户共同开展配送活动的一种物流模式。一般采取由生产、批发或零售、连锁企业共建一家配送中心来承担它们的配送业务或共同参与由一家物流企业组建的配送中心来承担它们的配送业务的运作方式，从而获取物流集约化规模效益，解决个别企业配送效率低下的问题。其配送业务范围可以是生产企业生产所用的物料、商业企业所经销的商品的供应，也可以是生产企业生产的产品和经销企业的商品销售。

2.共同配送的优缺点

（1）优点

企业采用共同配送模式，在很大程度上可以节省资金，降低配送成本，提高服务效率，实现企业之间的优势互补。这种模式适合于那些资金不足、实力不强的中小型企业，可以在短时间内取得收益，提高企业竞争力。

（2）缺点

第一，由于各个企业存在着不可避免的不一致性，因而需求满足会受到制约，服务质量就会降低。

第二，由于是共同经营，因而企业存在很大情报泄密的风险，一旦企业商品需求计划及经营策略让竞争对手知道，对企业的影响将会很大。

3.实施共同配送应注意的问题

为了使共同配送健康发展，实施共同配送应该注意以下几点：

第一，参与共同配送的双方应签订较为正式的合同或协议。

第二，承担配送的货主或物流主体应具备较为完善的信息系统作为技术支持，在物流信息管理方面应具有一定的基础。

第三，在分布、商品特性、操作方式及经营系统方面应有相似性和趋同性，便于组织管理和相互协调。

第四，货物或物流主体在物流配送方面应为共同的利益相互合作，尽管他们在其他方面或许是竞争对手。

第五，对于配送收益的分配在合同或协议内应有明确规定，以免以后引起不必要的争端。

（三）第三方配送模式

1. 第三方配送模式的概念

第三方配送模式又称为外包配送模式，就是把企业的物流配送业务，通过契约的方式承包给第三方物流配送企业来完成。

2. 第三方配送模式的优缺点

（1）优点

第一，符合社会专业化分工协作的要求，有利于规模化经营，可以提高物流配送效率，降低物流配送成本。

第二，可以把企业的各种资源用在有竞争优势的地方，增强企业的核心竞争力。

第三，方便企业的业务调整，当企业的产品结构或经营空间需要调整时，可以同其他物流配送企业再签订物流配送服务的协议。

第四，可以减少企业投资物流配送系统的风险。

（2）缺点

第一，不利于本企业对物流配送渠道的控制，有时会使企业受制于人。

第二，当企业的业务量很大时，物流配送业务外包，反而不利于企业降低物流配送成本。

四、配送合理化

配送合理化是指用最经济的手段和方法实现配送的功能。对于配送的决策评价很难有一个绝对的标准，所以配送的决策是全面、综合的决策，应注意避免由于不合理配送而造成的损失。

（一）不合理配送的表现形式

不合理配送的表现形式主要有以下几个方面：

1. 进货不合理

配送是利用较大批量进货，通过进货的规模效益来降低进货成本，使配送进货成本低于客户自己的进货成本，从而取得优势。如果不是集中多个客户需要进行批量进货，而仅仅是为某几个客户代购，不仅不能降低成本，反而要多支付一笔配送企业的代购费，因而是不合理的。

2. 库存决策不合理

配送应充分利用集中库存总量低于客户分散库存总量这一优势，大大节约库存成本，降低客户实际库存负担。因此，必须依靠科学管理来实现一个低总量的库存，否则就会出现库存转存现象，并未根本解决库存的不合理问题。

3. 价格不合理

一般配送的价格低于客户自己进货时购买价格加上提货、运输、进货的成本总和，这样客户才有利可图。有时候，由于配送有较高的服务水平，即使价格稍高，客户也是可以接受的，但这不能是普遍原则。如果配送价格普遍高于客户自己进货价格，损害了客户利益，就是一种不合理表现；如果价格制定过低，使企业在无利或亏损状态下运行，也是不合理的。

4. 配送与直达的决策不合理

配送增加了环节，但是环节的增加可降低客户平均库存水平，这样不但抵消了增加环节的费用支出，而且还能取得剩余效益。但是如果客户使用批量大，可以直接通过社会物流系统均衡批量进货，比通过配送中心转送更节约费用。在这种情况下，不直接进货而通过配送就是不合理的。

5. 送货中运输不合理

配送与客户自提货物比较，可以集中配装一车送几个客户，大大节省了运力和运输。如果不利用这一优势，仍然是一户一送，车辆达不到满载，就属于不合理。此外，不合理运输的若干表现形式（如迂回运输、对流运输、过远运输、重复运输等）在配送中心均可能出现，也会使配送变得不合理。

6. 经营观念不合理

在配送实施中，有时会因经营观念不合理而导致配送优势无法发挥，这是在开展配送时尤其需要注意的不合理现象。例如，企业利用配送手段向客户转嫁资金或库存困难，在库存过大时长期占用客户资金，在资源紧张时将客户委托资源挪作他用获利，等等。

（二）配送合理化可采取的措施

为了提高配送经济效益和合理化程度，可以采取以下措施：

1. 恰当设置配送中心

配送中心的数量及地理位置是决定能否取得高效益的前提条件。配送路线的选择，直送或配送的决定都是在配送中心数量、位置已确定的前提下做出的。如果这个前提条件本身有缺陷，则很难弥补，所以恰当设置配送中心是取得效益的基础。在此前提条件下，准确选择配送路线，恰当决定配送或直送，是提高配送的合理化程度、实现系统总体最优的基本条件。

2. 加强配送的计划

在配送活动中,临时配送、紧急配送或无计划的随时配送是导致经济效益大幅度降低、配送不合理的主要因素。临时配送是因为事前计划不善,未能考虑正确的配装方式及恰当的配送路线,到了临近配送截止日期,则必须安排专车、单线进行配送,车辆不易满载,浪费里程也多。紧急配送是指为了满足紧急订货需要,只要求按时送到货物,来不及认真安排车辆配装及配送路线,从而造成载重及里程的浪费。一般为保证服务水平,配送中心有可能拒绝紧急配送,但是如果能认真核查并留有调剂准备的余地,紧急配送也可纳入计划而保证其效益。随时配送是指对配送要求不做计划安排,有一次客户需求就送一次,不能保证配装及选择路线,会造成较大浪费。

3. 推行一定综合程度的专业化配送

通过采用专业设备、设施及操作程序,取得较好的配送效果,并降低配送过分综合化的复杂程度及难度,从而追求配送合理化。

4. 推行加工配送

通过加工和配送结合,充分利用本来应有的中转,而不增加新的中转以求得配送合理化。同时,加工借助于配送,使得加工目的更明确,和用户联系更紧密,更避免了盲目性。这两者有机结合,在投入不增加太多的前提下却可追求两个优势、两个效益,是配送合理化的重要经验。

5. 推行共同配送

通过共同配送,可以以最近的路程、最低的成本完成配送,从而追求合理化。

6. 实行送取结合

配送企业与用户建立稳定、密切的协作关系。配送企业不仅成了用户的供应代理人,而且承担用户储存据点的作用,甚至成为产品代销人。在配送时,将用户所需的物资送到,再将该用户生产的产品用同一运输工具运回,这种产品也成了配送中心的配送产品之一,或者作为代存代储,免去了生产企业的库存包袱。这种送取结合的方式,使运力充分利用,也使配送企业功能得以更大地发挥,从而追求配送合理化。

7. 推行准时配送系统

准时配送是配送合理化的重要内容。配送做到了准时,用户才有货源把握,可以放心地实施低库存或零库存,可以有效地安排接货的人力、物力,以追求最高效率的工作。另外,保证供应能力,也取决于准时供应。从国外的经验看,准时供应配送系统是现在许多配送企业追求配送合理化的重要手段。

8. 推行即时配送

即时配送是最终解决用户企业断供之忧,大幅度提高供应保证能力的重要手段,即时配送是配送企业快速反应能力的具体化，是配送企业能力的体现。即时配送成本较高，但它是整个配送合理化的重要保证手段。此外，即时配送也是用户实现零库存的重要保证手段。

第三章　现代物流仓储与库存管理

第一节　现代物流仓储管理概述

一、仓储管理的概念及作用

（一）仓储的概念

"仓"指存放物品的建筑物或场地，如库房等。"储"表示收存以备使用，具有收存、保管、交付使用的意思，当适用于有形物品时也称为储存。"仓储"是利用仓库存放、储存未及时使用的物品的行为。

仓储系统是构成物流系统的重要部分，对仓储系统进行有效管理有利于在降低物流总成本的同时为客户提供差异化服务，提高客户满意度与忠诚度。科学合理的仓储活动可以有效提高组织的客户关系管理水平，从而提升组织的综合实力。根据我国国家标准《物流术语》，仓储是指利用仓库及相关设施设备进行物品的入库、存储、出库的作业。具体来说，仓储管理的内容包括仓储资源的获得、仓储商务管理、仓库流程管理、仓储作业管理、保管管理、安全管理等多种管理工作及相关的操作。

（二）仓储在企业物流系统中的作用

1.减少运输费用

采用大批量、整车运输等方式，能够节约运输费用，有利于实现运输经济性。在进货物流阶段，大部分企业选择向供应商大批量采购生产原料，然后进入仓库暂时存储，最后通过合装整车运输进入生产工厂。当处于货物销售阶段，企业利用合装整车等运输方式，把货物从工厂送至消费点仓库，按照消费者需要，提供小批量送货上门服务等。因为整车运输较之零担运输，其运输花费更少，此举有利于减少运输费用，同时缩短运输时间，实现效率最大化。

2.进行产品整合

为了满足不同客户的个性化需求，大多数企业组织的产品生产线上都存在着数量众多的不相似产品，同时大部分时候，这些产品会因为产销需要被安排在分散的工厂生产加工。企业可以利用仓储，对不同性质的商品进行协调整合，从而满足客户需求。同时，有利于零配件需求巨大的企业减少运输成本。而且，在仓库中完成零配件的整合协调，有利于进一步完成整车运输，最终提高运输效率，节省相关费用。

3. 辅助企业的市场营销活动

在综合分析考察市场需求后，为快速及时地满足客户需求，仓库一般建立在消费地周边，这样有利于体现高效服务理念，有利于提升客户忠诚度，最终抢占更多市场份额，特别是放置产成品的仓库。

4. 缓解供需矛盾

仓储可以储存保护一定量的商品以应对未来不确定的需求，有利于妥善处理供需在时间与地域上的矛盾。

5. 有效维持货物进入下一环节前的质量

货物在供应链的流通过程中，将在进入仓库前仔细地检查，以避免质量不合格的产品流入下一环节或进入市场流通。所以，一定要发挥仓储的这一重要功能，利用进库与存储这两个时间段，把握货物的质量，确保货物价值。

尽管仓储在企业物流系统中有很多积极作用，但是也存在着消极作用：一是固定费用和可变费用支出，二是机会成本，三是损失折旧。因此，迫切需要对仓储进行严格的科学管理，以实现物料价值的原质性，避免资金流转困难。

二、仓储管理的功能

仓储管理功能众多，大致可分为以下几个：

（一）存储物资

对物资进行存储在物流活动中属于非常重要的一个步骤，在这个过程中，要做到最大限度地维持物品的品质，不能降低物资价值。按照先进先出或先进后出的原则对物资进行存储，控制好存储的温度、湿度与其他可能影响物资性质的因素，实现科学有效的仓储管理。

（二）装卸搬运

装卸搬运功能有利于有效联结运输与存储活动，实现货物短距离移动。装卸搬运是有效完成仓储管理必不可少的步骤，自动化水平较高的物流中心，可以使用机械来满足一系列装卸搬运需求，但是必要的人力资源是不可或缺的，因为要产生更高层次增值管理的过程并不简单。英国曾经对其国内物流领域进行调查，发现在仓储管理活动中，劳动力资源成本占据了整个仓储成本的大部分，达到60%。所以说，降低仓储费用的核心是减少人工成本，即寻求有效控制人力资源成本的方法。装卸搬运的劳动力水平建立在物流系统标准化的普及程度，以及高效物流设备的有效利用程度基础上，主要从以下方面进行人力成本控制：科学合理安排工人所处岗位，以减少不必要的行走时间；购置相关的机械设备，以完成那些技术含量不高的大量循环工作，从而缩减工人数量，实现整体劳动生产率的提升。

（三）包装加工

包装加工存在两种形式：第一是销售包装，是将生产出来的产品包装成具有统一数量标准和规格的单元，以利于展示和销售，这种包装作业是生产过程的一部分。第二是物流包装，它不仅仅针对市场销售，还指为便于物流过程中的运输、储存、装卸、堆码、发货、收货、销售等作业，将一定数量以销售包装存在的商品再包装成一定的数量单元，或者对物流包装进行加固、分装、重新包装等操作。为了保证流通过程的顺利进行，有时需要在物流中心对物资进行加工，如喷码、贴标签等，这些步骤有利于实现信息化，体现了满足客户需求的基本原则，提高了客户的满意度。目前，大多数流通加工活动的性质属于劳动密集型，效率不高，但在商品市场营销活动中的地位越来越高。

（四）拣选作业

物流中心是靠组合商品的相同功能、实行分散功能的同一化来实现价值的，所以每张客户订单中都包含多项商品。将这些不同种类数量的商品从存货区域集中在一起，即拣选作业。拣选需要根据顾客订单的具体需求，把货物拣选出来，然后归置于特定区域。拣选作业耗费的资源最多，所需的时间较长，因此，必须对拣选阶段的每一个具体动作进行科学合理设计，有效把握人力资源的投入。消费者越来越倾向于多次、少量、多品种购买，拣选作业越来越重要。分拣系统效率的有效提高，能够影响物流系统的整体运作效率，因此，需要更加关注拣选作业。

（五）商品验收

商品验收需要考虑有关物资数量、质量与包装情况的各种问题，必须做到适时、准确，既要尽量缩短所花时间，也要保证正确率。商品验收标准通常需要按照顾客的具体要求制定，方法有物理性检验、外观检验、包装完整性检验。

三、仓储系统的构成

仓储系统由储存空间、货品、人员及相关设备等基本因素构成。

（一）储存空间

储存空间指仓库内实际保管空间大小。必须先对空间大小、柱子排列、梁下高度、走道、设备回转半径等方面进行了解分析，然后加上对其他相关因素的考察，最后才能进行整体规划。

（二）货品

货品是储存系统的重要组成要素。仓储管理需要妥善处理的问题有：确定分析货品的特征，确认货品在仓库内的具体存放方式，如何有效实现货品管理和货品控制，等等。

（三）人员

在规模较大的仓库中，人员分工比较细，一般分为仓管人员、搬运人员、拣选人员和补货人员等。其中，仓管人员负责管理及盘点作业，拣选人员负责订单拣选作业，补货人员负责补货作业，搬运人员负责入库、出库搬运作业和翻堆作业（为了实现货品先进先出、通风、避免气味混合等目的）。而对于一般仓库，作业人员可以实行统一调配，不需要细分作业工种。

仓库作业人员在存取搬运货品时，讲求省时、高效。而在照顾员工的前提下，讲求省力。因此，要以省时、高效且省力为目标，科学安排作业活动；掌握货品的具体摆放位置，货品概述简洁明了；将货品归置于方便摆放与拿取的位置；最后，对货位进行简单一致化分类。

（四）设备

除了上述三项基本要素，还有一个关键要素为储存设备、搬运与输送设备。如果货品不是直接堆放在地面上，则必须考虑相关的托盘及货架等设备的使用。除了依靠人力搬运，还须考虑使用叉车、笼车、输送机等输送与搬运设备。

第二节　现代物流仓储作业管理

仓储作业管理是根据仓库总平面布置和储存任务，来确定各类商品的储存位置和储存方法，使商品有明确的存放货位。合理的商品储存规划应既能合理利用仓库设施，使商品储位明确，又便于储存商品的收发、分拣、配送作业，有利于商品的保管、保养及仓储作业顺畅。

一、仓储作业管理目标

（一）储存作业的过程

储存作业是指在物品储存过程中所发生的所有作业活动的总称。储存作业主要包括接收、验收、入库、保管、保养、出库、发运等环节。不同形式的储存，其作业内容有所不同。以利用仓库作为储存设施的作业为例，仓储作业的过程如图 3-1 所示。

（二）仓储作业内容与要求

1. 接收入库内容与要求

入库流程：订购单—送货单—点收检查—办理入库手续—物品放置到指定位置—物品

标识卡标识。

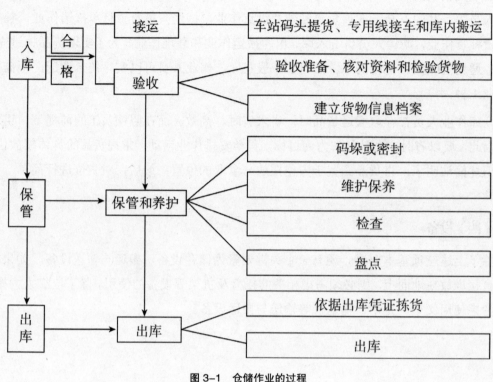

图 3-1 仓储作业的过程

货物入库要求能迅速正确地转化实际获得的到货信息，从而得到入库计划、储位分配、堆码方案等一系列相关信息。

2. 存储内容与要求

为科学合理地使用存储空间，需要分析托盘实际承载货物量，以便有效划分具体存储区域。储位管理系统对于企业仓储管理意义重大，它能够明确货物存放位置和数量。

储位管理系统的作用：第一，最大限度地利用存储空间，有效降低空仓率；第二，系统把握储位的具体使用情况，定期与现存盘点表进行比较，尽量减少存储事故的发生；第三，对仓内变化的货物数量及储位的利用效果等重要信息进行记载，帮助仓管人员进行仓储管理。

3. 出库内容与要求

出库程序：订单处理—拣选—复核—包装—点交—登记入账—出库。

分拣作业过程包括四个环节：行走、拣取、搬运和分类。拣选作业是仓库在接受订货指示、发出拣选单后，拣选（备货）人员按照商品分列的清单在库内寻找、提取所需商品。储位定位系统是实现高效订单拣选作业的基础。当面临非单层储位与拣选范围较大时，若能正确知道货物所在储位，将有利于提高储物的利用率，提高作业效率。

4. 发货内容与要求

规划拣选完毕的商品的流向,与位于其他拣选区域的商品进行组合运输。同时将装箱单、提货单,顾客订单文件、托运单,货物包装、检验和装载信息通过电子数据交换系统向顾客发出运送通知。

对仓储进行有效管理需要付出很多努力,除了已经提到的,还包括以下几个方面:有效控制人工成本;定期检查仓库账本,减少货物往来疏漏;保存生产数据文件,跟踪订单从接单到发货的状态;记录各项活动的报告,用于仓储管理。仓库管理系统的建立对提高作业效率具有重要作用。

(三)仓储作业管理目标

一个仓库储存系统主要由空间、货品、人员、储存设备、搬运与输送设备构成。从仓储组成角度来看,仓库作业管理的目标主要有以下几点:

1. 仓库空间利用的最大化。能有效地利用空间,减少库房闲置。

2. 劳动力及设备的有效使用。物尽其用,追求最小运营成本。

3. 最大限度利用储物的时间价值,确保能及时方便地实现货物出库与入库。充分满足客户需求,对新的市场需求进行快速反应。

4. 有效利用机械设备,并与人工搬运进行搭配,提高作业流程自动化水平,实现仓内货物的安全高效流转。

5. 物品良好的保护。储存的目的在于保证物品数量与质量完好,所以必须保持被储存物品在存储期间免受自然或人为的影响。

6. 良好的管理、整齐的通道、干净的地板、适当且有次序的储存及安全的运行,将使工作变得更有效率。

二、商品储存场所划分

(一)明确商品存储区域的划分

按照仓储作业的功能特点和要求,存储区域可划分为待检区、待处理区、合格品储存区和不合格品隔离区等。

1. 待检区,用于暂存处于检验过程中的商品。处于待检状态的商品一般采用黄色标识,以区别于其他状态的商品。

2. 待处理区,用于暂存不具备验收条件或质量暂时不能确认的商品。处于待处理状态的商品一般采用白色标识,以区别于其他状态的商品。

3. 合格品存储区,用于储存合格的商品。处于合格状态的商品一般采用绿色标识,以区别于其他状态的商品。

4. 不合格商品隔离区，用于暂存质量不合格的商品。处于不合格隔离状态的商品一般采用红色标识，以区别于其他状态的商品。

仓库内除设置上述基本区域外，应根据仓储业务的需要，设置卸货作业区、流通加工区、备货区等。为方便有关业务的处理，保证库内货物的安全，待检区、待处理区和不合格商品隔离区应该设置在仓库的入口处。

（二）商品分类分区储存

分类分区储存就是分门别类地将商品相对固定地储存在某一货区内，即在一定的区域内合理储存一定种类的商品，以便集中保管和养护。

分类是依据产品自然属性、互补性、流动性对储存物进行类别划分，而分区则是根据仓库的建筑、设备等条件把仓库划分为若干保管区。

仓库本身性质的差异使具体仓储商品的保护存储方式也有所区别，所以需要对不同种类的商品进行系统合理管理。具体的方法如下所述：

1. 根据商品的类别与特点各自存储。

2. 根据商品的安全性进行储存。

3. 根据商品的始发点进行储存。

4. 根据商品的使用条件进行储存。

5. 根据仓库的条件及商品的性质进行储存。

按商品的种类和性质分区，不同种类、性能相近、易被一起订购的产品，一般应存储在同一区域，如桌和椅；能相互影响各自品质的商品应分开储存，如医药品不能和袋装农业化学品存储在一起，烟不能与茶叶存放在一起。

商品的作业特点是指根据储存货物的需求量和周转率或流通速度安排储存场所。需求量大的商品应该存储在离运送和接收场地近的地方，可缩短物料搬运设备运送的距离。流动快的产品应放在最接近输出卡车停靠的位置。需求少又周转慢的商品应该存储在离仓库出入口较远的区域或别的地方。

三、货物堆码方式和仓库空间确定

在分区分类对储存场所进行规划的基础上，依据商品特性确定商品存放方式和货物占用仓库的空间，是储存计划中的一部分内容。

（一）货物堆码方式选择

商品堆码的目的是在确保商品存储安全的前提下，充分发挥仓库的使用效能，保持仓库的整齐美观。商品堆码是商品的具体存放形式。

1. 地面堆放

不采用货架等存储设备，将货物在地面上直接码放堆积，适用对象是整批进出的大批量物品。其优点是对储存设备要求低，堆码尺寸可随意调整，通道要求低，且容易调整。缺点是不易先进先出，边缘货物易损，受堆码极限的限制容易造成仓储空间浪费。操作时可以把货物直接置于地面进行堆码，也可以使用托盘将货物与地面隔开。

2. 货架存放

直接在货架上堆码商品，货架存在多种形式，以适应不同商品的存放。

货架存放的具体优点如下：①能够最大限度地使用存储空间，避免存储空间的浪费，有效增加存储能力；②方便货物的进出往来，实现先进先出，便于准确把握存储货物的相关信息；③能够降低货损率，保证货物实际使用价值不遭到破坏；④便于使用一系列防护措施，确保仓储管理质量；⑤能够提高仓库作业流程自动化程度，提高效率。缺点如下：①商品置于具体货架后，很难再次改变存储位置；②不利于体积较大的重型货物的存放；③增加仓储建设成本；④对作业设备要求较高，设备购置成本高，如升高叉车。

商品堆码作业时，应符合以下要求：①根据商品的性能和包装情况，合理地选择商品的堆码方式，以符合商品保管和养护的要求；②根据有关消防规定，堆码时留有5距，即墙距、柱距、顶距、垛距、灯距；③为库内作业提供方便；④在保证商品安全、作业方便的前提下，最大限度地提高库容的利用率。

（二）实用面积计算

仓库的空间分为货物实际占用的实用空间、使出入库作业活动不发生障碍和顺利进行的作业空间、可以利用起来的潜在空间，以及无法利用的无用空间。

实用面积指仓库中货垛或货架占用的面积。实用面积的计算根据堆码方式不同主要有三种方法。

1. 计重物品就地堆码。实用面积按仓容定额计算，计算公式为：

$$S_{实} = Q / N_{定}$$

（3-1）

式中： $S_{实}$——实用面积（m^2）。

Q——该种物品的最高储备量（t）。

$N_{定}$——该种物品的仓容定额（t/m^2）。

仓容定额是某仓库中某种物品单位面积上的最高储存量，单位是 t/m^2。商品种类不一致，它们的实际仓容定额也有所差异。而当同类商品处于不同存储环境下，仓容定额受它们自身的形态、包装程度、仓库地坪的承载能力与装卸作业手段等因素的影响。

2. 计件物品就地堆码。实用面积按可堆层数计算，计算公式为：

$$S_{实} = 单件底面积 \cdot \frac{总件数}{可堆积层数}$$

$$(3-2)$$

3. 上架存放物品。货架占用面积计算公式为：

$$S_{实} = \frac{Q}{(l \cdot b \cdot h)} \cdot (l \cdot b) = \frac{Q}{h \cdot k \cdot r}$$

$$(3-3)$$

式中： $S_{实}$ ——货架占用面积（m²）。

Q ——上架存放物品的最高储备量（t）。

k ——货架的容积充满系数。

r ——上架存放物品的容重（t/m³）。

l、b、h ——货架长、宽、高（m）。

四、货位编码和货位分配

货位是指仓库中货物存放的具体位置，货位设置可以方便货物组织及出入库管理。

（一）货位编码

货位编码是将货位按照一定的方法编上顺序号码，并做出明显的标志。货位编码有利于保管货物，根据货位编码搜寻货物能加快作业速度，减少错误率。

货位编码通常由通道编号、货架编号、列数、层数组成。

在同一仓库中，货位编码必须遵循以下要求：第一，某一具体仓库要采用标准一致的规则进行编码，清晰明了，从而能快速找到货物；第二，必须按照相同的方法编号，货位号码具有相同层次、含义与形式。即按照规定顺序排列各个代号，各个代号实际表示某一特定位置，连接符与代号统一。例如：货位编码"4-3-2-1"，如果是平房（楼房）仓，则是指"库房—货区—段号—组号"；如果是高架储存，则是指"库房—货架—货架层数—货架格数"。

仓储作业中要求在每一货架或货物托盘上放置"储位卡"。储位卡是一张用以反映所在货位存货情况的卡片，卡片通常记录所存货物的名称、存取时间、数量、批号及结存数等信息，每次存取货物的时间、数量，保管员均要在"储位卡"上做记录。在手工操作下，"储位卡"是有效的管理工具。

（二）商品储存货位的分配

对物资存储空间进行合理划分能够有效缩短物资搬运距离，改善作业效率，提高仓储空间利用率。储存策略主要有以下几种：

1. 定位储存

每一储存商品都有固定储位，不能任意调整与共用。所以，要在准确掌握商品数量的基础上合理安排储位容量。定位储存适用于仓库空间大、货物种类丰富且小批量的情况。

2. 随机储存

每一个商品被指派储存的位置都是经随机的过程所产生的，而且可经常改变。随机储存的空间利用率高，据模拟统计，与定位储存相比，可节约 35% 的移动距离，增加 30% 的储存空间，此方式适用于储存商品品种少、数量大的情况。

3. 分类储存

所有的储存商品按照一定特性加以分类，每一类商品都有固定存放的位置，而同属一类的不同商品又按一定的规则来指派储位。分类储存通常按商品的相关性、流动性，商品的尺寸、重量等特性来分类。其缺点与定位储存类似，但更有弹性，适用于产品尺寸相差大、周转率差别大、产品关联度大的情况。

4. 分类随机储存

每一类商品都有其固定的存放区域，但每个存放区内，每个储位的分配是随机的。它结合了随机储存与分类储存的优势，仓储空间使用效果一般。

5. 共同储存

共同储存是指在确定各类商品进出库存时间的情况下，不同商品共用相同储位的方式。共同储存能大大提高仓库利用率，但管理体制较为复杂，适用条件也较为苛刻。

五、储存管理注意事项

储存场所分配策略是储区分配的最大原则，具体到储位分配操作时还要注意以下几点：

1. 对储物进行定位管理，其含义与商品配置图标的设计类似，根据种类不同分开储存的规则，存储于货架上。仓库必须存在的三个场地有：第一，对货物进行整箱、栈板存储的大量存储区；第二，适用于零散货物的小量存储区；第三，对客户的退货进行管理的退货区。

2. 明确区位后需要绘制配置图，附于仓库物品入口，方便货物拣选。不要随意改变小量储存区的具体区域，而整箱储存区是可以适时改变的。对于面积较小的储存空间或冷冻（藏）库，其存储区域同样可以弹性变化。

3. 仓内货物尽量避免直接置于地面。一方面是保证物资干燥的需要，另一方面也是追求合理有序码放的需要。

4. 密切关注仓库的气温环境，尽量保证空气流通与室内干燥。

5. 储区必须配备防火、防盗等安全设施，确保货物保管万无一失。

6. 货架区域摆放存货卡，重视货物的先进先出。通过色彩管理法，在不同的时间利用各种颜色进行标识来防止进货日期混淆。

7. 仓管人员和订货人员之间要保持密切联系，从而确保新到的货物能得到及时储存。同时要对缺货情况进行预警反馈，避免出现供给不足的现象。

8. 货物进出要遵循一到即存、按需速取的原则，同时也要科学安排作业时间，既要强调效率，更要确保安全。

9. 记录货物往来情况，使权责具体到个人。对于冷冻（藏）等商品，要将卖场与仓库的存货进行整合管理，从而确保时间效益。

10. 设立门禁，闲杂人等一律不准进入库房。

第三节　现代物流仓储管理决策

仓储管理是企业生产经营活动中必不可少的一个组成部分，在现实管理中，仓储管理是基于快速变化的市场竞争环境进行的。所以，企业管理者在组织仓储管理过程中必然面临诸多考验，如对仓储类型选择、仓库规模和数量决策、仓库选址、仓库布局及货物搬运系统设计等，需要进行科学决策，以选择最适合的仓储方案。

一、仓储类型的选择

企业一般有三种库存存储空间选择，即自建仓库、租用公共仓库和合同仓储。这三种方式有各自的优劣之处，要想实现有效仓储管理，就必须基于成本与服务水平做出决策，决定使用何种类型仓储或进行组合仓储。

（一）仓储类型分析

1. 自建仓库

使用自建仓库的优势有以下几点：

（1）拥有尽可能大的调控权。仓库属于企业财产，企业有权控制仓库，调控仓储活动，实现有效控制仓储，能有效协调仓储职能与企业分销体系之间的关系。

（2）机动管理。企业有权根据企业生产经营活动需求来调控仓库。公共仓储很难提供技术含量较高的硬件设施以实现专业化、自动化作业，所以并不适合高度专业化产品。

（3）货物保管的时间较长时，自建仓库比租用公共仓库的成本更低。长时间通过自建仓库来存储大批量商品，有利于减少单件储物的保管费用，从某一方面来说，即形成了规模经济。当某一自建仓库的存储空间未得到充分使用时，表示该仓库形成的规模经济并不能抵消已产生的仓储费用，此时需要及时租用公共仓库。一般认为，有效的管理与控制是减少自建仓库费用的基础，对企业供应链系统运作具有巨大影响。

（4）帮助企业营造优秀形象。企业大量使用自建仓库保管货物，有利于在顾客面前展现出长期持续经营的形象，有利于提高顾客忠诚度，从而提升企业核心竞争力。

2. 租用公共仓库

租用公共仓库的优势有以下几点：

（1）有限的资金投入。租用公共仓库，企业可以不进行资本投资，从而有效降低投资风险。

（2）有效满足超出库存量的一定存储需求。租用公共仓库不存在固定仓容的限制，有利于适应企业在不同时间段的各种变化性存货需求，并且企业管理者能够通过不断改变库存量来有效控制成本。

（3）减少对仓库管理人员的需求。仓库管理人员的培养与管理是一个难题，特别是面临季节性生产需要或具有特殊性搬运需求货物的企业。组建一个高效团结的仓库管理团队是比较困难的，但是租用公共仓库就能有效解决这一问题。

（4）租用公共仓库有利于形成一定的规模经济，减少仓储费用。租用公共仓库形成的规模经济远高于自建仓库。公共仓库的库容利用效果较好，大大减少了单件储物的保管费用；规模经济有利于促使公共仓库应用自动化程度较高的设施，有利于提高仓储服务水平，还有利于规模化运输，减少运输费用。

（5）企业生产管理机动性较强。自建仓库无法满足变化的市场需求，当需求量产生变化时，已有仓库会变为负担。租用公共仓库合同时效较短，企业可以通过调整仓库具体位置来面对市场需求、企业营销或财务方面的改变。同时，企业不需要调整工人数量以适应变化的仓储服务量。最后，企业能够通过分析比较所选仓库的成本、服务水平及对企业实际营销活动的影响，决定是否签约或停止合约。

（6）有利于企业控制仓储成本。企业可通过获得的月仓储花费单，控制保管、搬运费用，最终帮助企业对仓储成本进行预测与调控。

租用公共仓库的弊端有以下几点：

第一，包装费用增加。公共仓库存储了大量不同类别、不同特性的货物，有可能相互影响。企业需要进行大量保护性包装作业，包装费用明显增加。

第二，不利于企业进行仓储管理。公共仓库的所有权不归企业所有，虽然仓储服务商对货主的货物承担责任，但不利于货主进行仓储管理，而且企业相关商业秘密容易被泄露。

3. 合同仓储

合同仓储是指企业将仓储等物流活动转包给外部公司，由外部公司提供综合物流服务，也可以称为第三方仓储。

合同仓储与租用公共仓库有所不同，合同仓储服务商可以使企业获得高质量且经济的系统化存储服务，针对性更强，能有效满足物资的高水平专业化搬运要求。合同仓储的本质是企业与仓储服务企业间形成合作关系。因为具有合作关系，与其他类型仓储服务商相比，合同仓储服务商可以使需求方获得满足特殊规定的物力、人力、空间及其他服务。

合同仓储企业帮助一定数量的企业进行供应链系统管理，包括存货保管、搬运、控制和运输计划、提供相关信息及其他服务。合同仓储帮助货主进行有效仓储管理，同时也提供综合性物流服务。合同仓储的优点有以下几点：

（1）提高企业资源利用率

合同仓储便于解决企业季节性生产经营带来的存货量问题，并且能进行更有效的管理，效率更高，成本更低，从而有利于整体物流系统的高效运作。

（2）便于企业抢占市场份额

合同仓储利用其网络设施使企业在市场竞争中拥有更大的市场份额。合同仓储能够提供战略性选址服务，可以使货主即使处于不同的位置也能获得同质的仓储与系统物流服务。

（3）方便企业寻求发展新机会

合同仓储具有较强机动性，有利于企业进行客户关系管理，提高服务质量。企业能够通过短期合同仓储对市场需求进行预测分析，打开产品销路，促进营销活动顺利进行。如果企业想要进入某一具体细分市场，那么需要较长时间形成新的分销系统，但如果利用合同仓储，那么该市场的已有设施可以直接为企业所用。

（4）减少运输费用

合同仓储能够使用拼箱技术规模化运输多个企业的大量货物，能有效减少运输开支。

（二）影响企业仓储类型选择的因素

自建仓库、租用公共仓库与合同仓储拥有不同的优缺点，而企业需要在综合分析比较物流总成本与服务质量后进行最后决策。租用公共仓库与合同仓储仅涵盖可变成本，存货量越大，租用库容越大，而公共仓库通常根据租用面积计算费用，所以成本会和总周转量成线性正相关关系。自建仓库包含固定成本。公共仓库是为获得收益而存在，其可变成本的增长速率一般要高于自建仓库。货物周转量较小时，租用公共仓库是最科学的选择。当周转量变大，自建仓库的固定成本都可以分摊至存货，此时选择自建仓库是最合理的。企业做出最后决策之前必须分析以下几个要素：

1. 周转总量

若存在较大的存货周转量，那么应该选择最经济的自建仓库。反之则选择租用公共仓库。

2. 需求的稳定性

若存在相对稳定的周转量，此时自建仓库最合适。

3. 市场密度

自建仓库适用于市场密度较大或供应商所处位置相对集中的情况。自建仓库能进行拼箱运输，有效减少运输成本。当市场密度较小时，可以选择租用公共仓库。

二、仓库规模和数量决策

仓库设施的规模和数量是相互关联的，两者之间通常具有反向关系。一般情况下，随着仓库数量的增加，仓库的平均规模会下降，配送系统拥有较少，但是规模较大的仓库是现代企业在整合自身物流过程中的趋势。当然，不同的企业有不同的选择，对仓库规模和数量的决策应综合考虑各方面因素。

（一）仓库规模决策

一般根据仓库地面空间或它的立体空间来确定仓库规模。其中立体空间更多地考虑了仓库的可用空间，应该是更为合理的规模测量方法。影响仓库规模的重要因素如下：

1. 客户服务水平

通常，随着企业服务水平的提高，企业需要更大的仓储空间来维持更高水平的库存。

2. 所服务市场的规模

随着企业向更多的市场扩展，它会需要更多的存储空间，除非使用接驳式转运或者提高库存周转率。

3. 投入市场的产品数目

当企业拥有多种产品且产品数量大时，企业将需要更大的仓库以便于维持每种产品的最低库存水平。

4. 需求的水平和方式

一是需求量对仓库空间的影响，需求量大，所需仓库空间自然大；二是需求不稳定或无法估计，安全库存需要增加，进一步影响存货水平，这将导致对更大空间和更大仓库的需求。

另外，当产品数量更大、吞吐率（存货周转率）低、生产提前期长、使用人工物料搬运系统、仓库含有办公区域、销售状况不稳定和不可预测时，企业也将需要更大的仓库空间。

（二）仓库数量决策

通常，当仓库数量越来越多时，运输与分销费用会随之降低，但仓储与存货成本会随之增加。主要体现在下列几个方面：

第一，随着仓库数量增加，企业能够规模化运送物资，运输费用显著减少；同时，仓库离市场与顾客更近，缩短了商品的移动距离，这有利于对市场需求做出快速灵敏反应，提高客户满意度，有效减少运输开支与分销成本。

第二，仓库数量增加，总库容量随之增加，进一步导致仓储费用增加。由于需要合理规划仓库内部布局，如划分维护、办公、放置存储设备与通道的空间等，所以库容较小的仓库，其空间利用率远小于大仓库。

第三，仓库数量增加，总存货量随之增加，存货成本增加，也表示需要更大空间。

总之，仓库数量增加，运输和分销成本会马上减少，最终会使总成本减少。然而，当仓库增加至一定数量时，库存和仓储费用增长量会大于运输与分销支出降低量，然后总成本增加。一般来说，每个企业都有异于其他企业的总成本曲线。

决定仓库数量的基本因素如下：

第一，客户服务需要。商品是否能被轻易取代和追求的客户服务质量间有着非常强的相关性。企业无法对客户需求做出快速及时的反应，会对产品销量产生相当大的影响。所以要及时满足客户需求，避免"马后炮"，当客户追求高质量服务时，可以通过配置较多数量的仓库进行服务。

第二，运输服务水平。即是否存在恰当的运输服务，如客户对服务速度要求较高时，则需要为其提供快速运输服务。当现有仓库无法提供有效运输服务时，需要配置更多仓库来满足交货要求。

第三，客户的小批量购买。这种小批量购买常使得企业不得不采取分散化仓储，也迫使企业考虑建更多的仓库以保证其整个分销渠道的畅通。

第四，计算机的应用。计算机的普及及应用技术与配套软件在现代化仓库中的广泛应用，大大提高了仓库资源的利用率和运作效率，使企业对仓库的控制不再受仓库数量与位置的限制。

第五，具体仓库规模。从仓库规模看，仓库规模大，仓库数量可减少；规模小，数量应增加。

三、仓库定位与选址

对企业来讲，哪里是建设仓库的最佳地点、在什么地方仓储能服务最多的客户等是仓储管理的重大决策问题。选址决策可以从宏观和微观的角度进行分析。宏观角度是分析在哪个大的地理区域选址可以加快原材料供应以及改进市场供给，即仓库定位的问题；微观角度则是分析在大的地理范围内如何确定具体的仓库地址。

（一）对仓库的战略定位

基于宏观角度，按照下列战略来定位仓库。

1. 市场定位、生产定位和迅速定位战略

市场定位战略即将仓库定位在离最终用户最近的地方。其目的在于使客户服务水平达到最高。仓库选在服务市场地区的影响因素有运输成本、订货周期、订单大小、本地运输可得性以及客户服务水平。生产定位是将仓库选在靠近生产地、原材料集中的地方。这些仓库一般不能提供与市场定位型仓库一样的服务水平，但是，它们可以作为不同工厂制造的产品的集中地。将仓库选在接近生产地点的影响因素主要有原材料的易损性、产品组合中的产品数量、客户订购产品的分类以及合并运输费率。迅速定位选址战略是将地点选在最终用户和生产者之间的区域，迅速定位型仓库的客户服务水平高于生产定位型仓库而低于市场定位型仓库，如果企业必须提供高水平的客户服务和提供来自不同生产地的不同产品，则适宜采取这种选址战略。

2. 产品仓库战略、市场区域仓库战略和通用仓库战略

根据产品仓库战略，企业仅仅通过单一仓库来保存某一具体产品或产品组合，因此，每个仓库拥有许多存货。当企业仅有几种周转率高的产品或者产品组合时，产品仓库战略是一种有效的战略。如果企业有一些重要的客户在仓库所服务的市场地区需要一些特定的产品，或者企业制造具有独特运输分类的产品，也可以考虑产品仓库战略。市场区域仓库战略是在特定的市场设立完整的仓库，企业的各种商品在不同仓库中都存在，顾客能通过任何仓库得到订单中的全部商品。通用仓库战略指在仓库所拥有的产品方面与市场区域仓库战略类似，但其区别在于每个仓库都可以服务于某个地理区域内的所有市场。

（二）仓库选址的要求与影响因素

仓库选址要考虑三个属性，即战略属性、经济属性与人文属性。基本原则包括适应性、协调性、经济性和战略性。

仓库选址的影响因素众多，主要有以下几点：

1. 政策环境与经营因素。包括经济与政策环境，如所在地方的经济发展状况、物流需求度、地价、区域与城市规划和物流产业政策、劳动力及其成本、仓库服务类型、设施投资及商品运输过程的成本、服务质量等。

2. 基础设施因素。如交通条件、公共设施状况等。

3. 自然环境因素。如气象因素、地质和水文条件、地形条件。

4. 其他因素。如国土资源利用、环境保护要求与周边状况。仓库是火险等级较高的，最好远离容易传播火种的工业企业与人口密集的住宅区。

（三）仓库选址的流程

做出选址决策之前，需要完善调研以搜集、积累相关信息，并深入剖析这些信息，初步确定备选位置，最后通过建模求解，寻找最佳建库地址。

仓库选址大致流程如下所示：

1. 明确选址制约因素。清楚建造仓库的作用与使命，了解现行物流运作系统并对其进行合理规划，了解建造仓库的基础要求，进一步排除不合适位置。

2. 搜集积累相关信息。在准确掌握业务活动量与生产运作费用的前提下，进行成本计算，建模求解，最终找出最经济的建造地址。

3. 排除不合理仓库地址。系统地剖析所积累的信息，明确影响因素，估计需求，找出备选地址，然后建模优化求解，确定最佳地址。能否准确找出备选地址会影响到确定最佳建库地址以及运行费用。备选地址数量太多，会增加成本，加大建模求解过程难度；数量太少，可能会导致最终解非最优解，无法确定最佳方案。

4. 分析定量化。客观对待问题，依据不同问题构建不同模型求解。当需要确定几个仓库的最佳方案时，可以运用奎汉·哈姆勃兹模型、鲍摩—瓦尔夫模型等；当仅确定一个仓库时，则通过重心法计算求解。

5. 系统评估结果。综合其他限制条件，评估最终结果，分析它们的操作可行性。

6. 再次检查。确定多种影响因素可能产生的影响，单独赋权，通过加权法再次检查最终方案。若审查无误，那么就是最终方案；若发现答案存在不合理之处，重新进入第三步，直到找出最终方案。

7. 找出最终建库方案。复查无误得到的最后答案或许为最佳解决方案，但也不能排除其仅为满意解。

四、仓库布置与设计

仓储管理中，货品应如何放置在仓库之中也是一项重要决策。一个好的仓库布置可以提高产出，改进产品流，降低成本，改进客户服务以及给员工提供更好的工作条件。这里简单介绍仓库的总平面布置、货位布置、仓库内部空间布局和货物堆码设计。

（一）仓库总平面布置

仓库总平面布置即在规定范围内对仓库的各个组成部分，如存货区、入库检验区、理货区、配送备货区、通道及辅助作业区进行全面合理的安排。总平面布置的效果将直接影响仓储管理效率与效益、仓储服务水平以及仓储管理能否实现盈利。

1. 仓库总平面布局的基本考虑因素

（1）仓储专业化水平

仓储专业化水平受到存货品种的影响。存货品种越多，仓储专业化水平越低，仓库总平面布置越困难；存货品种越少，仓储专业化水平越高，布置越简单。当这些拥有各自不同特性的物资品种较多时，需要有针对性地对产品提供存储管理服务与装卸搬运作业。此时的总平面布置需要适应各种作业要求，布置难度进一步提高。

（2）仓库规模与功能

若某个仓库规模较大且仓储功能较丰富，那么该仓库所要求的基础作业设备数量也会较多，设备配套衔接问题会对总平面布局有不小影响。若仓库规模较小，同时功能并不齐全，此时的总平面布局就会比较容易。

2. 仓库总平面布局的条件

（1）配合仓储管理活动，促进其安全高效进行。仓库总平面布置目标主要有：确定单向物流方向；尽可能缩短搬运距离，减少装卸环节；确保仓储空间利用率最高。

（2）减少资金的投入。合理使用现存资源，按照计划与仓储物资的不同特性合理购置机械设备，从而实现效用最大化。

（3）确保安全，维护作业人员的健康。仓储建设要尽可能降低火灾等险情发生率，必须保证工作环境安全干净整洁。

（二）货位布置

货位布置使仓库空间得到充分利用，促进仓储作业高效保质进行，最终减少仓储费用。

1. 有效区分仓储物资性质，减少由于特性不同产生的不利影响。

2. 按照"重大在下，轻薄在上"原则摆放商品，并使较大型货物靠近出口或通道。

3. 把流通频率较高的物资置于最利于搬运移动的区域。

4. 对同一个货主的货物进行集中保管，便于作业。

若某一大批量存货具有较高周转率，但它的搬运作业距离较长，那么存储空间布局是不合理的。

（三）仓库内部空间布局

仓库内部空间布局存在平面布局与空间布局两部分。

1. 仓库内部平面布局是对保管场所内的货垛、通道、垛间（架间）距、收发货区等进行合理的规划，并正确处理它们的相对位置。形式通常有垂直式与倾斜式。

垂直式布局具体包括横列式布局、纵列式布局和纵横式布局。横列式布局方便物资进出和盘查，利于通风和采光。纵列式布局根据物资流通频率与保存时间合理安排物资摆放区域。纵横式布局兼备上述二者的优势。

倾斜式布局分为货垛（架）倾斜式与通道倾斜式。前者有利于叉车作业，加快作业速度。通道倾斜式具有较多货位与搬运作业线路。

2. 仓库内部空间（竖向）布局指库存货物在仓库立体空间上的布局，其目的在于充分有效地利用仓库空间。形式有就地堆码、上货架存放与架上平台空中悬挂。

（四）货物堆码设计

堆码是指根据货物的包装、外形、性质、特点、重量和数量，结合季节和气候情况，以及储存时间的长短，将货物按一定的规律码成各种形状的货垛。

堆码是为了方便管理盘查物资，充分利用仓储空间，其主要原则为：合理、牢固、定量、整齐、节约、方便。

1. 堆码须考虑的因素

堆码须要事先考虑物资仓容定额、地坪承载能力、允许堆积层数等因素，然后采取堆码作业。仓容定额指单位面积下可承受的最大产品储量。各类货物都具有各自的仓容定额，即使是同种物品，由于存储环境的差异，它们的仓容定额也有差异。货物状态、包装形式与装卸作业手段等因素所具有的差异都会造成货物仓容定额的改变。

2. 堆码方式与特征

货物特性、大小、重量等因素会影响货物的具体堆码方式。堆码的基本形式有针对板形或箱形货物的重叠式，针对长形货物的交错式，针对所有箱装、桶装及裸装货物的通风式，以及衬垫式等。

托盘在物流活动中被广泛运用，产生了货物堆码于托盘上的形式。托盘本身存在标准化这一特性，所以能够借鉴典型堆码图谱在托盘上堆码货物。

五、物料搬运系统的选择

物料搬运作业贯穿仓库作业的全过程，从物资入库验收、保管保养、流通加工、备料、配送，一直到货物发出，都存在着物料搬运作业。它出现次数多于其他的作业环节，产生的成本与消耗的时间也远超其他流程。物料搬运作业的质量直接影响库存物资的数量和质量，与仓库安全生产关系密切。有效组织物料搬运作业是仓库快进快出的关键，与仓库的经济效益密切相关。因此，物料搬运系统在仓库管理中占有举足轻重的地位。

物料搬运系统具有集合性、相关性、目的性和环境适应性等特点。它主要由物料、装卸搬运设备、仓储设备、人员及信息等要素联合构成。按照生产与流通要求使物资在空间发生位移，为生产和流通服务是其基本使命。

由于物料搬运系统是由诸多要素组成的集合体，因此，任何要素的性能与活动都会影响整体的性能和活动。当选择不同的搬运设备搬运货物时，整个系统的搬运能力与适应性也会不同，相应地要采用不同方式利用搬运设备，也会直接影响搬运系统的整体效率。物料搬运系统中的任何要素都需要与其他要素配合，从而进一步发挥其作用，如果缺少配合，这些要素是无法发挥作用的。若利用托盘进行搬运作业，则需要与叉车或其他起重设备进行配合。托盘离开了搬运设备，其优势无法展现。实际上，选择的搬运设备同样也会对能否最大限度地发挥托盘作用产生影响。

物料搬运系统的每个要素是密切联系、相互作用的，存在相辅相成、互相制约的特定关系。在搬运系统中，搬运设备和设施就好比硬件系统，而搬运的方法、计划、程序和组织等就是软件系统，它们都是搬运系统中的要素，只有将它们按某种特定关系有机地结合成一体，才能显示出良好的性能，这就是它们之间的相互关系。

物料搬运系统作为物流系统中的一个子系统，与物流系统中的储存系统、分拣系统和销售系统等相互影响，并通过互相配合来影响整体的性能。因此，在设计或改进一个物料搬运系统时，必须考虑本系统和其他系统之间的联系，使之具有较大的灵活性，能适应系统环境的各种变化。系统所选用的设施和设备也应尽量系列化、通用化和标准化，不能静止和孤立地设计或改进某一个物料搬运系统。

物料搬运系统主要有机械化系统、半自动化系统、自动化系统与信息引导系统。机械化系统中的人员与搬运设备是密切联系的，有利于货物的进出库与仓储管理，它是应用最广泛的系统。与机械化系统相比，自动化系统通过加大对自动化设备的资金投入，能够削减员工数量，同时确保作业质量。半自动化系统利用自动化设备进行拣选和搬运作业，利用机械化设备满足剩余搬运需求。信息引导系统通过计算机来对机械化搬运设备进行最大限度的管理与控制。

第四节　现代物流库存管理

由于库存成本在总成本中占有相当大的比例，对库存的控制和管理是企业物流部门面临的一个关键问题。传统库存管理主要涉及订货量和订货时间的问题，管理者做决策相对而言较容易。但在今天的环境中，库存管理的任务越来越复杂，管理方法变多，决策难度加大，需要管理者根据企业具体情况选择库存管理方法，使企业库存的总成本最小化。现代物流管理中存在以信息代替存货向零库存方向发展的趋势。

一、库存管理概述

库存管理的基本任务是按照市场需求和企业目标，确定企业的订货量、订货时间、库存结构、库存量。进行库存管理，要有效控制库存量，尽可能避免缺货、库存过剩和额外增加库存成本等现象。

（一）库存的含义

库存是为了满足未来需要而暂时闲置的资源，多指处于储存状态的货物。广义的库存还包括处于制造加工状态和运输状态的物品。企业库存量过少，会导致缺货，破坏供应链整体运作系统，使企业市场份额不断被挤压，无法获得更多利润；社会存货不足，会直接导致物资匮乏，使消费者整体需求得不到满足。仓储物资会产生保管成本，货损也会造成库存风险。

（二）库存类型

从生产过程的角度划分，库存可分为原材料库存、零部件及半成品库存、成品库存三类。根据存货状态分为狭义的静态库存与广义的动态库存。狭义的静态库存是长期或暂时处于存储状态的库存。广义的动态库存除了涵盖静态库存，还包含正处于加工或流通状态的库存。基于生产经营活动，对库存进行以下分类：

1. 周期库存

用于销售或生产过程中的库存补给而产生的库存，这种库存是为了满足确定情况下的需求，即企业可以预测需求和补货周期。例如，某产品每天都是销售 20 单位，随着每日的销售量或产品生产量不断减少，提前期总是为 10 天，则在周期库存之外就不再需要其他的。如果库存低于一定量，包括采购点，此时就需要重新订货，增加库存量，需依据特定原则循环进行。

2. 在途库存

指从一个点到另一个点的路途上的货物，也称中转库存。虽然暂时无法使用这部分在途物资，但仍可将其看作库存的一部分。计算库存持有成本时，在途库存应被视为原装运地的库存，因为其不能使用、销售或再装运。

3. 安全库存

尽可能避免因为不确定因素（如突发性大量订货或供应商延期交货）影响订货需求而形成的，在基本库存之外额外保有的缓冲库存。为有效适应不断改变的市场需求或订货提前期，采购点的平均库存应是安全库存与二分之一订货量之和。

4. 季节性库存

为了满足特定季节中出现的特定需求而建立的库存，或是对季节性货物在出产的季节大量收储而建立的库存。

5. 投机库存

即增值库存，是除了为满足正常需求之外的原因而备的库存。如预测出商品市场价格将上升，为消除这种因价格上升带来的损失或为从中获取利润而增加产品库存；为批量折扣而购买多于需求的材料；其他原因如罢工、水灾、火灾、地震等突发因素造成的供不应求。

6. 呆滞库存

指已有一段时间没有市场需求的滞销货物积压库存、超额仓储的库存、因货物品质变坏或损坏造成的库存。

二、库存结构的控制

（一）ABC 分析法

企业拥有大批量多品种存货，然而各类货物的价值与库存量都有所差异。有些存货种类较少却价值量巨大，还有些存货种类繁杂却价格低廉。企业资源有限，所以无法对全部种类存货分配同样的关心与精力。为最大限度地利用有限企业资源，如时间、资金，必须合理划分存货种类，对货物进行分类管理和控制，将重心放在重要物资上。

使用 ABC 分析法可以使企业了解库存各类商品的结构关系，明确重点管理对象，采取相应技术方法控制库存。

1. ABC 分析法的原理

19 世纪文艺复兴时期维尔弗雷多·帕累托（Vilfredo Pareto）在对米兰财富分布研究中发现，20% 的人掌握 80% 财富。他认为在很多情况下，关键事件、财富、重要性等掌握在小部分人手中，这一现象被称为帕累托定律。这一定律被应用于库存管理中，便产生了 ABC 分析法。[①]

2. ABC 分析法的一般流程

（1）明确计算期。不同时期库存货物的种类与数量都有一定差异，企业在进行 ABC 分析时要确定计算时期。

（2）搜集数据。根据分析对象及内容搜集相关数据信息。进行仓储管理需要搜集存货各自价值量及其平均库存量。

（3）系统分析数据。按规定计算整合以上数据信息。

（4）对库存商品进行排序。对库存货物按资金比例和品种项目比例这两个指标来排序，编制用于 ABC 分析的表。

（5）根据 ABC 分析表确定分类，重点分析存货品种与价值分别占库存品种比例与

---

① 李慧仪. 基于 ABC 分析法的企业库存管理控制研究 [J]. 财讯，2018（36）：118.

占用库存资金比例这两栏。A 类存货的品种数占库存品种比例为 5%～15%，占库存资金比例为 60%～80%；B 类存货品种数占库存品种比例为 20%～30%，占库存资金比例为 60%～80%；C 类存货品种数占库存品种比例为 60%～80%，占库存资金比例为 5%～15%。

（6）确定管理要求。按 ABC 分析的结果，只是分清了库存商品的结构，明确了重点。但必须找出解决问题的办法才能达到分析的目的。管理者根据 ABC 分析的结果，结合现有的管理水平与能够产生的经济效果，确定科学管理策略，对三类存货进行有针对性的管理与控制。

3. 三类货物的管理

（1）A 类库存货物。这类货物属于重要的库存货物。虽然这类货物数量较少，但是占用资金大，属于重点管理对象。须定期检查，完整登记物资进出数量及货损情况，在满足企业内部需要和顾客需要的前提下尽可能维持低的经常库存量和安全库存量，加快库存周转。

（2）B 类存货。这类货物属于主要管理对象，对该类货物进行正常库存管理即可。

（3）C 类存货。这类货物属于普通管理对象，数量巨大，总价值量却不高，通常对这类物资进行常规管理与控制。

（二）CVA 库存管理法

CVA 库存管理法即关键因素分析法，较之 ABC 分析法，它的目的性更强。采用该方法对存货进行管理时，不用过分明确高优先级物品，若高优先级物品数量过大，反而会造成重要物资无法受到关注。通常情况下，将 ABC 分析法与 CVA 管理法进行综合后产生的效果会比单独采用任一种的效果要好得多。

三、库存控制模型

（一）基本概念

库存控制需要注意以下几个关键因素：第一，库存检查周期货量；第二，订货量；第三，订货点。库存控制策略主要是明确在何种状态下采取存货补给手段以及需要补给的数量大小，最终达到库存成本与采买补给费用总和最小的目的。

1. 需求

将需求按其所具有的时间特征划分成连续性需求与间断性需求。连续性需求会因为时间变化而产生变化，库存量持续减少；间断性需求产生时间极短，库存量呈跳跃式地减少。根据数量特征，存在确定性需求与随机性需求，确定性需求的产生时间与数量是确定的，而随机性需求的产生具有非确定性，针对这一特点，需要把握其产生的规律。

2. 补充

需求导致物资的消耗，如果不能迅速足量补充存货或根本没采取补充行动，一旦存货被用光，则只能放弃新产生的市场需求。下面将从开始订货到满足需求的过程看作两部分来进行分析：

（1）从开始订货到开始补充为止。基于不同的思考方式，可称为滞后时间期或提前期。相同库存问题的滞后时间和提前期是相同的，其滞后时间有时由于极其短暂而被看作零，这个时候能够马上进行补充。如果存在较长滞后时间，可以为确定的，同样可以为随机的。

（2）从开始补充到补充完毕为止。与滞后时间相似，它可以因为过短直接为零，当然存在时间也可以很长。它的存在可以是确定的，也可以是随机的。

3. 费用

一般通过费用管理进行库存控制，确定最佳库存方案。应该基于可比原则进行费用计算，包括时间可比与计算口径可比，即必须在相同时间范围内，按照相同费用项目计算总费用。

费用项目通常包括在采购、生产、库存、缺货等方面产生的费用。若两个不同方案的两个相同计算项目存在一致费用，则都可以不纳入最终费用计算。

（1）采购成本

它由订购费用与进货成本构成。订购费用包括手续费、差旅费等，只和订货次数有关。进货成本包括货款、运费等，只与订货数量有关。

（2）库存持有成本

这是在单位时间内保管一单位物资所需费用。库存持有成本并不包括和存货量没有关系的固定费用，一般和物资库存数量及时间成比例。

（3）生产成本

生产成本是指自行生产所需库存物资的费用。其构成有两类：生产组织费用，只与生产组织次数有关；与生产数量有关的费用，包括原材料及零配件成本、直接加工费等。

（4）缺货成本

短缺成本产生于客户需要但库中又没有的情况，一般指由于中断供应影响生产而造成的损失赔偿费，如生产停工费用、采取应急措施产生的额外支出、无法履行合同的违约金，还包括对企业声誉与经营绩效产生的不利影响和损失、丧失未来的潜在销售等。短缺成本很难得到具体数据。

（5）单位成本

单位成本是指取得一单位货品的成本或通过近期供应商所提供每一产品的报价。

另外，库存管理中对存货价值的计算，可以采用以下方法：

第一，先进先出（First in First out，FIFO）法。一般假定存货是按照采买先后顺序进行销售，因此，需要用当前订购成本对剩余存货进行计算。

第二，后进先出（Last in First out，LIFO）法。假定一开始就使用最后购置的物资，因此，需要按照较早的订购成本仅对剩余存货进行计算。

第三，平均成本。一定范围和一定时期内成本耗费的平均水平。

4.库存控制策略

库存控制策略有如下四种：

（1）连续性检查的固定订货量、固定订货点（Q、R）策略。它常被用于解决需求较大但不稳定、缺货成本高昂的情况，注重对库存量的随时盘查，一旦发现库存量少于订货量R，会迅速按照R进行订货，数量固定。连续性检查（定量订货）策略如图 3-2 所示。

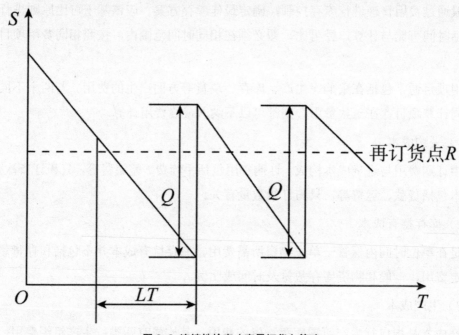

图 3-2 连续性检查（定量订货）策略

（2）连续性检查的固定订货点、最大库存（Q、R）策略。随时盘查库存量，一旦发现库存量少于订货量R，进行订货，确保订货后的库存量保持不变，为固定值S。如果消耗存货量为Q，那么需要的订货量为$R-Q$。

（3）周期性检查（t、S）策略。它主要针对不重要且销量不高的货物，没有确定订货点。对库存量进行定期盘查，及时补货，使库存量维持为最高水平S。如图 3-3 所示，通过固定检查期t，发出订单，这时库存量为I_1，订货量为$S-I_1$，经过一定时间（LT——订货提前期，可以为随机变量），库存补充为$S-I_1$，库存到达 A 点。再经过一个固定的检查期t，又发出一次订单，订货量为$S-I_1$，经过一定的时间（LT），库存又达到新的高度B。基于周期性检查，对库存进行持续补充。

（4）综合库存策略（t、R及S）。该策略是策略（t、S）和策略（R、S）的综合。这种策略存在固定检查周期t、最大库存量S、固定订货点水平R。经过t后，只有当库存少于R时才进行订货。

基于上面几种库存策略，又延伸出了很多库存策略。

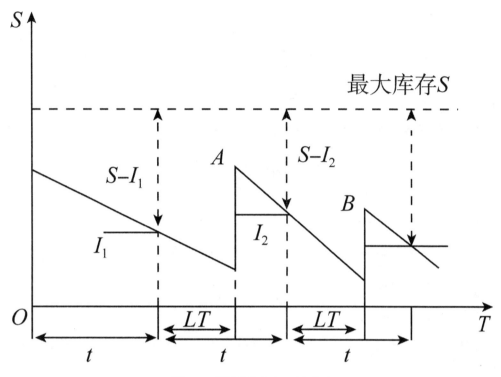

图 3-3　周期性检查（t、S）策略

（二）需求确定库存控制模型

1. 经济订购批量

库存控制模型：按照主要参数，如是否存在明确的需求量与提前期，分为确定型库存模型与不确定型库存模型。确定型库存模型以经济订购批量（Economic Ordering Quantity，EOQ）库存模型为代表。

经济订购批量指通过费用分析求得在库存总费用最小时的每次订购批量，EOQ模型属于连续性模型，不允许缺货，瞬间补货。存在下列假定条件：

（1）连续均匀的需求，即需求速度（单位时间的需求量）为常数。

（2）能瞬时完成补货，即补充时间（滞后时间和生产时间）近似为零。

其储存参数，T为储存周期或订货周期，D为全年需求量，P为产品单价，C为每次订货费用（元／次），K为单位产品年保管费用（元／件·年），Q为批量或订货量。通过确定EOQ和年底总库存，计算出使两项成本之和最小的订货周期和订货量，以一个最佳的订货数量来实现最低总库存成本。

EOQ 模型如图 3-4 所示。

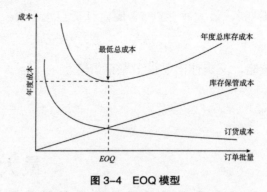

图 3-4　EOQ 模型

年度总库存成本 = 年采购成本 + 年订货成本 + 年保管成本

$$TC = DP + \frac{DC}{Q} + \frac{QK}{2}$$

(3-4)

式中：　TC——年总库存成本。

　　　　DP——年采购成本。

　　　　$\dfrac{DC}{Q}$——年订货成本。

　　　　$\dfrac{QK}{2}$——年保管成本。

要使 TC 最小，即要对 Q 求导，并令一阶导数为 0，（推导过程省略）得到经济订购批量，计算公式为：

$$EOQ = \sqrt{\frac{2CD}{K}} = \sqrt{\frac{2CD}{PF}}$$

(3-5)

式中：F——单位货物年储存费率。

P——货物单价。

EOQ 模型曾经广泛地应用于国外的存货管理，且产生了良好的经济效果。但其并非没有局限性。EOQ 模型与许多模型一样，在确定 EOQ 时还做了一些其他基本假设：

（1）连续、稳定、已知的需求。

（2）稳定、已知的补货或订货前置期。

（3）每次订货的订货费用相同，与订货批量的大小无关。

（4）稳定的运输费用，同订货时间和数量没有关系。

（5）不允许缺货。

（6）不存在中转库存。

（7）单一产品或产品间不存在相关性。

（8）资金不受限。

因此，上述 EOQ 模型是建立在许多假设条件基础上的一种简单模型。

2. 允许缺货的经济批量

事实上很难找到一个需求确定、前置固定、预先知道确定成本的环境。EOQ 模型在实际应用时往往要做进一步的修正和拓展。当处于非稳定生产与非稳定供给环境下，很难不产生缺货现象。缺货成本低于因提高安全库存量产生的费用，就需将 EOQ 模型修改为允许缺货的经济订购批量。允许缺货经济批量是指订购费用、保管费用、缺货损失费用三者之和最小的批量。如单位缺货费用为 C_0，其计算公式为：

$$EOQ = \sqrt{\frac{2CD}{K}} = \sqrt{\frac{K+C_0}{C_0}}$$

$$(3-6)$$

3. 考虑数量折扣和运输费的经济批量

供应商为鼓励大量购买，常常对超过一定数量的采购提供优惠价格。针对该种现象，需求方需要通过计算比较来明确是否要加大订货量以得到折扣。比较准则如下：若使用折扣后形成的全年总费用低于经济批量则接受折扣，否则仍按经济批量 EOQ 购买。

运输费用如由买方支付，买方需要考虑运输费用对年度总费用的影响。此时，年度总费用需在年度总库存成本的基础上再加上运输费用，其计算公式为：

$$TC = DP + \frac{DC_0}{Q} + \frac{QK}{2} + Y$$

$$(3-7)$$

式中：Y——运输费用。

与折扣批量计算一样，仍是将有、无运输费用折扣的两种情况下的年度总费用进行比较，选择年度费用小的方案。

（三）不确定型库存控制模型

上述库存控制模型中的参数都是固定的，但在实际的库存管理中，由于顾客的多样性等原因，需求往往是随机变化的。另外，不同货物的到货过程也是随机的，它受到上游生产商的生产状况、运输状况的影响，很难精确确定。对这种需求及供应的随机性，主要通过设立安全库存来应对。在需求和订货提前期都不确定的情况下，订货点计算公式为：

订货点 = 订货提前期的平均需求量 + 安全库存

= （单位时间的平均需求量 × 最大订货提前期）+ 安全库存 $\qquad$ (3-8)

若一定时期内存在固定的需求，需求量不会上下波动，那么此时是不需要设置安全库存的。然而，市场需求与生产现场的消费很多时候是会产生变化的，补充库存也很可能具有提前交货期或延后交货期。另一方面，制造过程产生的破损、物料计算偏差与记账错误等都会使库存和需求间形成误差。为减少缺货或存货剩余现象的出现，设定安全库存从而进一步实现有效库存管理是不能缺少的。

安全库存越高，越难产生缺货现象，但过高也会造成存货剩余。安全库存是库存的重要组成部分，它和库存量间存在密切联系。所以，必须按照物资的性质与顾客的具体需求，允许合理的缺货率及缺货现象存在。

使用不确定型库存控制模型，可求出基于客户需求量改变、提前期固定，客户需求量固定、提前期改变，和两者同时改变某种具体现象的安全库存量。

1. 需求改变而提前期固定下的库存水平

如果需求和订货提前期不变，如在周期性变化提到的订货提前期为 10 天，每天需求量为 20 单位，则平均周期库存为 200 单位。但是，如果需求并非先前预测的 20 单位，实际上是每天 25 单位，订货提前期是 10 天，则库存在第 8 天就会用完。由于下次订货直到第 10 天才会到货，因而就会有 2 天断货。若每日需求是 25 单位，总共就会有 50 单位的缺货。如果管理层确信需求的最大变动是 5 单位／天，则应保有 50 单位的安全库存，以防因需求变动而缺货。这就要求有 250 单位的平均库存（200 单位的平均周期库存 +50 单位安全库存）。

若需求连续，呈正态分布，因为提前期固定，所以能得出提前期内的需求分布均值与标准差，或通过直接的期望预测，以过去提前期内的需求情况为依据，确定需求的期望均值和标准差。在这种情况下，安全库存量的计算公式为：

$$s = z\sigma_d \sqrt{L}$$

（3-9）

式中：σ_d——提前期内的需求量的标准差。

L——提前期的长短。

z——一定顾客服务水平下需求量变化的安全系数（概率度），它可根据预定的服务水平，由正态分布表查出。

2. 需求固定不变而订货提前期变化下的库存水平

假若需求不变而订货提前期在 2 天范围内波动，如货物提早到 2 天，现有库存就是 12 天的供应量；如迟到达 2 天，就会发生 2 天缺货。为了防止缺货，就需要保有 40 单位的安全库存，平均库存就为 240 单位。假设需求连续且变化情况服从正态分布，安全库存量的计算公式为：

$$s = zd\sigma_L$$

（3-10）

式中： z——一定顾客服务水平下的安全系数。

σ_L——提前期的标准差。

d——提前期内的日需求量。

3. 需求、订货提前期都变化下的库存水平

在现实中，多数情况下提前期和需求都是随机变化的，此时，问题就比较复杂了。要通过建立联合概率分布来求出需求量水准和提前期延时的不同组合的概率（联合概率分布值域为从以最小需求量和最短提前期的乘积表示的水准，到以最大需求量和最长提前期的乘积表示的水准），然后把联合概率分布同上面导出的两个公式结合起来运用。因此，在这种情况下，假定存在互相独立的客户需求与提前期，安全库存量的计算公式为

$$s = z\sqrt{\sigma_d \overline{L} + \overline{d^2}\sigma_L}$$

（3-11）

式中： $\overline{L}$——平均提前期长度。

Z——一定顾客服务水平下的安全系数。

d——提前期内平均日需求量。

σ_d、σ_L 含义同上。

四、供应链环境下的库存管理

（一）牛鞭效应

牛鞭效应是造成供应链运作过程中出现缺货现象、过高库存量、产销不平衡、成本费用较大等问题的主要原因之一。

牛鞭效应是供应链中存在的一种需求逐渐放大的现象：这是由于信息流从终端客户向原始供应商传递时，由于无法有效地实现信息共享，信息扭曲逐级放大，需求信息出现越来越大的波动。这种信息扭曲的放大作用在图形显示上很像一根甩起的赶牛鞭，因此，被形象地称为"牛鞭效应"。鞭子根部是最下游顾客，梢部是最上游供应商，当根部出现细微抖动，在梢端会呈现较大波动。也可以说越上游，波动越大，与最终消费者的距离越大，产生的影响越大。若牛鞭效应与企业生产经营活动中的各种不确定因素共同作用，必然导致严重经济损失。对此，美国著名供应链管理专家李效良教授将之称为"需求变异加速放大原理"。

若某商品往年的月零售记录最大是 100 件，为确保在不久的庆典中不出现缺货现象，零售商决定把订货量增加至 100+A 件。该零售商上一级批发商同样会将其订货量增加 B 件。

- 91 -

所以，生产商需要发出的货物数为 100+A+B 件，为确保供货及时，需要生产的货物量肯定要高于最终订货量。订货量逐级叠加，造成牛鞭效应。

牛鞭效应主要由于供应链上的企业缺乏有效的信息交流、无法共享信息而产生，主要体现在以下方面：供应链中的各级企业没有供应链的整体观念，对用户服务的理解不当，不重视库存控制策略的科学制定，协调不足，存在不确定性的库存管理，低效率的信息传递系统等。有些情况也会给上游供应商带来扭曲的需求信息，当零售商们面对价格波动剧烈、供不应求、通货膨胀等情况，通常会在满足基本需求的前提下尽可能提高库存量、订货批量，企业订货会坚持最大库存策略等。

牛鞭效应使风险从下游消费者逐级嫁接到上游供应商，从而影响供应链的正常运转，产生一系列问题。所以，需要通过科学的管理及成熟的信息技术，有效地处理需求信息的扭曲与失真问题。

（二）供应链下的库存策略

企业可以通过广泛使用科学信息技术确保信息得到有效传递，结合库存管理技术，如零库存、准时制生产等，合理安排库存，尽量避免货物需求在供应链上变异加速放大的现象出现。有效应对牛鞭效应，需要供应链上各级企业之间保持密切合作，相互信赖，共同处理利益与风险问题，把握双方的运作流程，最终降低不确定因素的影响程度。

1.供应商管理库存

供应商管理库存（Vendor Managed Inventory，VMI）最早是由宝洁公司（P&G）和沃尔玛公司（Wal-Mart）在 20 世纪 80 年代发起并采用的一种全新的库存策略。VMI 是一种在用户与供应商之间的合作性策略，在一个相互同意的框架下由供应商管理库存。

VMI 模式主要源于对供应链管理模式成功集成化的考虑，它的目的是通过集成供应链中各节点企业的库存控制职能，实现总库存费用的减少，通过供应商与客户间的战略性合作，选择确保二者都能满意且能接受的消耗成本最少的方案，实现供应商管理库存。

VMI 的优势有以下几点：

第一，供应商控制库存，具有较大主观能动性与灵敏性。

第二，供应商掌握库存，使核心企业远离库存陷阱。

第三，供应商掌握库存即掌握市场。

第四，VMI 能使核心企业与供应商企业实现双赢。

VMI 得到有效实施的前提有以下几点：

第一，供应商需要有效掌握核心企业的销售与库存消耗信息。

第二，具有通畅的信息网络与信息管理系统，确保快速准确传递信息。

第三，重视沟通与互惠互利机制，要本着责任共担、利益共享的精神，建立起企业之间的友好协作关系。

2. 零库存

零库存（Zero Inventory）是以仓库储存形式的某种或某些物品的储存数量很低的一个概念，甚至可以为"零"，即不保持库存。实现零库存有利于解决关于存货管理的相关问题，包括仓储建设、存货保管与维护等开支、存货质量下降与价值减少及存货占用流动资金等问题。

零库存是 20 世纪六七十年代的日本丰田汽车公司开创的全新管理模式，即丰田生产方式（Toyota Production System, TPS）。TPS 以实现效率与效益的双重提高为使命，努力降低成本，提高客户满意度和忠诚度。TPS 以准时化生产、自动化生产为支柱，通过不断改进，消灭一切生产中的浪费来实现成本的最低化。零库存的主要表现形式有以下几种：

（1）委托保管方式

受托方对所有权归属用户的物品进行代管，让用户不必留有库存，乃至保险储备库存，最终达到零库存。由用户支付代管费，其优点体现在受托方能够应用其专业技术能力进行高质量与低成本的库存管理，使用户能专注于生产经营活动。事实上，它是依靠库存转移达到零库存，并非减少了总库存。

（2）协作分包方式

如"Sub-Con"方式与"下请"方式。该产业结构形式能够通过分包企业的柔性制造与准时供应技术，实现核心企业的供应零库存。另一方面，核心企业通过集中销售库存来让分包与销售企业实现零销售库存。

很多国家制造企业的组织结构呈金字塔状，核心企业负责生产商品和寻求市场新机会，分包企业负责各自分包作业，分包零件制造企业能够利用多种制造与库存调节形式，确保物资能及时到达核心企业手中，实现高速率生产，最终减少安全库存，进而实现零库存。核心企业的产品分包给推销员或商店零售，利用配额与随供形式，通过核心企业的集中产品库存确保分包者销售活动的进行，帮助分包者达到零库存。

（3）轮动方式

轮动方式也称作同步方式。是在对系统进行周密设计的前提下，使各个环节的速率完全协同，从而减少甚至取消工位之间的临时停滞而达到的一种零库存、零储备形式。通过传送带式生产，使生产与材料供应同步进行，利用传送系统的供应，最终实现零库存。

（4）看板方式

看板方式也叫"传票卡"制度，是由丰田汽车公司开发、采用的以压缩库存为目的的生产管理方式；是以准时化生产为目标，在需要的时候、按需要的量生产（筹备）所需的产品，并以此为基本理念的管理方法。由于将兼有作业指令卡片和现货卡片的"看板"作为核心手段使用，所以被称为"看板方式"。

（5）水龙头方式

水龙头方式是一种由日本索尼公司率先采用的，就像是通过拧自来水水龙头取水，无须自己保有库存的零库存形式。经过时间的演进，水龙头方式已渐渐演变为即时供应制度。用户可以随时提出采购要求，供货者根据自己的库存和有效供应系统来承担风险，从而使得用户实现零库存。适用于水龙头方式实现零库存的物资，主要是工具及标准件。

（6）配送方式

配送方式是指通过多种方式配送，保证供应，从而使用户实现零库存。

（7）寄售

企业实现"零库存资金占用"的一种有效方式，是供应商直接将产品存放在用户的仓库中，同时拥有库存商品的所有权，而用户只有在领用这些产品之后，才能与供应商进行货款结算。

3. 物料需求规划

物料需求规划（Material Requirement Planning, MRP）把原料和零部件的需求看成是最终产品需求量的派生需求。MRP 是根据成品的需求，对成品的部件、零件、原材料的相关需求量进行自动计算，最后从成品的交货期出发，对各部件、零件生产的进度日程及外购件的采购日程进行计算。很早之前，MRP 的思想就已产生，可是一直到计算机产生和信息系统实施后，MRP 才真正开始被广泛应用。通过计算主生产计划、产品结构及库存状态得出每种材料的净需求量，然后根据每个时期的需求量进行分配。

MRP 系统有以下三个目标：

第一，保证在客户需要或有生产需要的时候，可以立即提供满足需要的材料、零部件、产成品。

第二，使库存水平尽可能地保持在低水平。

第三，安排采购、运输、生产等活动，将各车间生产的零部件及构件与装配的要求在时间上精确衔接。

MRP 系统能指出现在、未来某时的材料、零部件、产成品的库存水平。MRP 系统的起点是根据需要的最终产品及需要这些产品的时间，分解到每一种材料、零部件上，然后确定需求时间。

MRP 系统主要具有以下优点：

第一，可以使安全库存维持合理水平，进而让库存水平尽可能地降低。

第二，不仅可以较早地发现存在的问题，而且还能发现可能出现的供应中断等问题，以便较早地采取预防措施。

第三，制订生产计划需要通过对现实需求和最终产品进行预测。

第四，MRP 系统不是只对某一个设施进行考虑，而是根据整个系统的订货量，统筹全局进行考虑。

第五，适用于批量生产，而且也适用于间歇生产或装配过程。

4. 联合库存管理

联合库存管理是供应链上的企业共同制订库存计划，并实施库存控制的供应链库存管理方式。联合库存管理是解决供应链系统中由于各节点企业的相互独立库存运作模式导致需求放大的问题，提高供应链同步化程度的一种有效方法。

联合库存管理就是建立起整个供应链以核心企业为核心的库存系统，具体地说：一是要建立起一个合理分布的库存点体系，二是要建立起一个联合库存控制系统。

联合库存管理与供应商管理用户库存的区别在于，它注重双方联合参与和制订库存计划，每个库存管理者在供应链上要保持协调，使得供应链上两个相邻环节紧密联系。企业之间的库存管理者可以保持一致性，从而消除需求变化放大现象。任何相邻节点企业需求的确定都是供需双方协调的结果，库存管理不再是各自为政的独立运作过程，而是供需联结的纽带和协调中心。

联合库存通常不需要供应商保留成品库存，而直接在核心企业原材料仓库或直接在核心生产线建立成品库存的情况下实施。联合库存的分布原理及物资从产出点到需求点的途径如图 3-5 所示。

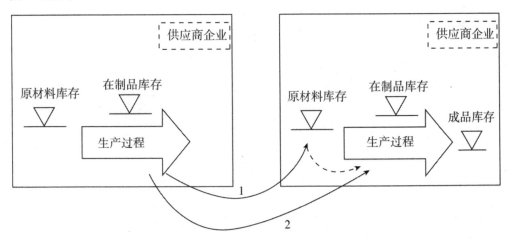

图 3-5 联合库存的分布原理及物资从产出点到需求点的途径

联合库存可分为两种类型。

（1）集中式库存类型

各个供应商的货物都直接存入核心企业的原材料库，变各个供应商的分散库存为核心企业的集中库存（如图 3-5 中的 1）。这种模式的优势体现在以下几个方面：

①削减了库存点，节约了一些仓库建立和存储操作成本，减少了系统的总库存成本。

②缩短了物流环节，不仅减少了物流费用，而且提高了工作效率。

③核心企业仓库直接存放供应商的货物，既保证了核心企业的材料供应及便利取用，也能够实行统一调度、统一管理和库存控制，为核心企业创造了高效的生产经营条件。

④它也为 VMI、连续补充货物、QR、JIT 等科学的供应链管理提供了条件。

（2）无库存类型

核心企业也不设原材料库存，实行无库存生产。这时取消了供应商的成品库和核心企业的原材料库，供应商与核心企业实行共同生产和共同供货，直接将供应商的产成品运输到核心企业的生产线，这也就是所谓的准时供货模式。在此模式下，库存被完全取消，因此，效率最高、费用最低。但是对于核心企业和供应商来说，对操作的标准化、协调性和合作精神的要求也越高，一般二者的距离不能太远。

这两种联合库存类型不仅适用于不同的供应商和核心企业，而且原则上也适用于核心企业与分销企业。核心企业要站在供应商的立场上，对各流通企业进行分销库存，每个配送仓库都直接存放货物，并且直接掌握各个分销库存，采用配送等方式实行小批量、多频次送货。

第四章　现代物流供应链运作管理

第一节　供应链运作模式演进

供应链的概念是由扩大生产的概念发展来的，它将企业的生产活动进行了前伸和后延。近年来，生产管理学界对于生产的理解逐渐深化，生产不仅指有形产品的制造，同时还包含无形产品——服务的提供；它是指将生产要素投入转换为有形产品和无形服务的产出，通过创造效用而增加附加价值的过程。供应链运作管理理念就是从消费者角度，对制造产品和提供服务的过程进行组织、计划、实施和控制，通过企业间的协作，谋求供应链整体利润最大化。

随着经济的不断发展、科技的不断进步和全球化的不断深化，企业所面临的经营环境不断变化，影响企业的竞争因素不断变化，为了更好地适应生存环境的变化，供应链的运作模式也在不断变化和改进。

一、竞争因素的演化历程

随着社会发展和科学技术的进步，企业生产效率不断提高，人们的收入不断增加，消费水平不断提高，在顾客追求个性化和多样化的当今时代，企业要获得竞争优势，就需要分析自己的竞争优势和顾客需求的关系，追寻竞争优势的新源泉。不同企业的供应链竞争策略不同，企业供应链的竞争优势体现在何处？是成本低、差异化，还是反应快呢？

（一）成本低廉性

20 世纪 60—70 年代，价格是竞争的主要因素，只有低价格才能争取更大的顾客群，才能不断扩大其市场规模，实现规模经济。而低价格的实现靠的是低成本，而企业生产的产品只有生产成本和物流成本都低才有消费市场的低价格，因此，出现了基于成本的竞争策略，使产品和服务的成本尽可能比竞争对手低。基于这一竞争策略，降低成本也就成了这一时期供应链运作管理的主要目标之一，通过供应链运作管理尽量在生产过程中降低制造成本，在流通过程中降低物流成本。

（二）质量可靠性

70—80 年代，质量因素变成了竞争优势的主要来源。质量因素是反映产品或服务满足规定和潜在需要的能力特性的总和，代表产品的使用价值，即企业提供合格产品和满意服务的能力。实施基于质量的竞争战略是指把质量因素作为竞争优势的来源，即通过在客户感知到的产品质量和服务质量方面领先于竞争对手，来赢得高市场占有率和稳定的利润。随着消费者对产品质量要求的不断提高，衡量质量水平的主体和方式已经从企业的符合性和适用性检验上升到顾客的满意度和协同性的感知。产品和服务质量不但要符合技术标准，还需要以客户的价值观来进行度量和评价。在服务经济时代，不但要重视产品本身的质量，更应注重产品售前、售中和售后的服务质量。供应链环境下，还要考虑上下游企业之间的交货质量，重视交货的准时性。

（三）应变灵活性

80年代以后，企业经营环境的不确定性增加，顾客需求往往具有多样性和不确定性。为了适应客户需求的不确定性和多样性，要求企业运营应该具有较强的应变能力，而企业应变能力的高低则体现在面对产品和服务种类的不确定性和多样性上，能否迅速地生产不同的品种和开发新的品种，能否快速地提供不同的服务和开发新的服务，以适应市场需求的快速变化。

（四）交货时间短

经过70—80年代的长足发展和渐进演变，90年代以后，整个市场环境发生了根本性的变革，体现出新的特征：经济全球一体化；用户需求水平持续快速提升；技术持续快速进步，产品更新换代间隔越来越短，产品可销售期越来越短。为了不影响产品的上市时间和销售的实现，对产品的交货时间要求也越来越高，因此交货时间也就成为影响竞争的一个非常重要的因素。交货时间短是指能迅速地满足顾客的需求，快速、准时、可靠交货的能力。交货期不但要短而且要准时，包括交货的速度和交货的可靠性。交货速度主要体现为产品的交货期长短，是响应需求的时间量度；交货可靠性主要体现在产品交货的服务水平，需要按时按量按质提供顾客需要的产品或服务。市场需求的变化或波动都会引起企业生产的变化或波动，企业获取基于时间的竞争优势，可以缩短产品开发周期、制造周期和物流运送周期，提高供应链的反应速度，缩短对市场需求的反应时间，保证需求可以有效实现。

（五）定制程度高

在服务经济时代，客户已经不满足于在市场上购买标准化的产品，他们希望能够按照自己的设计得到定制化的产品和服务。这就要求企业能通过灵活和快速响应实现多样化和定制化，使顾客买得到自己想要的产品和服务。企业需要推行即时化、客户化的定制式生产和交付，这就是即时客户化定制，应该满足三大目标：低成本、定制化和零时间。即完全按照客户个性化的要求提供产品和服务，产品价格低廉，追求交付定制式产品的零时间。零时间是对客户需求响应时间的极限，产品交货期是非常短的，是基于时间竞争的最高目标。

（六）资源环保性

资源环保性是指产品在制造、使用和废弃过程中，应遵循循环经济 3R（Reduce 减量化，Reuse 循环再用，Recycle 循环再生）的理念，降低对环境的影响程度，减少资源消耗，实现资源的优化利用和减量排放。人类工业化过程创立的社会化大生产方式是建立在对自然资源和生态环境免费使用基础上的，所采用的技术范式是单向线性不可逆的生产模式，所面临的矛盾是生产无限扩大的趋势和自然资源有限供给的约束，造成了全球范围内的环境污染、生态破坏等一系列的问题。20 世纪末期，绿色运动兴起，人们的环保意识不断增强，消费方式和消费观念也发生了深刻的变化，绿色消费的理念悄然升起，产品的生态性正在成为影响其市场竞争力的主要因素。反生态特征向生态性回归呼唤制造业生态化，基于环保的竞争，将导致供应链运作管理出现新的变革。

（七）信息准确性

随着计算机的出现和逐步普及，信息量、信息传播的速度、信息处理的速度以及应用信息的程度等都以几何级数的方式在增长，信息对整个社会的影响逐步提高到一种绝对重要的地位。一个企业乃至一个国家竞争力的强弱很大程度上取决于能否准确获取信息和运用信息。而对于信息在竞争中的角色，信息革命正以三种重要方式影响竞争：一是改变了产业结构，同时也改变了竞争规则；二是让企业以新的方式超越竞争对手的表现，进而创造出竞争优势；三是它能从企业内部既有作业中，开拓出全新的事业。

（八）经济全球化

经济全球化是指经济活动超越国界，商品、技术、信息、服务、货币、人员等生产要素可以跨国跨地区流动，形成全球范围的有机整体。经济全球化是当代世界经济的重要特征之一，也是世界经济发展的重要趋势。

二、运作模式的发展历程

通过前面的分析可以发现，随着人们消费水平的不断提高以及科学技术的发展，影响竞争的因素正在不断发生变化。尤其是 20 世纪后期，顾客需求呈现个性化、多样化的特点，需要提供多种多样的产品供顾客选择。除了要考虑基于价格、质量、时间的竞争之外，还要考虑基于服务、柔性和环保的竞争。单一化的产品，即使质量好、价格低，也不能为顾客所接受，品种成为竞争的主要因素。当价格、质量、品种的差别不大时，谁能最及时地向顾客提供产品，谁就有竞争力，交货时间成为竞争的主要因素。当以上四种因素的差别不大时，谁能为顾客提供最好的服务，谁就能赢得更大的市场份额。目前，环境问题又特别突出，当以上五种因素的差别都不大时，哪种产品能够清洁地生产出来并在使用、回收处理中对环境的污染最小，哪种产品就能得到顾客的青睐。竞争因素的不断变化，就要求供应链的运作模式也随之发生变化。

工业化发展前期，基于价格的竞争导致企业追求低成本，福特把亚当·斯密（Adam Smith）的劳动分工理论运用到了极致，借助泰罗（Frederick Winslow Taylor）的标准化原理，将机械制造单元组建成流水生产线，实现了单一产品的大量生产，这是工业革命中所产生的新的生产方式，这一生产方式也推动了传统的推式供应链运作模式的产生。

工业化发展中期，随着技术的进步和经济的发展，消费水平日益提高，质量和服务成为影响产品竞争力的关键。为了更好地确保产品和服务质量，需要全体员工实施全过程、全方位的质量保证，全面质量管理技术应运而生。全面质量管理技术的应用和完善，推动了精细化供应链运作模式的产生。

20世纪末，信息技术的普及和应用从根本上改变了企业的目标、结构、形态和习惯，同时伴随着企业经营环境的不确定性增加，竞争优势已转移到品种、交货期和服务上。为了提高整体的经营水平，企业将计算机信息技术与先进的管理方法进行综合运用，出现了集成化供应链，实现订货需求信息快速传递和共享，供应链上成员同步化运作，保证了企业制造出不同品种的同时兼顾低成本和高质量的产品，提高了供应链系统的柔性。

基于交货时间的竞争导致生产组织模式的变革，以动态变化的组织方式快速应对市场需求的不断变化，加之因特网技术获得的巨大成功，世界各个工业化国家以及一些发展中国家都纷纷加入因特网行列。运用因特网通信技术，实现了产品开发周期、生产制造周期、物流周期的同步缩短，因此，很多企业都建立了动态联盟组织形式，通过"以变应变"的高柔性组织方式实现产品的敏捷制造，构建敏捷供应链。

基于服务的竞争，突出个性化，强调市场反应的敏捷性、低成本和高质量，导致基于质量功能配置（QFD）的模块化产品的设计和生产。模块化的零部件制造可以追求大量生产的低成本和高质量，模块化产品的组装满足产品的多样性和顾客的个性化需求，出现定制式供应链。

基于环保的竞争导致资源投入的减量化、废弃物产生和排放的减量化，不但力求清洁生产以降低制造过程对生态环境的副作用，而且强调绿色设计，关注产品从理念创意、设计、生产、使用、废弃回收等全生命周期过程的资源消耗减量化和废弃排放的减量化，出现绿色供应链。

而作为新一代信息技术的重要组成部分，也是信息化时代的重要发展阶段。物联网正在不断崛起，物联网的出现，将使整个供应链可以更有效地融合。因此，未来供应链运作模式将是基于物联网的绿色供应链。

经济全球化，通过资源的全球最优配置，有利于资源和生产要素在全球范围内合理流动，也使得供应链成员遍及全球，生产资料的获得、产品生产组织、货物的流动和销售、信息的获取都是在全球范围内进行和实现的，由此开启了全球化供应链运作模式。

第二节　推动式与拉动式供应链

传统的供应链运营模式通常被划分为推动式和拉动式两种。这种划分来自 20 世纪 80 年代的制造革命，从那时起制造系统就被划分为推动式和拉动式两种类型。在最近的几年里，相当一部分公司开始实行这两种形式的混合形式：推—拉式的供应链运营模式。

一、推动式供应链

（一）产生背景

20 世纪 80 年代以前，需求市场环境是各企业所面临的市场份额大，需求变动也不剧烈，比较容易准确预测市场需求（品种和数量），采取推动式供应链提高运作效率而获得规模经济。供应链上成员企业的管理理念基本上都是"为了生产而管理"，企业之间的竞争是产品在数量上和质量上的竞争，企业间的业务协作是以"本位主义"为核心的，即使在企业内部，其组织结构也是以各自为政的职能化或者区域性的条条框框为特征。此时，供应链上各成员之间的合作关系极为松散。这种"为生产而管理"的导向使供应链成员之间时常存在利益冲突，阻碍了供应链运作和管理的形成。

当时，虽然业务链上的部分企业已采用了 MRP/MRP-Ⅱ 来管理自己的业务，但这些管理也只是企业内部各职能部门分别在相互隔离的环境下制订和执行计划，数据的完整性差，甚至在企业内部信息都缺乏统一性和集成性，更谈不上在业务链上形成标准化和数据流，这种业务链在某种意义上无法形成一种供应链的运作。在理论研究界，供应链管理也只是停留在开始探索和尝试的阶段，因而无法对供应链管理提出较完善的管理理念和指导思想。

（二）推动模式

推动式供应链仅仅是一个横向的点到点的集成。它是以产品为导向的推式管理，供应链上各企业之间只存在交易关系，采购、生产制造、销售、配送等功能性活动相互分割，节点企业的供应链系统都有各自的标准，互不兼容，导致其自身的计划和利益与整个供应链的计划和利益相互冲突。

在这种由供应商、制造商、分销商、零售商和客户依次连接的供应链中，沿着供应链环节向上游移动，需求的不稳定性增加，预测准确度降低。同时因为整条供应链的响应周期长，导致生产商和零售商必须备有大量缓冲库存，而且上下游企业之间因为缺乏信息沟通和共享，生产率大不相同，这些都造成了供应链上的高库存风险。

这里的供应链管理是一种层级式的、静态的、信息不透明的管理模式，虽然有了供应链管理的雏形，但仍存在不少缺陷，此时的供应链管理还处于企业内部供应链管理阶段，同上游企业之间的供应商关系管理系统，以及与下游用户之间的客户关系管理系统都还没有建立起来，还有很大的发展空间，这是20世纪90年代精细供应链诞生的一个基石。

（三）推动运营

推动式供应链的运营一般是以制造企业的生产为中心，以制造商为驱动源点，通过尽可能提高运营效率，来降低单件产品成本而获得利润。推式供应链管理模式下，制造企业一般根据自己的 MRP-Ⅱ/ERP 计划管理系统，通过对下级用户的历次订单信息进行需求预测来安排其生产计划；再根据产品物料清单（Bill of Material，BOM）将生产计划展开计算物料需求计划，向供应商发出订货，购买原材料；从原料仓库领取物料，生产出产品；并将产品通过其分销渠道，如分销商、批发商、零售商等，逐级向供应链的下游推移，推至零售商，客户处于被动接受的末端。传统的供应链几乎都属于推式的供应链，侧重于供应链的效率，强调供应链各成员企业按基于预测的计划运行。

一般来说，制造商利用零售商历次订单需求的品种和数量来预测市场的需求，并根据长期预测进行生产决策。产品生产和原料采购都是以历次需求预测而不是当期实际需求为依据，在客户订货前按计划进行生产和采购。

二、拉动式供应链

（一）产生背景

20世纪90年代，企业的竞争重点已转向了追求生产效率。企业的组织结构和内部职能划分也发生了转变，大多数企业开始进行企业组织机构的精简和改革，并开始从分散式的部门化和职能化转变为集中的计划式，并且更关注业务流程的变革。

在这期间，部分企业将信息技术和计算机应用引入了企业管理的范畴，拥有了较好的管理工具，特别是在80年代末，MRP-Ⅱ的推广、ERP 系统和 Just in Time 模式的引入和应用，逐渐使企业内部实现了信息集成，为供应链上下游之间的业务提供了所需的业务处理信息。同时，企业间的业务联系方式也随着通信技术的发展而不断改善，使上下游业务链在市场竞争的驱使下逐渐向供应链运作方式演变，这些都促使供应链管理概念在企业管理理念的不断变化过程中逐步形成。但在初期，传统的供应链的运作多局限于企业内部，即使扩展到了外部，供应链中各个企业的经营重点仍是注重企业的独立运作，时常忽略与外部供应链成员企业的联系，因此，在供应链上仍然存在着大量的企业之间的目标冲突，无法从整个供应链的角度出发来实现供应链的整体竞争优势，从而导致供应链管理的绩效低下，尚无法实现整体供应链的运作和从供应链向价值链的根本突破。

（二）拉动模式

拉动式供应链是以消费端的客户需求为中心，以销售商为驱动源点，通过尽可能提高生产和市场需求的协调一致性，来减少供应链上的库存积压，从而降低单件产品成本而获利。拉动式供应链管理模式下，依据消费市场或消费者的当期实际需求，沿供应链向上游层层拉动产品的生产和服务。

（三）拉动运营

在拉动式供应链中，生产和分销是由当期需求驱动的，驱动力直接来自最终顾客的当期需求。产品生产和交货是根据当期订单的实际顾客需求而不是基于历次订单预测需求进行协调的，这样生产和分销就能与真正的市场需求而不是预测需求进行协调。强调对市场的响应性，目的在于缩短订货提前期，按市场当期的实际需求拉动供应链运营。

三、推一拉式供应链

（一）推动式与拉动式供应链的比较

推动式供应链反应能力一般较差，库存水平较高并且库存过时的风险也较大，其订货提前期较长，服务水平较低，但对提前期长的产品支持较好，有较高的运输和制造的经济规模。拉动式供应链反应能力一般较好，库存水平较低并且库存过时的风险也较小，其订货提前期较短，服务水平较高，但相比较推动式供应链，拉动式供应链的运输和制造的经济规模难以实现。

由于单纯的推动式或拉动式供应链具有各自的优势，但也存在着种种局限，因此在现实中，许多企业都采用推、拉并举的供应链运营方式，某些层次是推动式运营方式，其余的层次采用拉动式运营方式，推一拉式的供应链运营模式应运而生。

（二）推一拉式供应链的推拉边界

在推一拉式供应链运营模式中，供应链的某些层次，如上游的几层以推动的形式运营，而其余的层次采用拉动式模式。根据预测生产的模式（推的模式）向根据订单生产的模式（拉的模式）转换的连接点常常被称为"推拉边界"，或者"去耦点"。为了更好地理解这一战略，观察供应链的时间线，即从采购原料开始，到将订单货物送至顾客手中的一段时间，推拉边界必定在这条时间线的某个地方，在这个边界上，企业的运营策略会从推动式转换为拉动式运营模式。

以个人电脑生产商为例，传统的运营方式是根据备货型生产（Make to Stock）策略组织企业物流，即根据历次订单数据预测进行生产品种和数量决策，再以较长订货提前期进行分销配送，生产的产品不断补充其成品库存，然后根据对市场需求的反应进行分销配送。

在激烈竞争的市场环境下，单位产品的市场盈利率不断下滑，但市场的个性化需求却越来越强烈，导致交货成本居高不下，部分制造商采取了按订单组织生产的运营模式。部件库存仍然是按照需求预测进行采购和库存管理，但最后成品组装是根据最终的顾客订单进行的。这样，生产商的推动部分就在成品装配之前，而供应链的拉动部分则是从成品装配环节开始，并按照实际的顾客需求运营，所以推拉边界就在装配点。

第三节 精细化与敏捷化供应链

一、精细化供应链

精细供应链（LSC）出现于 20 世纪 90 年代，它来源于精细化管理。精细化管理是一种理念、一种文化，源于日本 50 年代的一种企业管理理念，它是社会分工的精细化、服务质量的精细化对现代管理提出的必然要求，是建立在常规管理的基础上，并将常规管理引向深入的一种基本思想和管理模式，可以最大限度地减少管理所占用的资源和降低管理成本。

（一）精细生产的基本内涵

"精细生产"的"精"是指精简、质量高，"细"是指所有的经营活动有效率、有效益、没有浪费。因此，可以把精细生产理解为：生产出来的产品品种能尽量满足顾客的要求，在各个生产环节中杜绝一切浪费（人力、物力、时间、空间），满足顾客对价格的要求。

准时生产是日本丰田汽车公司从 60 年代开始推行的，它是一种以多品种、小批量为特征的均衡化生产方式，旨在消除生产过程中的各种浪费。既包括人们早已司空见惯的废品、返工、机器故障、交叉往返运输等现象，也包括传统观念下认为的"合理现象"，如过量生产、不按计划准时生产、生产周期过长、投料批量过大引起的在制品积压等问题。

精细生产在准时制生产的基础上，追求"零库存"，其核心是减少、消除企业中的浪费。精细供应链主要着眼于供应链的"费用节流"方面，努力降低供应链物流运作总成本，以尽可能少的投入获得尽可能多的收益。精细化供应链的出现，使得生产和经营过程更加透明，将没有创造价值的活动减少到最低限度，同时使订单处理周期和生产周期得以缩短，成为减少浪费、降低成本、缩短操作周期、提供强化的客户价值从而增强企业的竞争优势的一种有效的方法。

（二）精细生产的哲学思想

精细生产方式在降低成本的同时使质量显著提高；在增加生产系统柔性的同时，也使人增加对工作的兴趣和热情。与资源消耗型的大量生产方式相比，这是一种资源节约型、劳动节约型的生产方式。与准时生产方式相比，这是一种并不局限于生产系统和生产管理技术，而是涉及企业整体的一种供需协调的生产经营模式。所谓供需协调，就是供方完全按照需方的要求提供产品和服务，就是供方在需方指定的地点、指定的时间，把需方指定数量和质量的产品或服务交付需方。

精细思想的精髓可用一句话概括：消灭浪费，创造价值。这里的浪费是指一切不增值的活动，未能创造价值的浪费包括生产过剩、现场等候时间、不必要运输、过度处理、错误处理、存货过剩、不必要的移动搬运、瑕疵、未被使用的员工创造力等。传统削减成本只着重创造价值的活动，而精细思想则强调价值流程以杜绝不能创造价值的活动。因此，实现精细思想需要遵从五个原则：精确地确定特定产品的价值，识别出每种产品的价值链，使价值链不间断地流动，让消费者的需求拉动价值链，不断完善而追求尽善尽美。

精细生产方式的运营特点如下：生产的主要任务和责任下放到具有多种技能且相互协作的工人组成的功能交叉工作小组中，组织管理层次和手续大为简化；广泛实行分权，让下级和工人分享权力与责任，提高工作积极性，采用准时生产制，实现高效率；低库存的多品种混合生产，即上道工序只在下道工序需要时生产和准时提供制品；团队工作和并行开发是产品开发的主要形式与工作方式，虽然小组成员保持与各自的职能部门的联系，但他们的工作完全在产品开发项目负责人的控制之下，工作业绩也由项目负责人考核，小组成员相互合作、相互沟通、协同工作，大大缩短开发周期和提高产品的可制造性、可销售性；用户至上，与用户保持长期的密切联系，主动上门了解情况，征求意见，为用户提供良好的服务以满足用户的需求，提高用户的满意度和忠诚度。精细生产系统与大量生产系统相比，大大提高了生产系统适应环境变化和需求变更的能力。

（三）精细生产的技术体系

要实现"彻底降低成本"这一基本目标，就必须杜绝过量生产以及由此而产生的制品过量和人员过剩等各种直接浪费和间接浪费。如果生产系统具有足够的柔性，能够适应市场需求的不断变化，即"市场需要什么型号的产品，就生产什么型号的产品；能销售出去多少，就生产多少；什么时候需要，就什么时候生产"，这当然就不需要多余的库存产品。如果在生产人员的能力方面保证具有足够的柔性，当然也就没有多余的闲杂人员。这种持续而流畅的生产，或者说对市场需求数量与种类变化的迅速适应，是凭借着一个主要手段来实现的，这就是"准时化"。可以说，"准时化"这种手段是精细生产方式的核心。

所谓"准时化"，即在必要的时刻生产必要数量的必要产品或零部件。"准时化"的本质就在于创造出能够灵活地适应市场需求变化的生产系统，这种生产系统能够从经济性和适应性两个方面来保证公司整体性利润的不断提高。此外，这种生产系统具有一种内在的动态自我完善机制，即在"准时化"的激发下，通过不断地缩小加工批量和减少在制品储备，使生产系统中的问题不断地暴露出来，使生产系统本身得到不断的完善，从而保证准时化生产的顺利进行。

1. 看板管理

看板管理，简而言之，是对生产过程中各工序生产活动进行控制的信息系统。通常，看板是一张在透明塑料袋内的卡片。经常被使用的看板主要有两种：取料看板和生产看板。取料看板标明了后道工序应领取的物料数量等信息，生产看板则显示着前道工序应生产的物品数量等信息。精细生产方式以逆向"拉动式"方式控制着整个生产过程，即从生产终点的总装配线开始，依次由后道工序向前道工序在必要的时刻领取必要数量的必要零部件，而前道工序则在必要的时刻生产必要数量的必要零部件，以补充被后道工序取走的零部件。这样，看板就在生产过程中的各工序之间周转着，从而将与取料和生产的时间、数量、品种等有关的信息从生产过程的下游传递到了上游，并将相对独立的工序个体联结为一个有机的整体。

实施看板管理是有条件的，如生产的均衡化、作业的标准化、设备布置的合理化等。如果这些先决条件不具备，看板管理就不能发挥应有的作用，也就难以实现准时化生产。

2. 均衡化生产

用看板管理控制生产过程，生产的均衡化是最重要的前提条件。换言之，均衡化生产是看板管理和精细生产方式的重要基础。

如前所述，后工序在必要时从前工序领取必要数量的必要零部件。在这样的生产规则之下，如果后工序取料时，在时间、数量和种类上经常毫无规律地变动，就会使得前工序无所适从，从而不得不准备足够的库存、设备和人力，以应付取料数量变动的峰值，显然这会造成人力、物力和设备能力的闲置和浪费。此外，在许多工序相互衔接的生产过程中，各后工序取料数量的变动程度将随着向前工序推进的程度而相应地增加。

为了避免这样的变动发生，必须努力使最终装配线上的生产变动最小化，即实现均衡化生产。均衡化生产要求的是生产数量的均衡和产品种类的均衡，即总装配线向各前工序领取零部件时，要均匀地领取各种零部件，实行混流生产。要防止在某一段时间内集中领取同一种零部件，以免造成前方工序的闲忙不均，以及由此引发的生产混乱。

3. 快速装换调整

实现以"多品种、小批量"为特征的均衡化生产最关键和最困难的一点就是设备的快速装换调整问题。

4. 设备合理布置

设备的快速装换调整为后工序频繁领取零部件和"多品种、小批量"的均衡化生产提供了重要的基础。但是，这种频繁领取制品的方式必然增加运输作业量和运输成本，特别是如果运输不便，将会影响准时化生产的顺利进行。可见，生产工序的合理设计和生产设备的合理布置是实现小批量频繁运输和单件生产、单件传送的另一个重要基础。传统的生产车间设备布置方式是采用"机群式"布置方式，即把功能相同的机器设备集中布置在一起。这种设备布置方式的最大缺陷是，零件制品的流经路线长、流动速度慢、在制品量多、用人多，而且不便于小批量运输。精细生产改变了这种传统的设备布置方式，采用了 U 形单元式布置方式，即按零件的加工工艺要求，把功能不同的机器设备集中布置在一起组成一个一个小的加工单元。这种设备布置方式可以简化物流路线，加快物流速度，减少工序之间不必要的在制品储量，减少运输成本。

显然，合理布置设备，特别是U形单元连接而成的"组合U形生产线"，可以大大简化运输作业，使得单位时间内零件制品运输次数增加，但运输费用并不增加或增加很少，为小批量频繁运输和单件、生产单件传送提供了基础。

5. 多技能作业员

多技能作业员（或称"多面手"）是指那些能够操作多种机床的生产作业工人。多技能作业员是与设备的单元式布置紧密联系的。在U形生产单元内，由于多种机床紧凑地组合在一起，这就要求生产作业工人能够进行多种机床的操作，同时负责多道工序的作业，如一个工人要会同时操作车床、铣床和磨床等。

在由多道工序组成的生产单元内（或生产线上），一个多技能作业员按照标准作业组合表，依次操作几种不同的机床，以完成多种不同工序的作业，并在标准周期时间之内，巡回U形生产单元一周，最终返回生产起点。而各工序的在制品必须在生产作业工人完成该工序的加工后，方可以进入下道工序。这样，每当一个工件进入生产单元的同时，就会有一件成品离开该生产单元。像这样的生产方式就是"单件生产单件传送"，它具有以下优点：排除了工序间不必要的在制品，加快了物流速度，有利于生产单元内作业人员之间的相互协作等。特别是，多技能作业员和组合U形生产线可以将各工序节省的零星工时集中起来，以便整数削减多余的生产人员，从而有利于提高劳动生产率。

6. 标准化作业

标准化作业是实现均衡化生产和单件生产单件传送的又一重要前提。标准化作业主要是指在标准周期时间内，将每一位多技能作业员所操作的多种不同机床的作业程序标准化。标准化作业主要包括三个内容：标准周期时间、标准作业顺序、标准在制品存量，它们均用"标准作业组合表"来表示。

标准周期时间是指各生产单元内（或生产线上），生产一个单位的制成品所需要的时间。标准周期时间可由下列公式计算出来：

标准周期时间 = 每日的工作时间 / 每日的必要产量　　　　　　　　　　(4-1)

根据标准周期时间，生产现场的管理人员就能够确定在各生产单元内生产一个单位制品或完成产量指标所需要的作业人数，并合理配备全车间及全工厂的作业人员。

标准作业顺序是用来指示多技能作业员在同时操作多台不同机床时所应遵循的作业顺序，即作业人员拿取材料、上机加工、加工结束后取下，再传给另一台机床的顺序，这种顺序在作业员所操作的各种机床上连续地循环着。因为所有的作业人员都必须在标准周期时间内完成自己所承担的全部作业，所以在同一个生产单元内或生产线上能够达到生产的平衡。

标准在制品存量是指在每一个生产单元内,在制品储备的最低数量,它应包括仍在机器上加工的半成品。如果没有这些数量的在制品,那么生产单元内的一连串机器将无法同步作业。

根据标准化作业的要求(通常用标准作业组合表表示),所有作业人员都必须在标准周期时间之内完成单位制品所需要的全部加工作业,并以此为基础,对作业人员进行训练和对工序进行改善。

7. 全面质量管理

以确保零部件和制品的质量为目的的全面质量管理,是精细生产方式的又一个重要的技术支撑。把质量视为生存的根本,是企业的共识。

二、敏捷化供应链

敏捷化供应链(Agile Supply Chain, ASC)源于敏捷制造(Agile Manufacturing, AM),采用基于时间的竞争战略,追求"零时间",着眼于供应链"时间缩短"。零时间是指从顾客下达订单到顾客拿到产品的时间缩短为零,既包括订货提前期又包括配送时间,尽量缩短相应时间。

(一)敏捷制造的基本内涵

所谓敏捷制造就是企业在无法预测的持续、快速变化的竞争环境中生存、发展并扩大竞争优势的一种新的经营管理和生产组织的模式——全球化敏捷制造模式。它强调企业通过与市场用户和合作伙伴在更大范围、更高程度上的集成与联合来赢得竞争;强调通过产品制造、信息处理和现代通信技术的集成,来实现人、知识、资金和设备的集中管理和优化利用,最大限度地满足用户的需求。

(二)敏捷化供应链

敏捷化供应链是将敏捷制造的思想应用于供应链管理中,以变化的需求为出发点,以缩短产品开发的周期和物流周期为目标,以柔性生产技术为特点,依靠信息技术,由具有核心竞争力的企业整合而成的虚拟企业或动态联盟。敏捷化供应链具有如下三方面的功能特征:

1. 立足于对产品市场迅速而准确的识别

企业应该迅速而准确地识别企业的用户是谁,用户的需求是什么,并且判断企业对市场做出快速响应是否值得,如果企业做出快速响应,能否获取利益。敏捷制造战略的着眼点在于快速响应用户的需求,使产品设计、开发、生产等各项工作并行进行,不断改进老产品,迅速设计和制造能灵活改变结构的高质量的新产品,以满足用户不断提高的要求。

2. 不断协调与提高企业各项职能

企业的应变来源于先进制造技术、企业信息网络和信息集成技术。其中最关键的因素是企业的应变能力，衡量企业的应变能力需要综合考虑市场响应速度、质量和成本，以最快的速度、最好的质量和最低的成本，迅速、灵活地响应市场用户需求，从而赢得竞争。

3. 强调合作伙伴的"竞争—合作—协同"

采用灵活多变的动态组织结构，改变过去以固定专业部门为基础的静态不变的组织结构，快速从企业内部部门和企业外部公司中选出设计、制造该产品的优势成员，动态组成一个单一的经营联盟实体。企业需要考虑：哪些企业能成为合作伙伴？怎样对合作伙伴进行选择？选择一家还是多家合作伙伴？采取何种合作方式？合作伙伴是否愿意共享数据和信息？合作伙伴是否愿意持续不断地改进？这单一的经营实体在完成所承接的产品或项目后即行解体，实体的参与人员立即各自转入其他项目。

（三）实施敏捷制造的措施

为实现制造企业敏捷、快速响应的目标，敏捷制造企业通常采取下列措施。

1. 快速重组的生产技术

为了能够敏捷地改变生产，对于离散型生产的企业，必须发展由柔性可编程组成的、可重组的模块化单元；对于连续性生产的企业，必须发展智能型的过程控制器和过程检测器，以及能和实际生产并行运行的复杂过程的仿真系统，以测定不可测的中间变量，进一步对其实现有效的控制。

2. 快速响应的组织方式

第一，企业内部动态的组织方式。敏捷制造要求企业组织结构减少层次、扁平化，权力下放；并根据市场的需求进行组织机构的设置和任务分配，如人员职能、各部门之间的关系、新的合作小组配置和合作方式等。这种组织形式可以对用户需求和市场竞争做出敏捷的反应，从而达到最佳的工作效果。

第二，企业外部的动态联盟。敏捷制造企业的组织形式是开放性的，可以根据市场需求快速组成动态联盟，各组成成员在相互信任的基础上进行技术、资源、经营等方面的合作，各自发挥自己的特长，从而快速、低成本、高质量地生产出市场需要的产品，共同获取利润。一旦市场需要结束，该联盟也随之解散，各个成员可以根据新的市场需求再组成新的联盟。这种动态的组织方式为企业的发展提供了新的机遇。

第三，重视人的因素。把雇员的知识和创造性看作企业的宝贵财富，雇员是企业中的积极组成部分，企业的竞争力很大程度上依赖于雇员的知识和技能，因此企业应通过奖励和创造良好工作环境等各种方式来珍惜这一宝贵财富；通过继续教育和培训不断更新和提高雇员的全面技能，从而使雇员能够获取最新的信息和知识，并应用这些信息和知识提高企业的竞争力。

3. 产品研发技术的创新

为了缩短新产品的上市时间，必须掌握最新的技术信息，并拥有自己独有的高新技术。这一点通过及时掌握新的信息技术、培养具有广阔知识和创造性的人才、组成强有力的产品开发小组等方式来实现。

4. 组织—人—技术的集成

敏捷制造企业还必须通过集成来实现整个企业的全局协调。通过将动态多变的组织、高素质的人才及高新技术集成起来，组成一个有机的、充满活力的制造系统，才能使整个企业具有敏捷性特征，实现敏捷的最终目标。当然，组织、人和技术三者的集成需要以信息的集成作为基础才能实现。

第四节　定制化与延迟化供应链

一、定制化供应链

随着经济的发展，人们的物质生活水平不断提高，消费需求越来越多样化、个性化。以前，人们习惯于千篇一律的消费形式和生活方式，从衣服到家庭装修都是标准化的。但是随着生活水平的提高，人们对个性化的消费越来越推崇，几乎没有人愿意跟别人穿一样的衣服，用相同的手机。多样化和客户化的产品代替了标准化产品，产品的生命周期和开发周期日益缩短，客户（无论是消费者还是企业）的要求越来越苛刻，他们希望获得他们真正需要的产品或服务。

为了更好地满足顾客的需求，很多企业开始了定制化生产，即按照顾客需求进行生产，以满足顾客个性化需求。可是由于消费者的个性化需求差异性大，加上消费者的需求量又少，因此企业实行定制生产必须在管理、供应、生产和配送各个环节上，都必须适应这种小批量、多式样、多规格和多品种的生产和销售变化，这便导致了企业运营成本的增加。同时，随着工业的进一步全球化和集中化，竞争日益激烈，要求成本越来越低，与实现产品定制化生产相矛盾。传统的供应链运作模式无法将二者进行协调，因此，过去企业通常只能在降低成本与追求多样化两种策略之间进行权衡，或者大规模生产标准化的产品，或者以高成本生产多样化的产品。而今天，企业越来越发现，它们必须采用既能提高效率又能实现个性化的策略，它们发现实际上可以将这两种策略结合，即大规模定制产品。

二、大规模定制供应链

（一）大规模定制供应链的特点

1. 产品设计和制造的模块化

大部分产品和服务的更新换代并不是将原有的产品全部推翻重新设计和制造的，而只是更改产品中的某一个部件或者服务的某一个流程。更新一个模块，在主要功能模块中融入新技术，都能使产品登上一个新台阶，甚至成为换代产品。因此，在面对消费者多样化需求和规模生产的标准化要求，企业可以将产品模块化，建立能配置多种最终产品和服务的模块化构件，以适应消费者多样化需求和生产的标准化。此外，模块化产品便于分散制造和寻找合作伙伴。开发新产品的核心企业主要是做好产品不断的创新研究、设计和市场开拓工作，产品的制造可以分散给专业化制造企业协作生产，核心企业将从传统的"大而全、小而全"的橄榄型模式中解脱出来，转换成只抓产品设计研究和市场开拓的哑铃型企业。

大量定制生产中，规模经济是通过构件而不是产品获得的，范围经济是通过在不同产品中反复使用模块化构件获得的，定制化是通过能够被配置、组合而成的众多产品获得的。也就是说，模块化构件的大量生产，实现规模经济；模块化构件组合成不同的产品品种和系列，实现范围经济；模块化构件配制成众多产品，实现定制化。定制产品和服务模块化的形式主要包括以下六方面：

（1）共享构件模块化

共享型模块是构成产品的共用零部件，这是产品的基本部件，如汽车发动机、轮胎等。同一构件被用于多个产品以实现范围经济。这一方式最适用于减少零件数量，从而降低高度多样化的现有产品系列的成本。

（2）互换构件模块化

互换型模块是构成产品差异化的部件。不同的互换型构件与相同的基本产品组合，形成与互换件一样多的产品。

（3）变更—装配式模块

根据顾客个性化需求，进行产品尺寸、颜色等参数的"量身定制"。变更是一个或多个构件在预置或实际限制中不断变化，生产规格不同的产品，不再以妥协或牺牲舒适性而接受标准规格的产品。

（4）混合模块化

依据配方，将构件混合在一起形成完全不同的产品，如油漆、化肥、食品。针对不同市场、不同地点、不同人群进行配方变化实现定制。

（5）总线模块化

采用可附加大量不同构件的标准结构，允许在可插入该结构的模块类型、数量和位置等方面有所变化。

（6）可组合模块化

允许任何数量的不同构件类型按任何方式通过标准接口连接实现配置，如儿童积木，提供了最大限度的多样化和定制化。

2. 企业间的合作关系伙伴化

在传统的供求关系管理模式下，制造商与供应商之间只保持一般的合同关系，制造企业通过合同采购的原材料和零部件进行生产，转换成产品并销售给供应商。制造商为了减少对供应商的依赖，彼此间经常讨价还价，这种管理模式的特征是信任度和协作度低，合作期短。但大规模定制生产需要整个供应链企业间的共同合作，才能快速、准确地完成产品研发、原材料采购、生产和销售的全过程，是以供应链企业间的有效合作、互相依存为前提的，使得供应链企业间由竞争关系转变成合作伙伴关系，从而实现整个供应链的共赢状态。

（二）大规模定制的分类

1. 按订单销售

按订单销售又可称为按库存生产或备货型生产。这是一种大量生产方式，只有销售活动是由顾客订货驱动的。它是在对市场需求量进行预测的基础上，有计划地进行生产，产品有库存。为防止库存积压和脱销，按"量"组织生产过程各环节之间的平衡，保证全面完成计划任务。通常是标准化、大批量地进行轮番生产，其运营效率比较高。但是这种生产方式的顾客定制程度很低，产成品按预测计划生产出来，沿分销链逐级推向产品市场，在分销链的实物配送过程中按顾客需求进行订单组货，实现按客户订单交货。在这种生产方式中，企业通过客户订单分离点位置往分销链上游移动而减少现有产品的成品库存。

2. 按订单组装

按订单组装又称订货组装方式，定制化发生在成品装配环节。它是预先生产出半成品存货，然后根据顾客要求组装成不同的定制化产品。如在汽车工业中，用相同的底盘、发动机配以不同的车形和内部装饰，组装成不同型号的产品。在这种生产方式中，装配及其下游的活动是由客户订货驱动的，企业通过客户订单分离点位置往组装上游移动而减少现有产品的零部件和模块库存。订货组装方式在性质上类似于备货生产方式，其零部件的标准化和通用化程度较高，生产批量较大，生产效率较高，既适合采用流水生产以提高生产率降低成本，又可满足顾客的不同要求，代表了一种产品设计和制造综合改进的方向。

3. 按订单制造

按订单制造又称订货制造方式，定制化发生在零件生产环节。它是在收到顾客的订单之后，才按顾客的具体要求组织零件生产和产品装配。由于产品是预先设计好的，故生产准备工作如原材料采购和外协件的加工，可以根据市场预测按计划提前进行，这样产品的生产期限基本上等于生产周期，有利于缩短交货期。但由于是根据预测进行原材料采购，故如果预测得不准确，会造成原材料和外协件的库存积压。生产与作业管理的重点是加强预测工作和缩短采购提前期和生产周期。

4.按订单设计

订货设计方式是按顾客订单的特殊要求重新设计与制造能满足特殊需求的新零部件或整个产品，定制化发生在产品设计环节。在收到订单后先要进行工程图设计，待工程图绘出后，才进行供应商的选择、材料的采购、外协、生产技术准备和制造。订货工程方式的生产周期长，运作管理的重点是如何缩短设计周期，提高零部件的标准化和通用化水平，如采用计算机辅助设计（CAD）可以大大缩短设计周期，如果再能结合计算机辅助工艺设计（CAPP），则可进一步缩短生产技术准备周期，使制造系统的整体响应速度大大提高。

三、延迟化供应链

伴随着市场全球化、客户需求多样化和技术更新加速化，使得企业产品种类大幅增加。在全球市场中，由于不同国家和地区客户的偏好、语言、环境以及所遵行的政府法规的不同，单一产品常常需要有多个型号和版本来满足特定地区客户的特定要求。例如，售往不同国家的计算机，其电源模块为适应当地电压、频率和插头型式而会有所不同；键盘和说明书必须适合当地语言；通信产品由于支持它的通信协议不同，也会有所差异。即使在同一地区，由于产品的不同功能和能力，一个产品族也会有多个产品型号。这些不同型号的产品反映了不同市场细分的不同需求，如商务、教育、个人或政府部门的不同需求。因此，在一个产品族里产品型号极其众多并不少见。此外，随着技术更新速度的加快，企业必须生产多个版本以应对不同的升级需求。

基于这些原因导致的产品种类的"激增"会带来多重消极影响。首先，预测同一大类下不同版本的具体需求简直就是天方夜谭，预测失误的结果就是一些产品库存过多而另一些则缺货；其次，为了保持高水平的客户服务水准，许多管理者往往采用一种简单落后的方法应对，尽其所能多储存产成品以备不时之需，这样应对的结果就是库存成本居高不下，同时由于技术更新而导致的产品报废成本大幅增加；再次，由于企业必须管理大量的产品供货，需要有高额的行政管理开支。这些因素都促进了延迟化供应链的产生，实施恰当的延迟策略，可提升供应链的柔性，降低成本，提高效益，改进顾客服务水平。

（一）延迟化策略的含义

延迟化策略是指将供应链上的客户化延迟直至接到客户订单时为止，也即在时间和空间上推迟客户化的活动，尽可能延迟产品差异化的业务，等最终用户对产品的外观、功能与数量提出要求后才完成产品的差异化业务，使产品和服务与客户的需求实现无缝连接，从而提高企业的柔性以及客户价值。供应链中实施延迟策略是为了减少总需求的预测失误，因为在延迟制造中，企业只需要预测产品的需求总量，不需要对具体的细分产品数量进行预测。

延迟化供应链能将供应链上的产品生产过程分为"不变"与"变"两个阶段，将不变的通用性标准部件提前生产，最大化规模经济；将变化的组装过程在接到顾客订单之后完成，这样企业便能以最快的速度完成产品的差异化过程与交付过程，以不变应万变，从而缩短产品的交货提前期，并降低供应链运作的不确定性。

（二）延迟策略的分类

延迟策略本质上就是延迟差异化需求。可分为：成型延迟、发送时间延迟和空间地点延迟。根据延迟概念在供应链结构中的利用程度，又可以分为无延迟、成型延迟、物流延迟和完全延迟四种运作策略。下面我们将重点介绍成型延迟、物流延迟和完全延迟三种延迟策略。

1. 成型延迟策略

成型延迟只是延迟产成品的形态差异性。产品的通用部件提前加工与制造，但是在收到客户订单后，完全明确客户需要什么外形、规格、型号的产品类型时，才及时地进行产品的装配作业，使之成型而制造出产成品，而不是按照预测计划预先成型制造。

2. 物流式延迟

物流式延迟着眼于产品地理位置，推迟产品的发运。包括空间地点延迟、发送时间延迟、标记延迟和包装延迟。物流式延迟是建立在改变定制化步骤发生地点基础上的，要求重新设计供应链流程所包含的任务和模块，以便于定制化步骤可以在靠近顾客的下游进行。比如说，传统的方法是所有的步骤都是在远离消费者的工厂进行，而运用设计改变的方法可以使得那些下游的步骤在配送中心完成。

物流延迟的潜力随着加工和传送能力的增长以及具有高度精确性和快速的订单发送而得到提高。这样做的好处在于每个消费地点不需要冒预测的风险建立过多的库存，在中央仓库层次上又可以获得规模经济优势，结果是以较少的总体库存投资来提高服务水准。为了确保物流式延迟的成功实施，企业必须采取有效措施来保证下游实施的定制化不会导致质量降低，并且保证下游位置有能力完成这些任务而不带来成本和时间的额外增加，同时还要有获得定制化所必需的零部件和模块的能力。另外，企业还要确保工程团队能够并且愿意设计出产品和流程，来使得定制化步骤能被有效地推迟到下游位置。

3. 完全延迟

完全延迟是推迟最终产品形成的同时，也推迟产成品的发运。这是把成型延迟和物流式延迟两种类型的延迟在一个供应链系统中加以运用。通过提供两种不同方法将对生产的预期和对市场的承诺延迟至收到客户订单位置，共同减少预估风险，发挥两者结合的优势。

（三）延迟策略的实施条件

延迟化供应链是企业在新的市场竞争环境下获得竞争优势的有力手段，是达到顾客中心化的一种较好的途径，但并不是所有的行业和产品都能实施延迟化供应链的运作模式。实施延迟化供应链须具备以下条件：

1. 产品在供应链中的形成工程可分离

只有最终产品可分解为相互独立的几种中间产品，产品的形成过程才有可能分成通用化阶段和定制化阶段，也才可能使差异化过程在时间和空间上延迟。

2. 形成最终产品的中间产品可通用

最终产品能分解成独立的中间产品，同时这些中间产品只有在可通用的情况下才能进行大规模的模块化生产，体现出这一阶段的规模效应。

3. 产品定制化过程相对简单

为了提高对顾客的响应能力，最终的定制化过程一般会在离顾客很近的地方，如在配送中心或者第三方物流中心被授权完成，在时间和空间上都从大规模的模块化部件或者中间产品中分离出来，因而要求最终加工过程的复杂性低、加工时间短。

4. 产品交付要有适当的交货提前期

在未接到顾客订单之前，产品保持在中间状态；在接到顾客订单之后才对这些中间产品进行个性化加工或组合。这就要求有一定的提前期，而过长或者过短的交货提前期都不适于实施延迟化供应链。

第五节 供应链的全球化管理

伴随着经济全球化和知识经济的到来，一种新的合作模式——全球供应链现象日益普遍，无国界化的企业经营趋势越来越明显。

一、全球供应链的概念及特点

（一）全球供应链的含义

全球供应链是指在全球范围内组合供应链，它要求以全球化的视野，在全球范围内选择合适的供货商、销售商和物流服务商来组建和整合企业的供应链，将供应链系统延伸至整个世界范围，根据企业的需要在世界各地选取最有竞争力的合作伙伴。

全球供应链管理强调在全面、迅速地了解世界各地消费者需求的同时，对其进行计划、协调、操作、控制和优化，在供应链中的核心企业与其供应商以及供应商的供应商、核心企业与其销售商乃至最终消费者之间，依靠现代网络信息技术支持，实现供应链的一体化和快速反应，达到商流、物流、资金流和信息流的协调通畅，以满足全球消费者需求。

（二）全球供应链的特点

1. 产品的多样性

在全球市场中，不同国家和地区所接受的产品和服务差异很大，因此产品变化的可能性更大。这就要求全球供应链必须能够适应这种情况，为不同国家和地区提供高度定制化的产品与服务。

2. 物流的国际性

全球供应链网络跨越国界，涉及多个国家，网络覆盖的地理范围大。因此，货物需要在不同的国家或地区间进行物流，属于国际物流而非国内物流，这将导致物流成本更高，风险更大。

3. 关系的复杂性

全球供应链涉及国际之间的商务活动。由于各国社会制度、自然环境、经营方法、生产技术和民族习惯的不同，所以供应链节点企业之间的关系复杂，合作难度更大。

4. 运营的高风险性

全球供应链涉及的风险主要包括自然风险、政治风险和财务风险。

自然风险是由于不可抗力的天灾，如地震、火灾、台风和暴风雨雪等来自大自然的破坏。人类目前普遍面临着环境恶化的挑战，天灾暴发的频率也越来越高，作为一种不可抗力的因素，它将成为供应链的致命杀手。

政治风险是指由于供应链中节点企业所在国或产品运输所经过的国家的政局动荡，如罢工、货物被有关当局拒绝进口或者没收、船舶被扣等原因造成的经营损失。政治风险是"人祸"引起的，相对于天灾而言，人为因素更加复杂多变，防范更加困难。

财务风险可以分为汇率风险和利率风险，主要是指全球供应链中有关的资金由于汇率和利率的变动、通货膨胀而产生的风险，全球供应链的财务风险一般比较高，这种风险甚至可以使企业由利润丰厚变为全面亏损。

二、全球供应链的运作理念

随着全球化进程的显著加速，更多的企业开始布局全球供应链来适应竞争全球化的环境改变，因此全球化供应链应考虑四方面的运作理念。

（一）满足全球消费市场

要发展竞争优势，企业所有活动都必须以客户为核心。企业的经营范围从国内市场扩展到全球市场，潜在的消费市场需求也呈指数级的增长，巨大的市场提供了收入和利润增长机遇的同时也面临巨大的挑战，理解并满足新的全球化客户是在全球市场上有效竞争的黄金法则。

（二）外包非核心业务

科学技术的进步，使产品结构越来越复杂，零部件的专业化生产已是一种必然发展趋势，全球供应链上的企业需要确定自己的定位，重新配置企业的各种资源，将资源集中于最能反映企业相对优势的领域，构筑自己的竞争优势，对非关键业务实行外包。这样既可以降低企业的运营成本，还可以通过分工合作提高企业绩效。

（三）完善全球供应链网络

与传统供应链管理理念不同，全球化供应链是通过整合全球供应链资源和用户资源，逐步向"零库存和零距离"的终极目标迈进的。因此，要从全球范围内规划和整合供应链网络。在完善物理网络的同时，也要构建和完善信息网络，利用先进的信息技术实现信息的继承和共享以及各项业务流程的集合和整合，为供应链上的各项业务服务。特别是要充分利用 Internet 和电子商务技术在国际业务中的运用，缩短时间和空间的距离，加强交流，减少成本，实现供应链上下游间的协同运作。

（四）处理全球风险

由于全球供应链跨越国界、涉及全球范围内国家和地区的分工与合作，面临着比普通供应链更多、更大的风险。对于这些风险的应对，可以用投机战略、规避战略和柔性战略来应对。

投机战略是指公司战略的成功与否仅以某一假设条件为基础，如果该假设条件在现实中难以实现，公司这一战略必然失败。

规避战略是指在设计供应链时必须保证供应链上任意一部分的损失都能够被链上其他部分的盈余所弥补。

柔性战略是指在整个供应链上保持多个供应商，并且在不同的国家都有富余的生产能力。

第五章　现代物流供应链采购管理

第一节　现代采购管理

采购管理是计划下达、采购单生成、采购单执行、到货接收、检验入库、采购发票的收集直至采购结算等采购活动的全过程，包括对采购过程中物流运动的各个环节进行严密的跟踪、监督，从而实现对企业采购活动执行过程的科学管理。采购管理直接影响着企业物资供应库存水平、生产计划的完成、顾客服务水平等环节，现代采购不再仅仅是一种操作层面的职能，而是企业战略决策不可或缺的一部分。供应链下的采购管理环节促进节点企业之间合作交流、沟通生产需求、联系物资供应，在供应链企业之间的原材料和半成品的生产合作交流方面搭建桥梁，这是实现供应链系统的供需信息和流程的联结纽带，是提高供应链上企业同步化运营效率的关键环节，是现代企业资源决策和提高核心竞争力的重要手段。

一、现代采购管理的理念

随着经济全球化和信息网络技术的高速发展，新商业模式不断涌现，全球经济的运行和流通方式产生了巨大变化，企业之间的竞争也愈加激烈。竞争方式由原来企业之间的竞争，转变为供应链之间的竞争，企业采购模式也随之不断转变。基于供应链环境下的现代采购管理主要是探讨如何在正确的时间，以合适的价格、恰当的数量和良好的质量采购原材料，以应对瞬息万变的供应环境。作为供应链中的重要一环，采购管理的成本、质量、服务直接影响整条供应链的效率，其基本目的是保障对企业物料的供应，低成本、低消耗，加速资金周转，从而提升企业竞争力。

传统模式下，采购管理的重心集中在与供应商交易过程的价格谈判上，一般是从多方竞争中寻找价格最低者。整个运作环节的质量控制和执行力度偏弱，难以在市场发生变化时及时响应用户需求，缺乏应付需求变化的能力。面对变化莫测的市场，企业在采购时必须更多地关注外部市场和环境，从注重自身内部发展转向适应供应链的发展。

在供应链中，各制造商通过外购、外包等采购方式，从众多供应商中获取生产原料和生产信息，采购正在逐渐由传统交易采购模式向供应链采购模式转变。由于企业组织与管理模式的变化，现代采购管理与传统采购管理相比，具有如下特点：

（一）以用户需求订单来驱动采购

传统的采购模式是为补充库存而采购。采购部门并不关心企业的生产过程，不了解生产的进度和产品需求的变化，采购过程缺乏主动性，所制订的采购计划难以适应需求的变化。这样，一方面造成超量库存，增加了库存成本；另一方面又产生缺货，不能满足生产需求，影响生产效率。

供应链管理模式下的采购活动以客户订单驱动企业生产、驱动采购订单、驱动供应商。在客户订单驱动模式下，供应商能共享制造部门的信息，既提高了应变能力，又减少了信息失真。同时，在订货过程中不断进行信息反馈，修正订货计划，使订货与需求保持同步，实现了供应链计划同步协调。准时化的订单驱动模式使供应链系统得以准时响应用户需求，从而降低库存成本，提高物流速度和库存周转率。此外，订单驱动的采购方式简化了采购工作流程，采购部门的作用主要是沟通、协调供应与制造部门之间的关系，为实现精细采购提供基础保障。

（二）以外部资源管理为工作重点

传统交易采购管理中，采购部门是内部辅助部门。在现代采购管理中，采购工作重点发生转移，从以内部资源最优配置转到有效利用外部资源，即将事后把关转变为事中控制，实现更大范围的资源配置。

供应链下的采购管理的主导思想是协调性、集成性、同步性、共赢性，要求提高采购的柔性和市场响应能力，在生产控制中采用基于订单流的准时化生产模式，使供应链企业的业务流程朝精细化生产发展。供应链采购的实质就是充分利用企业外部的资源和供应商的能力来实现企业供应的保障，让供应商对自己的产品和物资供应负责，从而实现无采购操作的采购业务。这既降低了生产成本，又提高了工作效率，实现了双赢。采购工作的重点转向外部资源管理，应从以下几个方面努力：

第一，建立战略合作伙伴关系，减少供应商数量，形成相对稳定、多层次的供应商网络。

第二，与供应商共享数据和信息，建立资料库，不断改进信息管理系统。

第三，明确与供应商合作的目的，以增加双方的经济效益为最高原则。

第四，对供应商产品质量进行事前控制，共同制定有关产品质量标准。

（三）事前与过程控制的采购管理

传统的交易采购过程是由一系列相对独立的环节组成的，各环节缺乏足够的协作、充分的沟通和信任，供应与采购双方在信息沟通方面缺乏及时的信息反馈，供需之间对用户需求不能得到实时响应，关于产品的质量控制也只能进行事后把关，不能进行实时控制，这些缺陷使供应链企业无法实现同步化运营。

供应链下采购管理注重各个环节、节点之间的合作与互助，需方委派专人参与供方企业的生产计划制订与产品质量管理，实现信息共享、联合计划与同步化协作，对产品质量、数量和交货期进行过程控制。通过对过程的统一控制，以简化采购的订货流程和入库验收作业，最终达到采购过程总成本和总效率的最优匹配。

（四）从买方主动向买卖双方互动转变

传统的交易采购是买方主导采购业务，订货购买的主要风险由买方承担，订货采购业务主要由买方完成，采购工作效率极低。供应链采购则实现了从买方主导向买卖双方互动的观念转变，采购订货与补货变成了买方与卖方共同的事。而供应商的主动更富有效率和效益，因为这不但为采购方节省了采购业务开支，而且可以根据采购方提供的市场需求信息及时调整自己的生产与进货计划，从而实现供需双方的共赢。

（五）与供应商双赢的合作伙伴关系

在传统的交易采购模式中，供应商与需求企业之间是一种简单的、对抗型的买卖关系，彼此竞争多于合作，双方缺乏足够的信任，是一种信息不公开的博弈行为。供需双方之间相互封锁、信息保密，不考虑对方利益，因此无法解决一些涉及全局性和战略性的供应链问题。

基于伙伴关系的供应链采购方式实现了这一关系的转变，他们由一般买卖关系向战略协作伙伴关系转变。供需双方可以通过协调、沟通、共同参与、信息共享、行为一致，减少供应链的牛鞭效应和交易风险。因此，通过合作伙伴关系，供需双方共同寻找降低成本、改进质量的方法来降低库存，加快市场响应速度，从而提升整个供应链的竞争力。

二、采购管理的范围

采购职能的转变经历了一系列的发展阶段，最终上升到战略高度，与企业的整体战略融为一体。作为企业功能的代表，每个部门都要承担一定的职责，这被称作该部门的管理范围，采购部门的管理范围可以概括为以下几个方面：

（一）评选潜在合格的供应商

评价与选择合适的供应商是采购部门的重要职责之一，强调从正确的来源获得满足质量、数量和价格要求的合适的设备、原料、储备物资和服务。如果采购部门具有足够的经验和专业化技能，就可以执行这一职能，从而避免"后门"现象的出现，即供应商与采购部门的内部客户直接接触并交易时出现的一种情况。当然，由采购部门来担当这一职责并不意味着采购部门在鉴定或评价供应商的时候不向其他部门及非采购人员寻求帮助。例如，工程师可以通过评价供应商产品和供货方式的执行能力来帮助采购部门选择供应商，也可以向采购部门提出选择供应商的要求以满足工程的需要，帮助采购部门选择合适的供应商。但是，非采购人员必须遵循不与供应商直接签订合同的原则。而对于评价合格的供应商，在合作过程中，给予适当的奖励会激励供应商加大改善和革新力度。

（二）审查物料的规格与质量

审查物料的规格和质量也是采购部门的管理范围之一。采购人员应该努力增加有关物料的知识与经验，从而提高审查力度。严格执行询问审查的权利和职责，允许采购部门在需要的地方审查所进货物的规格，遵循适价、适时、适量、适质、适地的原则。例如，采购部门也许会提供一种成本更低的物料，与工程部门讨论它们是否可满足产品的质量要求。通过严密的审查，控制产品质量，加强与供应链各部门协调间的合作，使得采购工作高效进行。

（三）供应商的沟通与洽谈

供应商只能与采购人员接触是采购部门长期坚持的一项政策，但一些公司已逐渐放松了这项政策。现在普遍认为，虽然与供应商洽谈是采购部门的主要任务，但在需要时其他部门也应该能与供应商进行直接接触。例如，有些公司允许它的工程师与供应商工程师在审定采购合同时直接接触，这使得两个技术群体能够互相交流，并"使用他们自己的语言"。这一方式使得买卖双方之间的交流过程更有效率，同时也更为精确。对这两个交流模式进行比较发现：第一个模式的特点为所有的联系环节，从采购直接到销售；第二个模式则以扩展的点对点的联系环节为特色，形成反馈机制。当采购部门将与供应商的联系作为主要职责时，这种独立接触的权利便要求部门分工更为灵活化，而不再仅仅是人员和信息在企业和部门间的及时流动。

（四）决定采购合同的方式

根据这一职责，采购部门被授予审查决定采购合同的权力。采购部门审定确定一个合同是基于竞标、洽谈或是这两种方式的混合而进行的。如果采购部门采用竞标这一方式，就需要考虑竞标参与者的数目。如果采用洽谈方式，采购部门应该主导与供应商的洽谈，但这并不意味着采购部门不能让其他部门的人员加入洽谈过程中来，可经过多方研讨比对，使最终决策更加科学合理。采购部门保留管理所有流程的权力，作为企业代表签订正式合同，并商谈采购价格。

三、采购管理的流程

供应链采购管理的过程包含两个职能：战略性采购与操作性采购。两个职能的明确分工能够有效地提高采购对整个供应链的价值贡献。

（一）战略性采购

1. 供应商体系的构建（选择、评价、谈判、数据维护、解决冲突、寻找新的供应商）。

2. 供应市场的调研，准确预测需求，进行风险分析。

3. 原材料的分类，分析综合成本。

4. 制订降低成本的计划并具体实施。

5. 改善采购流程的计划和实施，滚动采购订单。

6. 制定采购战略和采购策略，控制订单变化。

7. 对交货期、成本、供应商数量、付款期等重要指标负责。

8. 标准合同的制定。

9. 支持新产品开发。

战略性采购主要包含上面所述的工作责任，从上面的分析可以看到战略性采购的主要责任是从战略层面上把握与外部供应商以及内部部门的匹配，进行供应商的选择以及供应商合同标准化的开发。现代战略性采购管理只有打破单一界面、站在企业整体最优和供应链最优的基础上，实现供应细分管理，才能真正为企业取得生存和发展的空间。

（二）操作性采购

1. 需求预测。

2. 制订物料需求计划。

3. 下订单。

4. 库存管理（指库存水平）。

5. 货物的接收。

6. 支付。

7. 与生产部门的协调。

8. 过程控制。

操作性采购主要是从作业层面进行相关的采购活动，直接从供应商层面获取相关的产品及信息，通过过程和时间控制来保证采购产品的可得性和准时性。

将战略性采购与操作性采购分开，建立产品的差异化采购模式及相应流程方案，可以更有效地配置管理资源，并使两项功能都能得以高效发挥。因此，采购流程应该根据不同的产品类型实现差异化策略，并开始实施标准合同管理，从而优化采购核心流程，实现流程效率的提高和流程成本的降低。战略性采购和操作性采购互相协调，共同提高采购对供应链的效用。

第二节 采购管理策略

采购管理部门早在 20 世纪 60 年代就被视为利润生产的中心部门。削减采购成本是提升企业赢利能力，进而增强企业竞争优势的关键活动之一。成功的采购管理策略的实施会使企业获得成本降低或改进、物料传递方式的改善、循环时间（包括产品的开发周期时间）变短，产品与流程技术通道的完善以及质量的改进等多方面的好处。

一、与物料和服务相匹配的采购策略

（一）物料和服务的性质分类

采购的对象为物料和服务，企业通常把采购的物料和服务分为直接型和辅助型。

直接物料和服务是指生产或者价值增值过程中直接使用的产品和服务，主要包括直接用于生产的化学品原料、包装材料和相关服务。例如，钢铁企业使用的铁矿石，汽车生产企业使用的零部件或者消费品生产过程中使用的包装材料、物流服务等。

辅助物料和服务是支持企业运营的产品或者服务。例如，办公用品、办公家具以及机器设备、工程维修服务、医疗卫生服务、保安服务及广告服务等。

直接物料和服务与辅助物料和服务在供应链流程中具有重要的战略和操作意义，为制定合适的采购策略提供方向。

（二）采购重要性的分类

根据采购物料和服务的重要性，可以分为战略性物料和服务与非战略性物料和服务。

战略性物料和服务主要包括供应短缺的物料和服务、行业内需求唯一性的物料和服务、对产品交付具有关键影响的物料和服务。

非战略性物料和服务主要包括大批量采购的物料和服务、无差异的物料和服务、相对于整个行业需求量较小的物料和服务。

战略性物料和服务与非战略性物料和服务的采购重点不同。战略性物料和服务的采购重点应该放在战略性采购方面，非战略性物料和服务的采购重点应该放在操作性采购方面。

（三）物料类别的定位

上面探讨了采购物料和服务分类的两个维度，根据这两个维度，可以形成采购物料的分类矩阵。

根据分类矩阵，采购的物料和服务可以分为：辅助战略性物料和服务，如厂房、设备等；辅助非战略性物料和服务，如办公用品等；直接战略性物料和服务，如汽车的发动机等；直接非战略性物料，如标准螺丝、螺帽等。

二、集中与分散采购

（一）集中采购策略

集中采购是相对于分散采购而言的，它是指企业在核心管理层建立专门的采购机构，统一组织企业内部不同部门和环节所需物品的采购进货业务的活动。跨国公司的全球采购部门的建设是集中采购的典型应用。它以组建内部采购部门的方式，来统一管理其分布于世界各地分支机构的采购业务，减少采购渠道，避免重复采购，通过批量采购获得价格优惠。

随着连锁经营、特许经营和外包制造模式的增加，集中采购不仅扩大了它的适用范围，更是体现了经营主体的权力、利益、意志、品质和制度，是经营主体赢得市场，保护产权、技术和商业秘密，提高效率，取得最大利益的战略和制度安排。因此，集中采购将成为未来企业采购的主要方式，具有很好的发展前景。如 IBM、恒基伟业、麦当劳等企业都在这一层面上通过集中采购实现了自身的利益。实施集中采购具有三个方面的优势：

1. 成本优势

集中采购充分平衡企业内部和外部的优势，旨在降低供应链的总成本，而不是以最低采购价格获得物品的简单交易。集中式战略采购要求供应链上的更多成员参与到采购成本降低战略中，企业、供应商、供应商的供应商，各个环节共同合作，寻找降低总成本的机会，达到规模效益。成本优势是集中采购为企业带来的最显著的竞争优势。据统计，在制造业中采购成本约占销售收入的 50%，是成本结构中比重最大的部分。因此，企业应该把降低成本的精力更多地集中在内部供应链的源头——采购环节上。

2. 运营优势

集中采购的另一大优势是提高供应链运营效率。一方面从企业内部出发，集中采购实现了从基于库存的管理到基于市场订单的管理的理念转变，和传统的采购模式相比较，它显著提升供应链运营效率，加快了采购物品的存货周转率。另一方面从企业外部着手，集中采购通过与供应商建立双赢的战略伙伴关系，实现了跨企业边界的供应链流程整合和关键信息共享，提高了整条供应链的竞争优势。

3. 战略优势

集中采购的战略优势能够最大限度地提升企业的竞争力。首先，在该模式指导下，企业能够结合整体管理战略，综合考虑市场变化趋势和各部门采购资源，摆脱供应链上各自为战、散乱对外的被动情况，制定切实可行的采购目标和采购计划，充分体现了该模式基于订单管理的特性，因此它对企业战略的支持力度大大超越了传统采购模式。其次，通过对企业内所有采购需求的集中管理，该采购模式能够按照物品战略重要性程度，对关键物品进行优先采购，提高抗风险能力，保证关键业务的稳定性。最后，和供应商建立的战略伙伴关系有利于减少供应市场的不稳定因素，包括价格短期波动和缺货问题，进而保证企业运营的稳定性。

（二）分散采购策略

与集中采购相对应，分散采购是由企业下属各单位，如子公司、分厂、部门、车间或分店实施的满足自身生产经营需要的采购。这是集团将权力分散的采购活动。

分散采购是集中采购的完善和补充，有利于采购环节与存货、供料等环节的协调配合，可以尽快地满足用户的需要，特别是一些特殊需要，如定制类产品。分散型采购程序简单，便于操作，采购周期比较短，有利于及时满足企业对该物料的需求，使得采购工作富有弹性和成效，适用于零星采购、地域采购、紧急情况采购等。

分散采购的劣势有以下几点：第一，难以形成规模经济；第二，缺乏对供应商统一的态度；第三，市场调查分散，不易汇集；第四，在采购和物料方面形成专业技能少；第五，对不同的经营单位可能存在不同的采购条件，情况繁多；第六，采购过程和库存较难控制。

实施分散采购的优势如下：

1. 速度和响应性

可以快速响应市场信号的企业是具有优势的，对用户和消费者需求实现快速反应是支持分散采购的一个重要依据。大多数采购专业人员认为，分散采购有助于建立良好的市场响应性，而且有助于支持低级组织层次的采购活动。

2. 理解运营条件

分散采购中的采购人员对本部门独特的运营条件有很好的理解和正确的评价，使得采购与需求能较好地结合。这些员工逐渐熟悉产品、流程、业务惯例、该部门或该工厂的客户等方面。随着熟悉程度的增加，他们在与当地供应商建立稳定合作关系的同时，对他们所支持的部门可以进行预测分析。

3. 产品开发支持

大多数的新产品开发出现在部门层次或者业务单元层次，因此分散采购对最初阶段的新产品开发有较好的支持。比如，供应商可以较早地参与产品的设计过程、评估物料产品的长期需求、制订战略计划、确定替代品的可得性、预测产品需求和做出最佳选择等各个方面。

集中采购和分散采购并不是完全对立的，大多数公司通过在两个极端进行平衡来满足它们的生产需求：明确产品分类，对于某些产品采取集中的采购组织形式，对于另外一些产品则采取分散的采购形式。明确产品所处的阶段：在某一阶段它们会采用分散的采购组织，而在管理成熟的阶段，则采取集中与分散相结合的采购模式。由此来细化物料的分类，降低过度集中或者分散采购的负面影响，使采购效果最优化。

随着经济全球化时代的到来，大型跨国公司规模日趋增大，数量日趋增加，他们在多个国家和地区子公司和事业部的设立，加上全球网络的加速发展，让跨国公司的采购工作更加复杂。随着跨国公司业务的发展和全球化采购战略的实施，一种比较先进的全球性采购组织模式——集团引导下的分散采购模式应运而生，它致力于寻找全球的供应源和供应商，扩大了供应商比价范围，从而节约采购成本，提高采购质量，增强市场竞争力。

在这种采购模式中，集团设立全球性采购部门，负责做全球市场的研究和分析，识别关键的品类，对各个事业部的战略采购提供指导；各事业部负责战略采购，各事业部下的工厂负责操作采购。该组织模式的运用前提是：事业部制比较完善，并已经实现全球化采购，生产基地相对分散。

三、准时化采购策略

准时化采购也叫 JIT 采购法，JIT 即 Just in Time。它的基本思想是：在恰当的时间、恰当的地点，以恰当的数量、恰当的质量提供恰当的物资，是一种完全将满足需求作为依据的采购方法。准时化采购为了更好地协调好与供应商的关系，使其按要求将符合质量、数量要求的物资在指定的时间内送达指定的地点来满足自身生产需要。

在准时化采购的模式下，采购部门在制订采购计划的同时，供应商就须同步准备物料，同时生产部门也在做生产准备工作。采购订单一旦下达，各个步骤按既定时间生产，供应商就能及时、快速地交货。当需求发生变化时，制造订单驱动采购订单的调整，达到准时采购的目的。它需要做到既灵敏响应需求变化，又让库存趋近零库存。

准时化采购作为适时生产系统（JIT 系统）的重要组成部分，是其循环的起点，是得以顺利运行的重要保障，推行准时化采购是实施 JIT 生产经营的必然要求和前提条件。

（一）准时化采购的特点

准时化采购方式与传统的采购方式相比，一个根本性的变化是准时化采购，是直接为满足生产而采购，不再是为库存而采购，简化了采购工作流程。采购的频度大而批量小，是一种节省而有效率的采购模式。准时化采购可以增加供应链的柔性和敏捷性，体现供应链管理的协调性、同步性和集成性，提高整个供应链的效率和效益。由此可见，供应链管理需要准时化采购来保证供应链的整体同步化运营。准时化采购和传统的采购方式有许多不同之处：

1. 供货渠道单一

传统的采购模式一般均采用多渠道供应，供应商的数目相对较多，无法进行长期预测与计划，运作的不确定性很高。而准时化采购采用的采购策略如前所述，一般是采用单一渠道供应。这是由于准时化采购一般需要与供应商建立稳定的合作关系；同时，为了剔除检查质量浪费的时间，准时化采购需要质量稳定的产品。所以准时化采购一般采用较少且稳定的供应商。由此降低了不可预测需求带来的风险，形成互利互惠的合作。

2. 多种因素选择

在传统的采购模式中，企业对不同供应商是通过价格竞争而选择的，当发现供应商不合适时，可以通过市场竞标的方式重新选择供应商。因此供应商与用户的关系是短期的合作关系，但在准时化采购模式中，由于供应商和用户是长期的合作关系，供应商的合作能力将影响企业的长期经济利益，因此对供应商的要求就比较高。在选择供应商时，需要对供应商进行综合评估，在评价供应商时，质量是最重要的标准，这种质量不单指产品的质量，还包括工作质量、交货质量、技术质量等多方面内容。高质量的供应商有利于企业的长期发展战略。

3. 交货期短而准

准时化采购的一个重要特点是要求交货准时，这是 JIT 生产的前提条件。交货准时取决于供应商生产的可靠性和稳定性。一方面，供应商需要不断改进生产条件，提高生产的可靠性和产品质量的稳定性，减少延迟交货现象。另一方面，交货的准时取决于供应商的生产与运输条件。准时化采购对供应商的运输方式、运输路径，运输管理具有很高的要求。传统的采购模式下一般拥有缓冲库存，对这方面的要求要低一些。

4. 供需信息共享

准时化采购要求供应与需求双方信息高度共享，保证供应与需求信息的准确性和实时性。由于双方的战略合作关系，实时共享信息能提高供应商的应变能力。同时企业在生产计划、库存、质量等各方面的信息都可以及时进行交流，以便出现问题时能够及时处理。在传统的采购模式中，由于不注重长期稳定的合作关系，采购方尽量保留内部信息，供应商在竞争中向对手隐瞒信息，导致合作双方信息失真和缺乏，信息分享程度低。

5. 采购批量较小

准时化采购和传统采购模式的一个重要不同之处在于，准时化生产需要减少生产批量，因此采购的物资也应采用小批量办法，一般是按订单进行采购。由此增加的运输次数和成本，可由混合运输、代理运输等方式，或尽量使供应商靠近用户等来解决。传统的采购模式下，采购批量会根据价格的波动、折扣、需求预测等多方面因素决定，所以安全库存及订购批量会相应大一些。

综合准时化采购的特点可以看出，准时化采购成功运行离不开节点企业间的协同合作。以协同技术作为技术手段，以提高整个供应链的效率和效益为目标，对供应链节点企业进行协同化管理，可以使整个供应链中的节点企业更加亲密、相互信任、同步和团结，这就说明供应链协同管理可以促进节点企业在信息共享的基础上向建立长期稳定的紧密合作关系的方向进一步发展，从而保证准时化采购的顺利实施，进而保障供应链整体运行管理。

（二）准时化采购的意义

根据资料调查，通过实行准时化采购，公司可以在三方面取得令人满意的成果：

1.减少库存

准时化采购可以很大幅度降低原材料和外购件的库存，有利于减少流动资金的占用，加速流动资金的周转。同时，准时化采购也有利于节省原材料和外购件的仓储占用空间，从而降低仓储运行成本。

2.提高质量

准时化采购就是要把质量责任返回给供应商，而不是企业的采购部门，从根源上保障采购质量，减少了验收部门验货、退货的成本。

3.降低价格

由于制造商与供应商的长期密切合作，消除了采购过程中的一些浪费（如订货手续、装卸环节、检验手续等），就使得购买的原材料和外购件的价格得以降低。

（三）准时化采购的措施

前面分析了准时化采购法的特点和意义，从中我们看到准时化采购方法和传统的采购方法的一些显著差别。主要有：采用的供应源头数量不同，对供应商的选择标准不同，对交货的时间要求不同，对信息的共享交流不同，制定采购批量的策略不同。

要实施准时化采购法，一要选择最佳的供应商，并且对供应商进行有效的管理，这是准时化采购成功的基石；二是供应商与用户的紧密合作，这是准时化采购成功的钥匙；三是严格控制采购过程，采购质量控制是准时化采购成功的保证。因此，有效实施准时采购法应注意以下九个方面：

1.创建准时化采购班组

世界一流企业的专业采购人员有三个责任：寻找货源、商定价格、发展与供应商的协作关系并不断改进。因此，需要专业化的高素质采购队伍实施准时化采购。为此，首先应成立两个班组，一个是专门处理供应商事务的班组，该班组的任务是认定和评估供应商的信誉、能力，或与供应商谈判签订准时化订货合同，向供应商发放免检签证等，同时负责供应商的培训与教育。另外一个班组是专门从事消除采购过程中浪费的班组。这些班组人员对准时化采购的方法应有充分的了解和认识，必要时要进行培训，时刻在采购过程中获取最新信息，监督采购过程，指出和更正不必要的浪费。

2.沟通共定采购的目标

在制定采购策略改进当前的采购方式这个过程中，要与供应商一起商定准时化采购的目标和有关措施，保持经常性的信息沟通。采购目标的确定要符合供应链管理的要求，以满足最终客户需求为最终目的。

3. 精选少数供应商合作

企业在实际采购过程中应精选少数供应商，从而建立稳定有效的合作关系。选择供应商应从以下几个方面考虑：产品质量、供货情况、应变能力、地理位置、企业规模、财务状况、技术能力、价格、与其他供应商的可替代性等方面。应精选少数优质供应商，建立更紧密的长期伙伴关系。

4. 搞好供应商教育培训

准时化采购是供需双方共同的业务活动，单靠采购部门的努力是不够的，需要供应商的配合。做到这一点需要供应商对准时化采购的策略和运营方法有较全面的认识和理解，从而支持和配合需求方。因此需要对供应商进行教育培训。通过培训，促进业务交流，达成共识，这样相互之间就能够很好地配合，做好采购的准时化工作。

5. 供应商质量认证制度

准时化采购和传统采购方式的不同之处在于买方不需要对采购产品进行比较多的检验手续。因此供应商须做到提供百分之百的合格产品，当其做到这一要求时，即可推行供应商产品质量责任制，颁发给供应商产品免检合格证书。

6. 精选物流商小批送货

准时化采购的最终目标是实现企业的生产准时化，为此，要实现从预测的交货方式向准时化交货方式转变，这就要求：小批量送货，以减少周转库存；多频次送货，以降低安全库存。

7. 先试点再全面推行

先从某种产品或某条生产线试点开始，进行零部件或原材料的准时化供应试点。在试点过程中，企业各部门的支持至关重要，特别是生产部门。通过试点，总结经验，及时修正不足之处，为正式实施准时化采购打下坚实的基础。

8. 联合持续性改进改善

准时化采购是一个不断完善和改进的过程，需要在实施过程中从降低运输成本、提高交货的准确性和提高产品的质量、降低供应商库存等各方面进行改进，不断总结经验教训，不断提高准时化采购的运营绩效。

9. 实施准时化物流战略

准时化采购需要准时化物流战略的支持，准时化物流战略是指通过物流系统实现物流与生产的协同同步，并且能够准时地把生产所需要的物料送到指定的工位。

总之，准时化采购的关键是协调好与供应商的关系，而最困难之处则是建立一个与供应商良好的互动合作机制。所以，准时化采购不仅要确保选择到合适的供应商，还要与供应商建立长期的合作关系，制定良好的激励机制和培训机制，有计划、有步骤地试点、实施和不断改进。

成功实施了准时化采购，可以减少库存，加速库存周转，缩短提前期从而获得满意交货等效果。

四、电子采购

电子采购是当前企业采购中普遍使用的一种模式，也是成功实施准时化采购的必要技术保证。它不仅能完成采购行为，而且利用网络技术实现信息准确传递和共享，可以对采购过程的各个环节进行实时管理，有效地整合了企业的资源，帮助供求双方降低成本，提高供应链企业的核心竞争力。

（一）电子采购的含义

所谓电子采购就是用计算机系统代替传统的文书系统，通过网络支持完成采购工作的一种业务处理方式，也称为网上采购、网络采购、在线采购等。电子采购是一种电子商务工具，包括通过 Internet 采购商品和服务的所有流程，如网上寻找供应商和商品、网上洽谈贸易、网上订货甚至在网上支付货款等行为。电子采购具有费用低、效率高、速度快、业务操作简单、对外联系范围广等特点，因此成为当前最具有发展潜力的企业管理工具之一。

近年来，全方位综合电子采购平台的出现，广泛地联结了买卖双方，极大地推动了网上采购的发展，提高了网上采购的效率。

（二）电子采购的优势

电子采购最直接的优势就是可以统一企业的各项采购活动，保证产品质量，降低采购成本。而第二个优势就是能够加强控制企业的采购活动，减少购买不必要的产品或服务，即使一个效率很高的采购系统，如没有强有力的控制也难以做到真正意义上的高效率。

为了能够在今天竞争越来越激烈的商业环境里生存，企业必须在生产管理中降低成本，提高生产率。虽然许多企业已经实现了办公自动化，但是大部分企业在采购领域仍然实行手工操作，这需要大量专门的采购人员和部门，通过长时间的搜索和比价才能确定采购的数量和到货时间等事项。同时，与选定的供应商之间往往要经过一段时间的书面来往才能完成采购任务，尽管如此，仍会遇到质量不符合要求、到货时间不准等问题。

信息技术的发展使采购管理更具科技含量，在一定程度上提高了个人和部门的工作绩效。总而言之，电子采购从根本上改变了商务活动的模式，它给企业带来的好处可以概括为以下三个方面：

1. 便捷的信息交换与沟通

（1）更快地与供应商相互交流。

（2）更高的灵活性，有效合作。

（3）更强的供应商信息整合。

（4）实时信息资源的共享。

2. 降低采购流程运作成本

（1）加速内部进程。

（2）"无纸化"交流。

（3）节省采购时间，提高采购效率。

（4）减少自身库存。

（5）消除交流过程中断。

（6）降低采购流程复杂度。

3. 改进与供应商的合作关系

（1）在全球范围内与适合的供应商合作。

（2）简化与供应商之间的流程。

（3）采购批量上升。

（4）加强对供应商的评价管理。

（5）提高价格透明度。

（三）电子采购平台

电子采购平台，是一个一体式的企业采购工作平台。通过这个平台，企业可以发布采购信息，并且能够进行价格谈判，跟踪订单的进程，评估供应商的绩效，了解市场行情信息从而制定符合企业自身的采购策略。同时，供应的企业也可以从中进一步降低销售成本，从而获得更多商机，提高企业运营效益。

1. 第三方系统门户

门户是描述在 Internet 上形成的各种市场的术语。独立门户网络是通过一个单一的整合点，多个买方和卖方能够相遇，并进行各种商业交易的网站站点，比如英国石化、DOW 等 B2B 在线交易社区以及中国采购与招标信息网等 G2B 电子采购社区，网上交易社区模型的建立将成为 IT 业和信息经济发展中最具影响力的事件之一。门户网站模式是因特网上全世界范围内任何人都可以进入的单个网站站点，它允许任何人参与或登录并进行商业交易，但是要交一定的费用，按交易税金或交易费的百分比来计算。门户网站的主要内容有查看目录、下订单（在线拍卖的情况下称为竞标）、循序交货、支付等。

为了改进市场中买卖交易的效率，在 Internet 上有两类基本门户，即垂直门户和水平门户。

垂直门户是经营专门产品的市场，如钢材、化工、能源等。它通常由一个或多个本领域内的领导型企业发起或支持。如在高科技制造业中，由多个主要行业领导者组成的集团，已经实行合作，形成一个电子交易门户，该门户将关注高科技零部件市场，并提供开放的资源、拍卖、供应计划和物流支持。

垂直门户交易市场有一个明显的特点：买方或卖方（生产商）自己作为发起资助人，都倾向于从供应商向其行业的高效供应中获得巨额收益。

而水平门户集中了种类繁多的产品，其主要经营领域包括维修和生产用的零配件、办公用品、家具、旅行服务、物业帮助等。水平电子市场一般由电子采购软件集团或这些间接材料和服务供应领域内的领导者发起资助。

这种类型的交易中心通常是通过向每份交易收取 1% ～ 15% 的交易费来获得收入的，具体比例的大小依赖于交易量和交易商品的种类。即使这样，电子交易的成本还是比通过传统渠道交易的成本低。

2. 企业私用交易平台

企业私用交易平台类似电子数据交换系统，即 EDI 系统，该系统是大型企业长期以来使用的主机式应用程序，以电子方式交换订单、库存报表与其他资料。它能够让供应商和买主交换采购信息，只需交纳一点事务处理费，就能通过 EDI 网络提交信息包，并通过同一网络收到答复。企业私用交易平台和 EDI 网络类似，能减少沟通的时间和成本，使合作厂商以标准格式，实时分享文件、图像、电子表格与产品设计。同时，企业私用交易平台还能实现国际网络平台的功能与 EDI 系统的安全性的结合。另外，EDI 网络存在的问题也可以通过使用互联网来解决，因为互联网可以将电子采购系统和企业的现有系统以及供应商的系统联合起来。

企业私用交易平台与开放式 B2B（由第三方策划）以及企业联盟（由买方、供应商或两者共同拥有）不同，能让积极参与者掌握大权，这样的安排能使企业将工作重点放在流程而非价格上。由于私用交易平台架构中的供应商仅包括受邀访客和网站站主，这就意味着买方可以选择交易对象，甚至可能于网络外完成商谈。

（四）电子采购模式

电子采购模式有很多种，包括卖方一对多模式、买方一对多模式、第三方系统门户模式、企业私用交易平台、网上拍卖等。每种方式都有它的优缺点，不同的公司可根据自己特定的市场环境选择不同的模式，以及针对不同的商品选择不同的模式。

1. 卖方一对多模式

卖方一对多模式是指供应商在互联网上发布其产品的在线目录，采购方则通过网页浏览来获取所需的商品信息，以做出采购决策，并下订单。

在卖方一对多模式中，作为卖方的某个供应商为增加份额，开发了他们自己的因特网网站，允许大量的买方企业浏览和采购自己的在线产品。买方登录卖方系统通常是免费的。这种模式的例子有商店或购物中心。

该模式的主要优点是卖方能够开发并维护自己的目录，缺点是由于门户网站较为普通，所以很难保障买方的财务系统的安全。

2. 买方一对多模式

买方一对多模式是指采购方在互联网上发布所需采购产品的信息，供应商在采购方的网站上登录自己的产品信息并上传相关产品信息，供采购方评估，并通过采购方网站双方进行进一步的信息沟通，完成采购业务的全过程。

买方一对多模式主要基于买方招标采购，比如中石化、HP等B2B网站就是很好的例子。该模式最主要的优点是买方能够很好地控制在线目录上的产品，缺点则是买方在进行目录维护时的工作量较为巨大。

与卖方一对多不同，买方一对多模式中采购方承担了建立、维护和更新产品目录的工作。虽然这样花费较多，但采购方可以更好地控制整个采购流程。它可以限定目录中所需产品的种类和规格，甚至可以给不同的员工在采购不同产品时设定采购权限和数量限制。另外，员工只需通过一个界面就能了解到所有可能的供应商的产品信息，并且能方便地进行比较和分析。买方一对多模式适合大企业的直接物料采购。原因有如下三点：第一，大企业一般具有比较成熟可靠的企业信息管理系统，能够与电子采购系统很好地融合，保持信息流畅通；第二，大企业往往处于所在供应链的核心地位，只有几家供应商较为固定。

3. 网上拍卖模式

一般的网上拍卖网站通常会提供两种拍卖方式：一般拍卖方式和集体议价方式。有的拍卖网站还提供另一种拍卖方式——反向拍卖。一般拍卖指的是供应商提供商品参加拍卖，购买方进行竞价购得商品，此时一般采用加价式竞价来决定最终购买方和购买价格。反向拍卖指的是购买方到网站登记需求而进行的拍卖，而供应商进行竞价来争取订单。这时，一般会采用减价式竞价决定最终供应商和价格，出价最低者中标。反向拍卖模式不排除单一渠道的采购。

网上拍卖模式有两个主要的优点。第一，采购速度快，不再需要花费较长时间来接受和核定供应商的答复，整个流程持续时间较短；第二，采购成本低，对于购买者来说，在线反向拍卖的方式避免了与众多公司交流而发生的管理成本。同时，反向拍卖的方式也促使商品价格大幅下降。

但反向拍卖也有其缺点。第一，反向拍卖的透明、公开的特性以及只关注于价格的短期行为，很难保证所采购的商品具有竞争优势，供应商也很难与买方维持任何亲密关系；第二，采用在线反向拍卖这种形式，需求方很难预测最终价格，每天都可能产生一个完全不同的竞价价格。

网上拍卖通常用于间接商品，有时也会用于直接原材料。这种实时竞标的形式最适合于批量大的普通商品，由于批量大，因此在价格上的细微差别也会积累成一个可观的数目。

第三节　供应商的评选

采购的一个重要目标就是从合适的供应商处选择合适价格、合适数量的商品或服务。因此选择与评估合适的供应商是采购管理的重要环节。

一、寻找潜在供应商

在确定正式供应商之前，企业一般通过寻找潜在的供应商、评估潜在的供应商来确定合格的供应商。采购部门应当对该细分市场的发展趋势、竞争程度和代表性供应商有深入的了解，这样才不会在供应商的选择过程中没有重点和立场。

（一）发现潜在供应商

潜在供应商评选是通过对供应商能力的综合评价实现的。寻找潜在供应商应关注其以下特征：掌握该领域核心技术、价格合理、交货期短、服务最好、有强烈的合作意愿、生产能力强且质量过硬。需要注意的是，按照现代供应链下的供应商选择标准，提供最低价格的供应商不一定是最合适的供应商。如果采购只注重交期、质量和价格这三项传统评估要点，对新技术开发和新供应商寻找的意识缺乏，那么会导致企业丧失机遇和核心竞争力。

采购人员应承担起研究物料采购市场的活动。在对市场的供需情况仔细分析后，除了已经建立往来的供应商之外，还应从多种渠道发现供应商群，包括已经合作供应商的竞争对手以及该行业新入的新型供应商，并收集相关供应商的资料。例如，工商企业名录、广播、电视以及专业媒体广告、行业年报、供应商公开发布的财务报告、供应商的主动上门介绍、其他用户对供应商的介绍、互联网搜索、贸易展览会、行业协会等等。采购人员应随时关注市场变化情况，对在该行业市场中占有一定份额的知名企业密切关注。

（二）评估潜在供应商

企业识别到合适的供应商后需要全方位地考察潜在供应商的能力并仔细衡量双方合作的可能性，这就需要采购人员从多种途径搜集有关供应商的资料，从各个角度综合评价潜在供应商。

1. 产能、技术和质量的评估

产能和技术能力以及质量管控体现的是供应商的运营能力，评价因素包括：

（1）产能柔性

①供应商是否能够生产企业所需的产品类型或者提供所需类型的服务？

②供应商在一定时间内能够生产多少单位的产品？

③供应商现有的产能是否透支（透支可能影响交货期），是否未充分使用（警惕供应商可能存在生产效率低或设备老化）？

④供应商是否具有快速响应、灵活应对紧急需求或额外订单的能力？

（2）技术能力

①供应商在创新、设计、JIT 供应、快速定制、逆向物流等方面的能力是否能满足未来需求？

②供应商是否具有电子商务潜力，并利用互联网对供应链进行管理，支持协同规划？

（3）质量管控

①供应商提供的产品是否符合要求和规格？

②供应商产品的设计和工艺是否体现出其对细节的关注度？

③供应商是否有完善的修正质量缺陷的管理体系，这一点体现出供应商的质量控制能力？

2. 价格、成本和财务能力

供应商的价格和成本结构体现了供应商的竞争能力，而供应商的财务状况也应当在早期评估，一个供应商的财务稳定性是使价格和成本具有竞争能力的关键因素。

（1）价格分析

分析供应商报价的合理性，确保公平交易，考察供应商附带条件是否为买方接受。

①事先发现报价内容有无错误，避免将来的冲突，将不同的报价基础进行统一，便于将来议价和比价。

②重点分析供应商历次交货价格与协议价格比较，考察是否存在抬价行为。

③测算某供应商的平均交货价格并与所有供应商的平均交货价格进行比较，考察是否存在价格欺诈行为。

（2）成本分析

要求供应商列出报价明细，对报价明细进行逐项对比，分解报价的成本因素，分析其成本构成的合理性。尤其是在全球采购中，不同的贸易术语，成本构成和承担风险责任不同。不只是关注产品生产成本构成，还需要分析报价包含的物流成本，如运输费用、保险费用、清关费用等，以及在途货物灭失风险的转移情况。

①供应商的成本是如何构成和分摊的，这也决定其能否提供具有竞争力的价格。

②考察供应商是否有意愿和能力协同开展降低供应链成本的活动。

③未来谈判中是否能够通过批量采购或缩短账期获得折扣价？

（3）财务能力

了解供应商是否存在过度依赖少数大客户，是否存在被并购或收购的可能性。

①首先需要衡量供应商的赢利性、现金流、资产和负债情况、成本结构和分摊方式等。

②从供应商公开的财务报表中分析供应商的赢利能力、财务杠杆和流动资本水平。

3. 信誉度、兼容性、协作性

这一评估内容不仅仅是选择供应商的资格预审，还考虑到了该供应商是否能够成为长期持续性的伙伴关系。

（1）信誉度

选择供应商一定要注意其商业道德和社会责任问题，企业的组织声誉和品牌也会因为上游供应商破坏职业道德、环境资源、劳工准则等行为的曝光而受到损害。

（2）兼容性

供应商在公司战略和企业文化层面上是否与买方兼容？运营和技术层面的各种流程和组织架构是否兼容？

（3）协作性

供应商是否能够高效进行供应链协调与协作？是否愿意共享信息，公开自己的产能安排、成本和生产计划等相关信息？

4. 上下游供应网络

（1）上游供应链

潜在供应商也有自己的供应商，为其生产和技术能力提供支持，供应商对自己的供应链管理的好坏与否，关系到供应商能否提供高质量的产品或服务、能否保持创新以及更大程度地实现柔性化。

（2）下游供应链

一方面通过供应商当前的生产订单可能了解到他的产品或服务是供不应求还是惨淡经营，其中的原因值得了解；另一方面了解供应商当前的客户群，看是否有着与自己相似的商业流程和市场定位，由此可以看出供应商提供的产品和服务是否能最大限度地贴合买方要求。

（三）选择正式供应商

在供应商开发时，企业要求供应商送样报价的目的在于确定供应商是否具备进入合格供应商列表的资质。供应商对样品所报价格和交货期只具有参考意义。合格供应商能否成为企业日常供货的供应商，能够为企业提供哪些物料还需要经过以下步骤来确定。

1. 询价与报价

企业在与合格供应商签订保密协议后，根据项目进度，研发部和质量部技术人员就物料的技术规格与供应商进行交流及可行性分析，并帮助供应商正确地对物料进行报价。技术人员在征询采购人员意见后，与供应商签订详细的技术协议以确保供应商能够提供合格的物料。采购人员向已签订技术协议的供应商提供详细的报价要求，要求供应商尽量按照统一的格式（如门到门送货）进行报价。

2. 沟通与谈判

在收到供应商的报价后，采购人员需要进行报价分析。虽然在询价阶段，采购人员已经要求供应商按照标准格式进行报价，但有时还会有一些供应商因为各种原因没有完全按照采购部统一的格式报价。首先，采购人员需要和供应商沟通交流，彻底澄清对报价条款的疑问。其次，在比较多家供应商的价格时，一定注意各个供应商报价所涵盖的范围是一致的，否则就没有可比性。如果供应商报价范围不一致，先要将价格折合成一致的供应范围后再进行比较。采购人员要清楚明确供应商价格构成，如材料成本、人工、管理费、利润，还需要综合考虑汇率、关税和增值税、付款周期、交货方式以及供应商承诺交货期和公司项目需求等诸多因素。最后，采购人员根据企业政策和物料的性质确定谈判战略和目标价格，并以此开展与供应商的谈判。

3. 供应商排名

经过谈判，企业对供应商研发能力、所能提供物料的质量特征、价格属性、交付履行、服务水平有一个整体的认识。这些体现供应商能力的诸多因素既有定性的，也有定量的。在选择供应商时，企业应根据物料性质用适当的方法将供应商排序。

4. 签供货协议

企业根据实际需要，选择排名最靠前的一家或多家供应商作为相应物料日常供货的供应商。在确定日常供货的供应商后，采购人员根据谈判结果及项目需求与供应商磋商双方合作的具体模式，最终签订框架性质的供货协议。协议主要内容包含时间、地点、供需双方当事人、协议标的物、价格及其有效期或有效数量、交货条款、双方各自的责任与权利、违约责任、担保条款、保密条款等。该框架协议不是供应商何时具体发多少数量物料的依据，而是双方合作过程中合作模式及权利义务的指南。此后，供应商将依据企业对物料所下的订单或提供的订货预测在需要时间供应需要数量。

（四）供应商确定原则

通过对潜在供应商的评估和筛选，采购部门对可用供应商有了一定了解，要把潜在供应商减少到可用范围内并增加新供应商，是企业采购管理中的一项重要策略，应当遵循以下原则：

1. 二八原则

根据第二节采购管理战略中的物料金额大小和重要程度，可把供应商分为核心供应商和次要供应商。核心供应商是企业致力于培养的核心供应商群体，而次要供应商则起到补缺补漏的作用，因此要合理减少次要供应商的数量。由此，企业采取双向调节合理调整供应商数量结构。

2. 数量控制原则

同类物料的供应商数量一般为 2～3 家，采购应当以企业实际情况确定一个适宜的供应商数量，不宜太多。控制供应商数量一方面降低了采购监管成本，另一方面也提高了供应商管理的效率。

3. 标准化原则

任何物料供应商所在领域内都应有一个该行业内共同认定的标准，即使没有，采购部门也应该为自己的供应商设置门槛，这样才能使供应商的规模实力、信用程度和物流服务等有一定的保证。比如丰田汽车对满足 JIT 采购的供应商设置了三大门槛：一是要求供应商必须与丰田建立稳定的战略合作关系，二是要求与供应商双方信息要高度共享，三是要求供应商须满足丰田采购的"多次少量"的要求。

4. 订货批量不过半原则

采购部门应当具备采购风险管控意识，调查核实供应商的最大产能，对比该物料的订货批量，一般不能超过供应商产能的一半。否则一旦出现供货意外事故，特别是战略性物料的供货中断，势必会严重影响企业生产部门的正常运作。

二、供应商评价决策

（一）供应商评价指标

采购人员在对潜在供应商进行评估时，就必然涉及供应商评价属性指标。一般企业之间的关系是买卖关系，评价选择供应商注重的主要方面是价格、质量和交货期，企业要建立长期的伙伴关系，不但要考虑上述这三个基本要素，而且要评估供应商是否能提供长期而稳定的供应，其生产能力能否配合公司的成长而相对扩展，是否具有健全的企业体制和同本企业相近的经营理念，其产品未来的发展方向能否符合本企业的需求，以及是否具有长期合作的意愿，等等。

1. 采购价格属性因素

在自由竞争的市场环境中，采购价格反映了企业生产成本的高低。价格属性主要是指供应商所供给的原材料、零部件的产品市场价格，运输、仓储等物流费用，以及供应商所提供的数量折扣优惠。供应商的产品价格高低对采购企业生产成本将产生重要影响，将直接影响生产商和销售商的利润率，从而决定供应链的低成本竞争优势，因此价格是一个重要因子。选择供应商时，应关注供应商的市场报价、数量折扣、物流费用，综合权衡决定采购成本。

2. 质量属性因素

质量代表供应商产品的性能及其使用价值，主要是指供应商所供给的原材料、零部件的产品质量，产品质量是供应链下游客户满意度之源，是企业生产的产品能给客户提供的使用价值之本，产品的使用价值是以产品质量为基础的。供应商所供原材料和零部件的质量是企业产品质量的关键之所在，输入物料的质量不高，输出产品的质量就很难有保障，因此，质量是一个重要因子。选择供应商时，应关注供应商产品的合格品率、质量认证情况、全面质量管理实施情况等，从制度上保障供应商产品质量的可靠性。

3. 交货期属性因素

交货期是响应需求的时间量度，衡量以多快的速度响应准时化采购需求。客户市场的不稳定性、供应商供给的不稳定性、制造企业生产过程的不稳定性等都会导致供应链各级库存的波动。订货点的库存数量等于订货提前期内的平均需求量和应对不确定影响的安全库存之和，是其订货提前期的正比例函数，提前期越短，企业的库存持有成本就越低。供应商的交货履约要求准确及时交货。如果供应商的交货准时性较低，必定会导致供应链流程中断或库存增加。因此选择供应商时应关注其订货提前期长短、交货准确率高低、供应商的柔性订货能力（接受紧急订货的能力、处理不确定订货量的能力）等。

4. 信誉度属性因素

信誉是供应商在企业采购和交货过程中所提供的各种担保，反映了采购企业在订货和交货过程中对供方产品的性能和售后服务的满意程度。哪些供应商的服务最能使客户满意，信誉最好，就最具竞争力。供应链管理的实质是供应链各方的合作与协调，建立战略合作伙伴关系，构筑供应链利益共同体，需要各方讲求诚信，诚信是相互合作的基础。因此，信誉度是选择战略合作供应商的重要因子之一。选择供应商时，应关注供应商在同行中的声望、供应商满意度、供应商交货履约的历史情况等。

5. 信息化属性因素

降低供应链各级库存，减少供应链的需求放大效应，相互合作提高供应链的整体效益，需要准确的需求信息做保证，要求供应链成员各方信息共享和透明，这是供应链有效运营的前提，信息化也就成为选择战略合作供应商的重要因子之一。选择供应商时，应关注供应商信息的标准化程度、信息系统的先进性、信息管理能力、信息网络基础设施的完善性、信息系统的兼容性和集成性等。

6.R&D 属性因素

集成化供应链是战略联盟型供应链的未来发展方向。产品的推陈出新是企业的市场动力。产品的研发和设计（简称 R&D）不仅仅是生产商自己的事，在集成化供应链环境下，供应商既要参与新产品的研发和设计工作，又要不断进行技术革新，积极适应生产企业产品升级带来的零部件技术提升的需要。因此，R&D 属性是供应商有无成长性、是否具有发展潜力的保障，R&D 也就是选择战略合作供应商的重要因子之一。选择供应商时，应关注供应商的技术开发能力、新技术学习能力、改进与创新能力等。

此外，供应商所处的外部环境也不容忽视，在特定情况下将影响供应商的选择，如应考虑供应商的地理位置、所在国的关税税率、所在国的汇率稳定性、所在国的政治稳定性等因素。

（二）供应商评价方法

供应商选择与评价方法很多，主要有定性、定量以及定性与定量相结合三大类。

1. 经验判断法

经验判断法是根据征询和调查所得的资料并结合人的分析判断，对供应商进行分析、评价的一种方法。这种方法主要是倾听和采纳有经验的采购人员的意见，或者直接由采购人员根据经验做出判断。这种方法比较直观，简单易行，但是主观性太强，选择的结果科学性太差，常用于产品的非主要原材料供应商的选择。然后，企业从多个供应商中选出供应条件较为有利的几个分别进行协商，再确定合适的供应商。

2. 招标投标法

当原材料定购数量大、供应商竞争激烈时，可采用招标法来选择合适的供应商。先由企业提出招标条件，各供应商进行竞标，提交技术标和商务标，然后组织开标与评标，与技术标具有实质性响应（完全满足招标文件规定的技术性能指标要求）、商务标最经济（评标报价为最低）的供应商签订合作协议。通过招标的方法，企业可以更大范围地得到既满足条件价格又便宜的原材料，但招标的方法持续时间长，对于时间要求紧迫的原材料供应商的选择并不适用。

3. 成本比较法

对于质量和交货期都能满足要求的供应商，则需要通过计算采购成本来进行分析比较。采购成本一般包括售价、采购费用、运输费用等各项支出的总和。采购成本比较法是通过计算分析各个不同供应商的采购成本，选择采购成本较低的供应商的一种方法。这种方法单纯从采购成本的角度来进行选择，有很大的局限性，往往与企业的战略目标相违背。

4.多指标排序

在对供应商进行选择评价时，涉及的指标很多。有的指标希望它越大越好，有的则希望它越小越好，即指标极性不统一；并且各指标的量纲也不一致，各供应商同一指标的数值又不完全相等，从而造成无法直接比较方案的优劣。因此，须将各指标值无量纲和无极性化处理，以使各指标的评价尺度统一，再将各指标的处理结果与其权重线性加权（乘积求和），作为各供应商的价值评定。

多指标综合排序的不足在于，评价结果仅对供应商决策或排序比较有效，并不反映现实中评价目标的真实重要性程度，其应用时要求供应商的各因素须有具体的数据值。

第四节　供应关系管理

在传统的供应商管理模式下，企业尽量把运营成本转嫁给其上游的供应商，但运营成本的转移无法降低整个供应链的运营成本，最终仍要反映在商品售价上。牺牲供应商伙伴的利益以谋求自身利益的做法，从长远来看是不可取的。有战略眼光的企业便开始寻求与供应链伙伴的战略运营协作，共同寻找降低运营成本的途径。从供应链管理的角度来看，战略性的供应商关系具有强大竞争优势，很大程度上决定着整个供应链的强度。

一、供应商关系的变化

供应商管理是供应链采购管理中的一个重要环节，传统采购与供应商关系注重管理和控制，属于非合作性和博弈性关系，因此存在监控难度高、供应商应变能力不强等弊端。在新的供应链经济环境下，供应商管控关系开始倾向于供应商关系管理。采购部门开始对供应商提供的产品、服务、合作项目和相关的业务决策进行全面的沟通和支持。传统供应关系已经发生了变化，如表5-1所示：

表5-1　传统供应关系与现代供应关系的区别

传统供应关系	现代供应关系
选择最低价格	考虑采购总成本
产品需求导向	机会最大化导向
采购方责任制	共担机遇与风险
双方信息不畅	共享数据、互通计划

二、供应商关系的分类

每个企业对供应商关系都有不同的要求，选择适合企业发展以及涉及整条供应链利润的供应关系，既可以帮助企业降低成本，还能够提高整条供应链效益。

（一）根据供应商发展历程可将供应商关系分为四种关系

1. 交易竞争型供应商

传统的采购理念是供应商数量越多，其竞争就越激烈，对采购方就越有利。因为可以从供应商那里得到更低的价格，并且同时多个供应商可选择性多。但这种供应关系对企业战略性且市场供应规模小的物料不适合。

2. 合作适应型供应商

当生产变革导致大批量规模性生产转向小批量客户定制式生产以后，供应商也开始关注下游需方的要求，不仅保证交期和质量，还考虑到技术服务和产品创新等要求，以便和采购方建立良好的合作适应关系。

3. 收益共享型供应商

随着 JIT 生产理念的诞生，企业对供应商的交期、供货方式和供货地点提出了更加明确的要求，要符合这些要求供应商可能要增加运营成本。企业为了激励供应商的积极配合，以利润分成为考核激励因素。当然，这种渗透型供应关系是在长期目标的基础上发展起来的。双方都以提升供应链利润为共同目标，甚至共担责任。供应商可以详细了解到自己的产品在采购方企业承担的作用，采购方也可以了解供应商的制造流程，从而共同寻找产品改进策略。这种供应关系最常见的做法就是相互投资、参股。

4. 战略伙伴型供应商

这种供应关系的合作一般会涉及企业生产、技术、设计、采购、营销等多方面的合作。当供应商作为战略伙伴关系时，也会积极参与到采购方的产品和营销设计流程中来。从供应链角度来看，当供应关系上升到战略层面以后，供应链上各成员关系的要求也更高，协调各成员之间的关系则需要供应链上处于核心地位的企业来决策。比如纵向集成型供应链上，制造企业将供应链上的各成员整合起来，如同一家企业，虽然各个成员是独立企业，但决策权属于制造企业。

收益共享型和战略伙伴型的供应关系是两种相对比较复杂的供应商关系类型。尤其在世界经济一体化、物流与供应链管理发展迅速、物联网技术日新月异的大背景下，供应链下的供应商关系管理也发生了质的改变。这就需要采购整合供应商关系，解决关系链中存在的问题，设置有效的激励机制，促成采购双方达成双赢关系，才能使得良好的供应关系持续发展。

（二）根据合作态度将供应商关系分为五个层次

1. 认可型供应商

这类供应商对采购方除了交易合同以外无过多交流，产品质量和交期无大问题。这种供应商最大特点就是只关注自己的利益得失，并不会想办法达到双赢。采购亦可以随时替换。

2. 持续型供应商

这类供应商属于主动接触型，采购可采取持续接触和交流对其跟进，良好的互动可以让采购在市场竞争中采购到价格最低的产品。采购业务对这类供应商来说很重要，因此会投入更多精力改进其供应关系。

3. 长期型供应商

这类供应商属于生产规模大、经验丰富、技术成熟的实力型供应商，企业对其有一定依赖性，而对供应商而言，企业的采购量也是他们的主要收益来源，这种相互依赖关系会使得供应关系成为长期合作型。

4. 风险共担型供应商

这层的供应关系由长期合作型发展而来，供应商不仅是企业的长期合作伙伴，而且已经开始和企业共担风险，其重要特点是供求双方都力求强化合作关系，通过合同、激励考核等方式将长期关系进一步固定下来。

5. 自我发展型供应商

这类供应商最后有可能成为其行业的领军企业。经营品种多且财务状况良好、经济实力雄厚，这类供应商属于企业依赖其发展的供应商。

三、考核供应商绩效

供应商绩效考核是企业对供应商在提供产品的质量、价格、服务水平等方面进行的综合评价，也是供应商选择和供应链优化的重要依据。随着越来越注重核心能力的培养，企业将大量非核心业务外包给供应商，因此供应商服务水平的高低直接影响到核心企业的生产能力、供应链运作成本和竞争优势，甚至最终的赢利能力。供应商的绩效考核对企业乃至整条供应链都有着至关重要的影响。

（一）供应商绩效考核的作用

企业在选择供应商以后，应该对其提供的产品和服务进行系统、科学、持续的跟踪评价。具体的作用体现在以下四个方面：

1. 绩效考核可以为企业对供应商能力评定等级和做出奖惩决定提供依据

绩效考核与激励、约束机制配合使用，对供应商进行客观、全面的绩效评定，为企业对供应商的能力划分等级，做出对供应商进行奖励、处罚、升级、替换等重大决定提供有说服力的依据。

2. 绩效考核有助于企业各部门对供应商进行全面的了解

对供应商的绩效考核可以加强公司各部门对供应商的信息进行沟通、交流，有助于企业从采购、生产、质检等不同部门的角度了解供应商的状况，对供应商有较全面、客观的评价。

3. 绩效考核可真实反映供应商的工作效率，促进供应商组织及流程的创新

供应商的绩效考核可以实时监控供应商管理过程中产生的问题，及时发现问题并纠正供应商存在的不足和需要改进的地方。通过定期让供应商了解其绩效考核的结果，有助于供应商向企业希望的方向进行改进和提高，从而引导供应商提供更好的产品或服务。

4. 供应商的绩效考核有助于提高供应链抗风险能力

在供应链合作环境下，企业与供应商合作的基础是利益共享、风险共担。通过持续的绩效考核可以促进双方企业更多的相互沟通和交流，帮助供应商能够更全面地了解企业的需求，促进供应链战略合作伙伴关系的建立，提高整个供应链的抗风险能力。

（二）指标体系的设计原则

供应商处于供应链的上游环节，其供货能力的高低对整条供应链的竞争力都有重要的影响。建立一个客观、合理、有效的供应商绩效考核体系对企业乃至供应链的发展将起到十分重要的作用。为使所选取的指标能够准确反映供应链环境下供应商的能力，在构建绩效考核指标时应遵循以下原则：

1. 科学性原则

影响供应商绩效的因素很多，设计指标体系时要能够科学地反映供应商的综合实力，评价考核体系的可操作性要强。考核内容应力求概括、精练，考核目标明确、清晰，相关数据容易收集。选取的指标对供应商绩效情况的概括越精练、清晰，相应的科学性越强。

2. 系统性原则

由于供应链是一个系统化有机整体，各节点企业相互依赖、相互影响。因此，在构建供应商绩效考核体系时，除了尽可能全面、系统地反映供应商的综合水平，还要考虑评价供应商对企业本身、对供应链上其他节点企业的运作情况和对整个供应链系统的影响。

3. 简洁性原则

在供应商绩效信息较完整的情况下，供应商绩效考核指标应该简洁、精练，尽可能减少指标之间相互的重叠，以免造成考核评价时不必要的重复工作。简洁性还应该体现在评价指标体系的合理性上。绩效指标的设置应当简单易行，且能够明确指标的计算方式。此外，关键绩效指标应突出供应商特点，采用能够反映供应商业务流程的绩效考核体系。

4. 可比性原则

对供应商的绩效考核需要确定一个衡量标尺，通常会选取同行业提供相同服务的供应商的平均水平（即业内平均水平）作为评价供应商综合实力高低的依据。指标体系所涉及的考核内容要能反映实际情况，充分体现科学性、客观性。同时，为了方便供应商之间的横向比较，统计计算方法应当尽可能相同。

5. 目的性原则

考核评价供应商的目的是使其能力不断改善提高，为采购企业提供更好的产品或服务。因此，指标体系在设计时应考虑企业和供应链的战略发展目标，指标的选择要与组织的战略保持一致，绩效评价方法也要与战略目标相吻合。

（三）绩效考核中的关键性指标

1. 价格控制

价格控制是企业采购管理中的关键内容。因为采购产品价格的提高，会在一定程度上增加生产企业的制造成本，并会在最终产品的价格上得到体现。由于产品价格的提高，将不利于供应链参与市场竞争。在大多数情况下，企业将价格因素作为评估供应商的重要指标。

2. 及时供货

供应商绩效考核的第二个关键性指标就是供货的及时性。为了降低企业的库存成本，很多企业都采用了准时制（JIT）或供应商管理库存（VMI）的管理模式。这就要求供应商必须按照核心企业的生产计划及时供应所需产品。供应商的供货不及时将可能导致产品失销（产成品缺货引起）或生产线的停线（零配件缺货引起），从而增加供应链的运营成本，降低市场竞争力。

3. 质量可靠

供应商管理的重要性不仅体现在成本和时间控制上，最为重要的还体现在产品质量上。由于供应商是供应链管理的源头，因此材料的质量优劣，直接决定了供应链最终产品的质量。所以在进行供应商绩效考核时，必须对原材料的生产质量进行严格的把关。

另外，在供应商绩效考核中，选择适当的绩效评价方法也是一项重要的工作。由于供应商质量的评价结果由多方面多因素共同确定，而这些因素包括了定性和定量化的多项指标，因而供应商的绩效考核是一种具有复杂性的多目标决策问题。为了能够真实地反映供应商的绩效水平，需要客观、科学的评价方法。比较常见的方法有：主观判断法、采购成本法、层次分析法、模糊评价法和平衡积分卡法等。

四、供应商关系拆伙

优胜劣汰是每个行业都存在的现象。对企业而言，并不是每个供应商都具有永久合作的价值，在必要的时候为了企业不被淘汰就必须淘汰不适合的合作供应商。

（一）供应商关系评级

在供应商履约绩效考核完成后，企业基本可以把供应商分为四个等级：

1. 不合格供应商

不能满足采购方组织运作和战略需求的供应商，列为考评不合格供应商，企业应要求其迅速制订整改方案并监控整改计划的执行。对于经过整改仍达不到要求的供应商，特别是对一种产品有三家以上供应商的企业，须迅速采取拆伙措施。

2. 可接受供应商

能够满足合同约定的供应商，其提供的产品和服务其他供应商也能做到。因此，可接受的供应商不具备额外的竞争能力。

3. 优质供应商

优质供应商能够配合采购方努力改善，消除不增值的活动，可以满足采购方的部分战略需求。

4. 卓越供应商

这类供应商未来可与企业形成合作伙伴和战略联盟，拥有巨大的竞争优势。卓越供应商企业应当给予肯定和奖励，珍惜未来合作机会。

（二）进行关系拆伙的方法

1. 拆伙标准制度化

劣质的供应商使得企业蒙受重大损失，对于不合格供应商的拆伙，企业应通过坦诚的态度和专业的拆伙方案使应剔除的供应商有秩序地退出。而有些优质供应商"耍大牌"使得企业十分被动，对于这类供应商企业需谨慎淘汰，因为其中可能有企业的战略合作型供应商。因此，建立一套完整的供应商拆伙方案和制度对企业淘汰供应商具有重要意义。它能避免来自人为的武断判断，并公正、详细地展现了双方合作出现的问题，尽可能地减小与供应商的敌意，使破坏程度最小化。

2. 拆伙方案专业化

在供应商理解企业要求拆伙的基础上，企业与供应商共同确立公平的拆伙方案，以便将双方损失降到最小。拆伙方案明确双方的责任和合理的时间安排。双方责任包括对已发生的费用如何结算，如何以最低的成本处理现有库存，等等。

企业采购部根据供应商淘汰的原因将所淘汰的供应商级别从日常供货供应商降为准合格供应商、潜在供应商或永久删除。企业以坦诚的态度、专业的拆伙方案对供应商进行淘汰虽然终止了当前不令人满意的合作状态，但并不会成为今后再次与该供应商合作的障碍。

供应商关系拆伙意味着企业的新旧供应商交替，对于企业而言，涉及供货的稳定性、客户满意度和企业声誉等众多方面的影响。好的拆伙流程能够使供需双方平稳、快速地度过"阵痛期"，使得损失降至最低。因此，供应商关系拆伙并不是一种单纯的惩罚措施，而是供应链管理中企业对其战略布局的长远利益权衡。

五、持续改进供应商关系

改进供需关系，是为了彼此利益最大化。不仅如此，双方能通过良好的合作关系进一步挖掘供应链上的潜在利益需求，这样才能促进合作的稳定和持久。企业可以根据以下策略进行供应商关系改进：

（一）建立信息交流与共享机制

1. 完善彼此信息共享平台，和供应商进行成本、质量控制等的交流沟通，可以减少采购的中间环节，降低库存风险，实现降低成本的目标。

2. 让供应商参与产品设计环节，以便获得有关原料、零部件的信息，使得产品改进效率更高。

3. 与供应商建立联合小组，解决共同关心的问题瓶颈。与供应商建立基于团队的合作小组，可以更高效解决问题。

4. 使用互联网和物联网技术。

（二）及时反馈供应商评价结果

对供应商关键指标进行评价不是最终目的，而是需要供应商能够及时改进，以便更好地合作。因此采购应当及时把评价结果反馈给供应商，并和供应商积极探讨问题产生的根源，采取相应的措施予以改进。

（三）有效的激励机制

激励机制如果起不到激励作用，那么就形同虚设。没有有效的激励机制就不可能维护良好的供应关系。因此，采购部门在设计激励机制时，不仅要公平公正，还要挖掘到供应商感兴趣的激励措施，促进双方达成双赢关系，并使得这种激励机制能够长期有效。

（四）实现战略联盟

与供应商建立供应链战略联盟的出发点是增强整条供应链竞争实力，降低供应链运作成本，并且这种合作形式带来的效益是协作双方单独无法实现的。这种联盟关系能够降低外界不确定因素带来的风险，使得供应链能够应对更大的市场竞争风险，谋求更大收益。

第六章　现代物流供应链信息管理

第一节　供应链信息管理的概述

一、供应链管理面临的挑战

供应链管理是现代化企业的一种新型战略方式，各个企业借助先进的信息技术积极地参与到产品与服务的设计与配送交付过程中，同时建立了新型的合作关系。在全球化和信息化的环境中，供应链管理将面临新的挑战，在这些挑战中信息技术将是企业发展供应链的挑战，也将是机遇。

（一）提高预测准确性

供应链战略实现企业生产模块化，产品通用模块在需求确定后将它们差异化成不同的最终产品。这需要对产品通用模块生产与运输的长期预测以及对差异化需求的快速反应。客户对最终产品的差异化需求具有相当高的不确定性，这对供应链的预测能力和库存控制能力都提出了更高的要求。

（二）应对牛鞭效应

由于需求预测、提前期、批量订货、价格波动等因素增加了供应链需求的变动性引起的牛鞭效应，使供应链的很多运营管理环节的成本增加。通过对牛鞭效应的定量分析可以证明，集中需求信息的供应链相对分散，需求信息的供应链显著地减小了牛鞭效应。因此，供应链需要利用信息技术找到合适的技术和工具应对牛鞭效应。

（三）供应链协调整合

供应链中存在许多子系统，这些子系统之间以及子系统与供应链整体系统之间目标的不一致，使供应链管理面临着一个复杂的权衡问题，因此需要从全局出发考虑整个系统并协调各系统的决策。各种供应链契约在理论上可以在不同程度上实现供应链协调，但是在实践中由于难以实现对各方的监管而使设计的契约效果大打折扣。并且为了应对未来的市场变化，需要把供应链的前端——客户需求和供应链后端——供应链生产和制造整合起来。

（四）延迟策略的实施

基于时间竞争的核心在于企业是否具备将客户化定制和物流供给的准时性尽可能向后延迟的能力。延迟策略实施的前提是需要寻找不同类别产品的差异点，并尽可能延迟产品差异点生产时间，即通用模块提前生产，成品组装延迟到客户下单之后执行。通过预测预先准备大量库存来满足市场需求，使用延迟策略则能够将产品最终的生产和配送环节尽可能向后延迟。延迟策略的实施往往取决于企业的信息技术水平。

二、供应链的信息流

供应链中的信息主要包括：供应源的信息，如原材料和零件的供货期、价格、品类和技术特性等；制造信息，如产品的品种、数量、订货期、成本和批量，以及工厂情况等；配送和零售信息，如货物流向、送货的地点、数量、方式、价格和交货期，以及渠道中的库存信息等；需求信息，如需求者、购买量、价格和需求分布等。

（一）信息流的类型

供应链中的信息在节点企业之间处于传输、存储和处理状态，可以用信息流表示这种状态。供应链中的信息流按照信息的性质可以分为以下几类：

1. 决策信息流

描述供应链上各节点企业生产的产品数量决策、产品种类决策、运作成本决策、产品和服务质量决策、市场营销决策和产品开发决策等的信息交流与共享。

2. 监控信息流

指对生产过程中的产品或设施运行状态进行数据采集、分析处理、特征抽取，以此来判断各物流系统的运行情况，对出现的异常情况及时给出控制信号。

3. 物流信息流

指从订货到发货，最终将产品送到客户手中，在这个过程中有关商品流动的信息。物流信息的传递管理是最终实现供应链管理中物流顺畅的关键环节。

4. 交易信息流

供应链中企业之间的各种交易业务活动信息，可以分为需求信息和供给信息，通过企业之间的协议标准进行交换而实现。交易信息流的安全传递及管理是实现供应链过程管理的重要因素之一。

5. 资金信息流

指整个供应链中有关各项资金在流动数量、流动速度和方向、所处的位置和流动时间等方面的信息。其中最重要的是现金流，应重点关注现金流的规模、流动速度和变化趋势。

（二）信息流的特点

供应链中的信息流具有以下特点：

1. 类型众多

供应链中各个企业之间要求共享的信息种类很多，根据合作关系存在不同层次的共享信息。

2. 信息量大

供应链的节点企业内部与外部都会产生大量的数据，常常被称为海量数据。需要进行信息特征识别，关注影响供应链绩效的关键信息的共享。

3. 时效性高

信息的价值会随着存放时间的推移而逐渐丧失。供应链中的信息流管理要求所有合作企业及时收集、加工和使用有关信息，以保证其决策的有效性。

4. 来源分散

在供应链中信息来源分散，主要信息源在各个节点企业之内。因此，企业之间只有通过信息流相互集成，彼此之间无缝链接，才能实现安全传递与共享，快速适应市场变化。

5. 共享较难

供应链信息来源不同且信息量大，而各节点企业在不同的时间关注的重点和追求目标又不尽相同，就可能存在矛盾和冲突，因而信息集成与数据挖掘将会存在困难。

三、供应链信息技术的目标

能够及时获取的、合适的、准确的信息是供应链实现信息化管理的前提，运用信息技术对信息进行分析处理为供应链管理决策提供依据。供应链中信息技术的首要目标是实现生产和交付或者采购的无缝链接。这就是说，信息流与产品的实物流相一致。这样就可能基于实际数据进行计划、追踪以及估计提前期。

信息技术包含在整个供应链中用以收集、处理和分析信息的硬件与软件。几乎所有的供应链管理方法都充分利用了信息技术，如快速反应、有效客户反应、物料需求计划等。在供应链管理过程中，信息技术主要应用于以下方面：

（一）收集信息

收集并汇总供应链中包括制造、存储、配送、销售等环节的所有相关信息。零售商需要知道他们订单的状态，供应商需要预测将要从制造商得到的订单。此外，参与者需要关注他们能够看懂的信息。而仅仅实现产品在供应链中的追踪是不够的，还要实现供应链中各个信息系统的联动。例如，物料交付的延迟会影响生产计划，因此需要通知相应的系统，从而能够恰当地调整生产计划或者寻找替代资源。为了实现这个目标，就需要使产品识别方式在企业内部或者整个行业内能够标准化（例如，条形码）。例如，UPS 实施了一个追踪系统，可以提供公司所处理包裹的行踪，同时客户也可以通过这个系统追踪自己委托的包裹。

（二）集成信息

"单一信息窗口"的概念对于信息技术具有重要的影响。这意味着所有可获得的信息，不论是提供给客户的，还是内部使用的，都应该是一致的，不管是通过什么方式来获得（例如电话、网络、传真）。而这点在很多企业里面很难做到，客户需要的信息可能存在于企业内部的多个系统中或者在一些情况下，存在于多个企业中。在很多公司，信息系统像一个个的孤岛互相分离。例如，CRM 系统与其他系统都是完全分离的，制造和分销系统也是分离的。如图 6-1 所示。

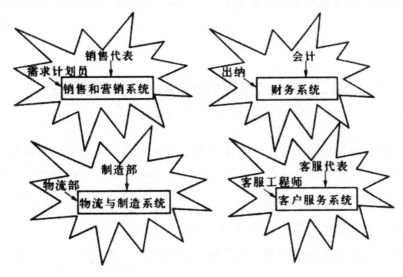

图 6-1　离散的企业信息系统

有时，一些重要的信息需要在各个系统中传输，但是这种传输不是实时的，因此，各个系统从来不会有一样的数据。客户服务代表收到了一个订单，但是不能够提供运输状态信息，工厂也可能不能够查询现在的订单。

理想的信息系统状态应该是任何人都能够得到相同的、所需要的实时数据。银行系统在这个方面做出了很好的示范，用户可以通过 ATM 机、电话、电脑得到同样的账户信息。然而，这些系统也存在缺陷，那就是不能够把客户所有的信息都集中到同一个查询点。例如，把客户的抵押贷款信息也集成到客户的账户里面。

（三）分析数据

第三个目标是分析供应链数据。信息系统必须能够通过信息收集与集成分析供应链的基本活动，及时对各项活动进行分析找到生产、组装、存储和分销产品的最有效方法，实现最优决策规划。这包含很多层面的决策：运营层面的决策，例如订单履行方式；策略层面的决策，例如库存应该如何在供应链中的仓库进行分配，未来三个月的生产计划应该如何安排；战略层面的决策，例如如何布局仓库，应该开发和生产哪些产品。为了实现这些，信息系统必须能够灵活地适应这些供应链决策，并且需要高度结构化，要求新的标准。

（四）协同合作

信息技术充当供应链伙伴间沟通和交流的工具，这是实现供应链协同、风险共担、收益共享的必要条件。供应链企业之间的协同合作对于公司的成功至关重要。供应链管理的一个重要目标就是在全球视野中优化供应链流程。这就不仅仅需要信息系统能够得到有效的整合，同时需要整合业务流程。根据公司在供应链中的角色，它可能被要求与客户的采购系统进行集成，或者要求供应商与公司的信息系统进行连接，或者是使用一个协同的平台。例如，协同预测在包装消费品行业得到了应用，供应商集成在电子行业得到了广泛应用。

第二节　供应链信息共享与集成

供应链中的信息是供应链上有关产品本身、产品生产与流通的信息及其供应链所处环境的有关信息，这些供应链节点企业中的信息是在整个供应链上传递的，因此对信息的有效集成与共享是实现供应链管理的关键。供应链上的管理人员是否能实时地了解到相关信息以应对内外环境的变化，对提高企业的响应速度是至关重要的。为了保证供应链上需求信息的真实性，信息共享是最重要的一个环节。这是解决供应链中信息扭曲问题最有效的方法。

一、供应链共享信息

供应链中的信息主要包括供应源的信息，如原材料和零件的供货期、价格、品类和技术特性等；制造信息，如产品的品种、数量、订货期、成本和批量，以及工厂情况等；配送和零售信息，如货物流向，送货的地点、数量、方式、价格和交货期，以及渠道中的库存信息等；需求信息，如需求者、购买量、价格和需求分布等。

供应链信息流根据信息的性质可以分为决策信息流、监控信息流、物流信息流、交易信息流与资金信息流，在供应链中的信息流具有类型众多、信息量大、时效性高、来源分散与共享较难等特点。并且随着供应链上企业间合作关系的加强，需要交换的信息量和种类也越来越多。交换的信息不仅包括产品的价格、数量、质量等合约信息，还包括新产品研发、设备更新和工艺技术等信息。以不同的形式共享不同类型的信息是供应链实现协同的有效途径。

（一）共享信息的功能层次

随着成员企业的合作向深度和广度扩展，所交换的信息越来越复杂，有生产过程中的信息、管理过程中的信息，甚至包括决策层的信息。根据供应链上信息共享的功能层次，可分为数据信息、应用信息和战略信息（如表 6-1 所示）。

表 6-1　共享信息的功能层次分类

信息类别	数据信息	应用信息	战略信息
说明	一般交易与流程信息共享，以降低交易费用为目的	一般的企业运营信息共享，以减少牛鞭效应	需求预测、产品开发
效益	缩短订单处理时间，降低订单处理成本	降低库存成本，更好地协调产销关系	降低需求不确定性
举例	产品品种、价格	生产能力、库存状态、供货提前期	促销计划、市场预测状况、新产品设计信息、生产成本

（二）共享信息的用途类型

按供应链上共享信息的用途和作用，可分为以下七种类型：

1. 用户需求信息

传统供应链上的节点企业通常仅仅通过订单传递需求信息，这样做势必会导致牛鞭效应，这将给供应链上各节点企业造成严重的后果，如产生大量库存、服务水平降低、物流成本过高等。若用户需求信息通过销售商的销售时点数据（Point of Sale，POS）获得，则可实现各节点企业可以共同利用销售时点数据来分析销售趋势、顾客偏好和顾客分布等，从而提高销售预测的准确性。

2. 订单状态信息

订单状态也是供应链管理中的重要信息。顾客需要掌握商品的订单处理进程状态，以便提前了解交货期。而在赊销模式下，有时销售商可能同时向不同供应商下达订单，而只与最早交货的供应商进行订单确认，撤销其他的订货。这样供应企业只能被动地接受，不能做出及时的补救措施。因此，为了满足顾客、销售商对订单信息的需求，实现该信息共享很有价值。

3. 物流过程信息

物流过程信息包括运输、保管、包装、装卸、流通加工等物流职能作业的相关信息。这些信息可保证用户、供应商、分销商能随时了解其货物在流通过程中的实际状态，确保正确的货品能在正确的时间和正确的地点交给正确的用户。如果发生意外，也能够及时地加以补救，减少供应链上企业的损失。

4. 仓储库存信息

共享库存信息是供应链节点企业之间最常用的协作方式之一。通过共享供应链的库存信息，可以降低整个供应链的库存数量水平，从而减少整条供应链的物流成本。例如，如果零售商和供应商不愿意共享库存信息，那么双方不但需要保有安全库存和大批量的周转库存，而且需要仓储设施的大量投入。这将导致企业的仓储投资和库存成本大大增加。

5. 销售预测信息

通过供应链上各节点企业共同进行联合的销售预测，能够提高需求预测精度，制订出更为准确的生产计划和配送计划，可以减少牛鞭效应，提高库存联动效益，并能降低总体库存水平。

6. 配送计划信息

生产和配送计划信息的共享，可以使制造商和供应商进行相当默契的配合，制造商既可以利用供应商的生产与配送计划来提高自己的计划准确性，供应商也可以根据制造商的生产计划来为制造商提供可靠的补给。

7. 资金流动信息

及时、准确地了解供应链上资金在数量、位置和流动方向等方面的信息，可以从财务上把握各节点企业的经营状况，还能减少供应链企业之间的财务成本，提高资金的利用率，并有利于企业对其自身的战略进行规划。

二、信息共享的方式

由于供应链节点企业经常用局部信息进行需求预测，并依据预测的结果做出自身的需求决策，以订单方式传递给上游的伙伴，上游的伙伴又同样根据局部的信息进行订单决策，所以如果某一供应链节点企业因需求的不确定性而夸大订单时，通常都会造成需求信息的畸变，这些畸变又会在供应链中被逐级放大，这通常被认为是引起供应链低效率的最大原因。应对这种牛鞭效应的一个有效方法是增加各节点企业之间需求信息的透明度，让信息充分共享。

要想实现供应链上节点企业之间信息的充分共享，首先，要运用网络技术和信息技术从技术上实现信息网络的物理集成，这是信息共享的基础。目前，因特网能实现供应链上不同节点企业之间的电子链接，通过它能够进行各种电子信息的交换、传递和查询，是一个理想的信息共享平台。其次，供应链上信息的交换需要在不同节点企业的数据库中进行，因而其必须具有功能强大的数据库，以使得通过因特网能进行快速的信息传递与共享。此外，供应链节点企业之间要建立合作机制，使彼此之间保持信任，保证信息的透明度和真实性。如果供应链企业只是从技术上实现了信息的集成，而没有真正建立起确保相互信任的合作机制，势必会影响整个供应链运作的效果和效率。

三、信息集成的内涵

信息资源的共享是实现供应链管理并提高其管理效率的必要条件，而信息集成又是信息资源共享的基础。这主要利用计算机信息技术和网络技术的方式实现。

供应链管理的信息丰富多彩，量大且种类多，它们广泛分布在处于网络环境的各企业的计算机系统中。这些系统本身可能是异构的，而且不同企业存储各自信息的数据格式和对信息的操作方式各不相同，这就需要进行数据信息集成。

（一）信息集成的概念

供应链信息集成是指将供应链上企业间分散的各种信息有机结合起来，形成一个相互联结的整体，就是要将不同数据格式和存储方式的信息进行数据的转换，尽量以统一的数据格式和交换方式，将分散的、异构性应用系统环境下的数据信息通过网络链接起来，进行数据的传输与交换，实现供应链内外信息的集成共享。

第一，供应链各节点企业的信息集成，必须使整个供应链上大量散布的异构系统的信息能够协调、有序、同步地进行实时交流。

第二，这种信息的集成是系统论的观点，集成的过程既有节点企业内部信息的无缝集成，将企业整个生产经营活动的每个信息采集点均纳入企业信息网中，从而有效解决了企业内部信息孤岛的问题；更有企业之间的交换信息集成，以达到信息共享的预定目标。

第三，供应链集成系统提供了信息集成平台，集成的最终目标是在供应链上的企业局部信息孤岛之间建立互通联系，达到系统的全局优化和系统总体性能的提高。如果供应链上企业之间的交换信息缺乏集成，即使信息技术应用再广、自动化程度再高，也只能形成一个个"自动化孤岛"。

第四，供应链信息集成的典型方式是在供应链上下游企业之间建立信息网络，使供应链中各节点企业的信息系统彼此相连，实现从供应商、制造商、分销商到最终客户的信息共享与协调，同时实现供应链管理从数据到信息、从信息到知识的提取过程。

（二）信息集成的特点

信息集成技术的实质是不要求信息需求者了解复杂而单调的数据本身，只要求懂得使用标准语言或者标准网络服务，对所需的数据进行链接访问。这样用户就能不用考虑信息转换、传递等物理实现过程，而可以轻松地从信息集成要求的唯一信息源查看信息。一般来讲，信息集成有以下几个特点：

1. 来源唯一性

由于数据的复杂性，应当将各种数据归类处理，并且由一个节点企业、一个部门专人负责输入和校对，不能有重复输入。这样可以保证信息来源的唯一性和输入的准确性，同时做到责任明确。

2. 流速快捷性

供应链管理对信息的及时与准确性要求很高，在企业内部和企业之间的信息传输和处理上，要求快速而准确，不断更新其相关信息，以便于信息的及时使用。

3. 实时响应性

信息流交换过程中要求具有实时性和响应性，输入的任何数据均遵循一定的规则存储在共享数据库中，可以随时被授权人员访问与查询。供应链上的管理人员都依据同一信息来源做出决策，这样就可以避免由于信息源差异而产生矛盾。

4. 网络化传递

跨企业的采购、生产、分销以及控制与管理决策使得系统底层处理的信息量大，供应链管理中要求企业都能知道相关用户的需求信息，对信息的实时性和响应性要求很高，而它们之间的联系也日益采取网络化的形式传递。

5. 标准化协议

供应链中各企业信息管理的系统软件、应用软件具有异构性，作为共享的信息流就必须转化为标准的格式，按照统一的传输协议来传递与共享。

6. 多路径查询

借助数据库访问技术，根据访问者的需求，管理人员从不同的关键字段，自行给共享数据设置各种查询路径，以便客户根据自己业务的需要来访问和共享信息。比如对产品销售状况的分析，可以根据产品查询，也可以根据客户查询，还可以根据销售渠道查询。灵活的查询操作使得管理者可以方便寻找出问题所在，以便寻求应对之策。

总之，供应链上的信息包括可能影响到其他供应链成员行动和表现的任何类型的数据，如需求信息、库存水平、能力计划、生产计划、销售计划等。在理想情况下，这些信息能被供应链成员实时访问。

四、信息集成的要求

信息集成必须做到对信息或知识的有效存储、传递、管理和应用。供应链上的各企业要协调它们的产品、资金和信息流，就必须能够准确地使用反映供应链状态的信息。随着市场的全球化，顾客满意度的提高越来越受到供应链管理的重视，供应链管理对信息架构的要求也发生了明显的变化。因此，必须具有如下能力：

（一）因特网互联

必须实现基于因特网的互联，以低成本实现跨企业的供应链信息管理。供应链管理的信息架构必须支持因特网范围内应用的合作和协调。

（二）异构兼容性

供应链要求地理上分散的系统进行集成，不可能要求所有要集成的系统都具有统一的标准和格式，必须具有异构兼容性。因此，供应链信息技术架构必须具有硬件平台、操作系统及编程语言异构兼容的特点。

（三）封装与集成

每个企业或多或少都会有一些信息系统，如 MRP、ERP 等，这些信息系统保存了大量珍贵的原始数据，所以新的系统必须能对遗留系统进行封装并集成到新的应用中去。

（四）重用重构性

不管是供应链信息系统还是其他信息系统，系统本身不可能一成不变，这就要求当业务发生改变时，信息系统应该具有与之相适应的可重用性和可重构性，以最少的资源来满足新的集成要求。

（五）集成难度低

一方面支撑供应链管理的信息技术架构必须基于广泛的工业标准，实现与维护要简单；另一方面必须屏蔽实体内部应用的实现逻辑，只关注业务的流程与接口，从而降低实现及维护的复杂性。

总之，现代供应链信息集成的核心策略是根据优势互补的原则建立多个企业的可重构、可重用的动态组织集成方式以支持供应链的多种应用，如库存管理、运输管理、订单管理、物料管理、生产计划等，并满足客户需求的多样化和个性化，实现反应快速一体化供应链体系的构建。

第三节　供应链信息技术的应用

由于因特网的普及以及其技术的迅速发展，特别是计算机技术、计算机网络技术、信息通信与处理技术取得的巨大进步，使得信息技术广泛应用于供应链节点企业之间的信息管理，这是现代供应链升级发展的必由之路。基于因特网的分散网络化制造和信息服务平台是一种快速响应市场而组建动态联盟的理念。本节介绍基于因特网的信息集成模式。

一、基于 EDI 的供应链信息组织与集成模式

EDI(Electronic data interchange)中文译为"电子数据交换"，国际标准化组织(ISO)将 EDI 定义为将商业或行政事务处理，按照一个公认的标准，形成结构化的事务处理或信息数据格式，从计算机到计算机化手段。它通过计算机通信网络将贸易、运输、保险、银行和海关等行业信息，用一种国际公认的标准格式，实现有关部门或公司与企业之间的数

据交换与处理，并完成以贸易为中心的全部过程。

（一）EDI 概述

EDI 包含了三方面的内容，即计算机应用、通信网络和数据标准化。其中，计算机应用是 EDI 的条件，通信环境是 EDI 应用的基础，标准化是 EDI 的特征。这三方面相互衔接、相互依存，构成了 EDI 的基础框架，并具有以下特征：

1. 单证格式化

EDI 传输的是具有固定格式与行业通用性的格式化的数据。

2. 报文标准化

这是计算机能自动处理的前提条件。目前广泛使用的 EDI 标准是 UN/EDI FACT（联合国标准 EDI 规则适用于行政管理、商贸、交通运输）和 ANSIX.12（美国国家标准局特命标准化委员会第十二工作组制定）。

3. 处理自动化

自动处理传递来的信息实现的数据交换，实现机一机、应用一应用的交换，不需要人工干预。

4. 软件结构化

EDI 功能软件由用户界面、内部电子数据处理系统接口、报文生成与处理、标准报文格式转换、通信五个模块组成，模块间功能分明，结构清晰，形成了 EDI 较为成熟的商业化软件。

5. 运作规范化

EDI 报文方式交换信息有良好的商贸背景，是目前商业化应用中最成熟、最有效、最规范的电子凭证之一，其具有的法律效力已被普遍接受。

（二）EDI 系统结构

在 EDI 系统中，EDI 参与者所交换的信息客体被称为报文，在交换过程中，所交换的报文都是结构化的数据，整个过程都是由 EDI 系统完成的。

（三）EDI 在供应链中的应用

EDI 是供应链企业信息集成的一种重要工具，一种在合作伙伴企业之间交互信息的有效技术手段，特别是在全球进行合作贸易时，它是在供应链中联结节点企业的商业应用系统的媒介。基于 EDI 的信息集成后，供应链节点企业之间与有关商务部门之间也实现了一个集成，形成一个集成化的供应链。其先将企业各子公司和部门的信息系统组成局域网（LAN），在局域网的基础上组建企业级广域网（WAN），再与其他相关企业和单位连接。

与其他单位的通信连接方式通过 EDI 中心或因特网。

EDI 由于投资大、缺乏开放性等原因，发展很慢，只有少数大公司能采用，并且只能在大公司之间使用专用数据交换网。我国 EDI 应用起步晚，目前主要在一些沿海省市以及海关总署、中远集团等单位使用。建立基于 EDI 的供应链信息组织和传递模式，各企业都必须遵守统一的商业操作模式（标准），采用标准的报文形式和传输方式，随着因特网的发展，传统的客户／服务器模式 EDI 也将向浏览器／服务器模式转变。

二、基于 Intranet 的企业信息集成

Intranet 是一个组织内部使用 Internet 技术实现组织各部门间信息访问的内部网络，Internet 技术的迅速发展推动了 Intranet 的发展，但 Intranet 不是对 Internet 的简单模仿。Intranet 的具体形式就是一个使用 Web 浏览器界面的企业集成信息平台。

（一）Intranet 信息集成平台的特点

Intranet 的主要目标应该是让企业员工在任何时候，都能方便、高效地借助 Web 浏览器在熟悉的地方找到所需要的信息。基于这个思想，利用 Intranet 技术建立起来的企业集成信息平台的主体目标就是使企业员工和合作伙伴能方便地实现对企业信息的共享。其平台具有如下的特点：

1. Intranet 既可以独立组网，也可以接入 Internet 成为 Internet 的一部分。

2. Intranet 以 WWW 技术为基础，其优点在于协议和技术标准是公开的，可以跨平台组建。WWW 的基本模式是服务器／浏览器（Server/Browser）的组合，可以实现信息的双向流动。

3. 开放性。Intranet 既可将企业内部各自封闭的信息孤岛联成一体，实现企业级的信息交流和资源共享；又可方便地接入 Internet，使企业内部网成为全球信息网的成员，实现世界级信息交流。

4. 通用性。Intranet 可以使供应链节点企业利用图、文、声、像等各类信息，实现节点企业内外部的事务处理、经营销售和信息发布等企业所需的各种业务管理和信息交换。

5. 简易性。Intranet 采用了统一的用户界面以及诸如 TCP/IP、HTML、WWW 等一系列标准的协议和技术，使系统可增量式地构造和扩展、低成本地开发和运营，操作简单以及维护更新方便。

（二）Intranet 信息集成的结构层次

基于 Web 界面的企业信息集成平台是一个很好的信息集成系统，其主要任务是集成化地组织和管理企业信息。它作为企业内部网络化的公共信息环境，能有效地集成企业的技术、制造、经营和管理等各方面工作所需的，产生于企业内部和外部的各种信息，既满足企业内部各系统各层次人员在业务工作中对信息共享的需求，又满足企业与合作伙伴间协

同工作的信息需求，使得企业在产品开发、制造、经营管理和对外合作等各方面工作能快速、高效地进行。

在浏览器界面下，这三个层次的接合浑然一体，使集成平台很容易为企业用户所熟悉和接受。

三、基于 Internet 的供需信息交换

Internet 在供应链企业中的应用以及与 Intranet 的集成，是供应链中信息技术发展的必然趋势。由于 Intranet 面对企业内部，主要用于凝聚企业内部各个部门以及各个职工，而 Internet 面对的是全球的用户，它是企业走向全球市场的"桥梁"。

（一）信息系统模式转变

如果将信息系统的部分功能转移到 Internet 上，实现 Internet/Intranet 的集成，或者是基于 Internet/Intranet 技术和思路开发信息系统，则集成后的信息系统将与传统的信息系统在操作模式上有相当多的不同。集成后的信息系统实现了从传统信息系统向 Internet/Intranet 集成模式的转变，可以形成供应链的全球化信息资源网络，提高供应链网络的整体运作效率和管理效率。

（二）供需信息交流方式

在 Internet/Intranet 集成网络环境下，供应链中企业内部与企业之间通常都是通过双方的 IP 和主页来完成信息交流的，这种信息沟通方式无论从效率上，还是从时间上都是传统方式无法比拟的。

四、基于 Internet/Intranet 的信息集成

基于 Internet/Intranet 的供应链企业管理信息系统，可以使供应链节点企业之间更好地实现信息的组织与集成。在供应链企业的管理信息系统中，高速数据专用线可以将一般节点企业与 Internet 骨干网相连，而路由器可以将节点企业与 Intranet 相连，再由 Intranet 内主机或服务器为其内部各部门提供存取服务。计算机既可以是 Internet 的节点，又可以是 Intranet 的节点，它们之间的范围由服务范围和防火墙来界定。

（一）内部信息交换系统

由于企业的事务处理、信息共享和协同计算都建立在 Intranet 之上，因此 Intranet 已经成为企业管理信息系统的核心，企业与外部交换信息也以 Intranet 组织的信息为基础。故企业在建立了硬件框架之后的关键工作就是要决定在 Intranet 上共享信息的组织形式。如数据库服务器用于存储企业的基础数据和业务处理数据，应用服务器则是 Web 服务器与数据库服务器的中间接口，完成两者的数据交换。这个系统主要由企业部门内独立的个人计算机应用系统组成，主要涉及企业内部所有部门的业务流程。它们所处理的信息

是企业内部 Intranet 信息共享的主要对象。

（二）外部信息交换系统

通过 Web 服务器（Internet 和 Intranet 软件的主要部分），企业利用 Internet 既可以与不同地域的分销商、分支机构、合作伙伴进行信息沟通，实现对重要客户的及时访问与信息的收集，又可以实现企业的电子贸易，在网上进行售前、售中、售后服务以及金融交易，这一层的工作主要由企业外部 Internet 信息交换来完成。这样，企业就有必要就规定交换信息的种类、格式和标准与交换对象签订协议。

（三）信息系统的集成

在集成供应链管理环境下，企业需要设立内部系统之间信息交换的数据接口，才能实现内部独立的信息处理系统之间的信息交换。以往由于企业各部门的信息系统之间在系统结构、网络通信协议、文件标准等环节的不统一而使各部门的信息系统呈现分离的局面。通过 Internet 的"标准化"技术，统一企业各部门的信息系统的结构、通信协议和文件标准等环节，可以以更方便、更低成本的方式来集成各类信息系统，将企业内外部信息环境集成为一个统一的平台整体。在基于 Internet/Intranet 实现信息环境的组织与集成以后，供应链企业之间也就形成了一个基于 Internet/Intranet 的集成网络结构。

五、基于物联网的供应链信息组织与集成

物联网是指在计算机互联网基础上，利用电子产品代码（Electronic Product Code，EPC）、射频识别、无线数据通信等技术，构造的一个覆盖世界范围的实物互联系统。物联网是互联网和移动通信网的应用延伸和进化，被誉为继个人计算机、互联网与移动通信网后的第三次全球信息化浪潮。物联网通过人与人、人与物、物与物之间的互联，从最初的简单传感网演变为范围更大的、复杂的泛在网络，各自治单元间通过智能协同与互动，解决信息化发展中的管理、决策和控制问题。物联网比互联网、传感网技术更复杂、产业辐射面更宽、应用范围更广，对经济社会发展的带动力和影响力更强。

基于物联网可以实现供应链的可视性，把关于顾客需求和存货水平的完全信息在供应链中每一个企业之间进行传递，不仅可以减小牛鞭效应的影响，而且有助于实现供应链的整体协同。基于物联网的供应链信息组织与集成很大程度上要依靠 RFID 射频技术，但又不同于以往的基于 RFID 技术的供应链信息组织与集成方式，基于物联网的信息集成对物理世界的信息捕捉更灵敏与全面。

（一）物联网体系结构

在体系结构指导下建立物联网系统时需要在物品连接模式、通信协议和服务机制三个层次来分析物联网具体的实现方法。

1. 物品连接模式

利用传感技术，如 RFID 射频技术、WSN 无线传感器网络等赋予日常使用的物品计算和通信的能力，以在其他物品或计算机的帮助下实现彼此间状态信息的交换，构成智能物品是组成物联网的基础。在物联网环境下，智能物品间可以通过自组织的模式建立更高级的协同智能模型，物品之间的连接模式决定了系统对智能物品的计算、组网和网关方面的需求，并且也决定了对智能物品的状态和业务模型进行配置的灵活性。物品连接模式主要有直接连接、网关辅助连接与服务器辅助连接。由于智能物品的泛在性，一般而言智能物品的计算和组网能力有限，因此目前常见的连接模式是网关连接。在该连接模式下，网关是实现物品互联的核心设备。

2. 通信协议

不同的连接模式决定了智能物品需要实现的通信协议，比如在直接连接模式下，智能物品需要实现物理层、链路层、网络层、传输层和应用层；而在网关连接模式下，网关需要实现这五个层次的通信协议，但智能物品可以不包含网络层与传输层。由于物联网需要集成各种采用不同通信协议的感知、通信和计算设备，因此通过网关可以解决骨干网（如 Internet）和智能物品（如智能电器）之间以及智能物品之间协议异构带来的互联问题。以物联网网关为示例，按"自顶向下"的原则介绍目前已经提出的物联网各层通信协议，包括应用层、传输层、网络层、链路层与物理层。

3. 服务机制

在一定的连接模式下，基于上述通信协议，以采用不同的软件技术实现各种物联网服务机制。目前主要的物联网服务机制有以下三种，即 Web 服务（Web Service，WS）、远程对象（Remote Object，RO）和多智能体（Multi-Agent，MA）。

（二）物联网硬件技术

物联网感知层的基础设备是获取信息的触手，通过它们从物理世界获得信息，是物联网后续活动的基础。

1. RFID 射频技术

RFID 射频技术是一项利用无线射频信号通过空间耦合（交变磁场或电磁场）实现无接触信息识别目的的技术。RFID 给每个物体在信息世界里提供一个标识，就像互联网中的地址。射频识别系统由电子标签、阅读器和天线三部分组成。作为物联网感知层的硬件设备支持之一，硬件提供商需要提供射频识别系统的电子标签和阅读器以及相应的产品服务。

2. WSN 无线传感器网络

从广义上讲，就是使用各种传感仪器对远距离目标和现象进行信息获取。由于需要适用于远距离目标，所以通常采用无线的或者非接触式的传感仪器。传感器网络利用部署在目标区域内的大量节点，协作地感知、采集各种环境或监测对象的信息，获得详尽而准确的信息，比如温度、湿度、浓度等信息。

对比 RFID 与 WSN 技术，二者都是把信息从物理世界提取和转换到信息世界的技术，而它们的不同点在于：使用射频识别技术，标识被附着在物体上，信息在物体被贴上标签时就已经产生。这样信息的源头在物体上，通过 RFID 被传入信息世界。而传感器技术里，信息在传感器探测之后，并通过探测和感知信息直接传递于信息世界。

3.ZigBee 传感技术

ZigBee（又称紫蜂协议）是一种短距离、低功耗的无线通信技术，有自己的协议标准，在数千个微小的传感器之间相互协调实现通信。这些传感器只需要很少的能量，以接力的方式通过无线电波将数据从一个传感器传到另一个传感器，通信效率高。每个网络节点间的距离可以从标准的 75 米扩展到几百米甚至几千米。当物联网需要数据采集或监控的网点多，要求传输的数据量不大，并且要求设备成本低，传感器体积小，不宜放置较大的充电电池或电池模块时，可以考虑选择 ZigBee 传感技术。

4. 纳米技术

使用传感器技术就能探测到物体物理状态，物体中的嵌入式智能能够通过在网络边界转移信息处理能力而增强网络的威力，而纳米技术的优势意味着物联网当中体积越来越小的物体能够进行交互和连接。

（三）物联网信息集成

在物联网环境下使物品通过射频技术等硬件技术接入网络实现供应链的高质量数据交流，对每一件物品提供单独的识别身份及储运历史记录，从而彻底实现各环节追踪以及供应链的可视化。基于物联网的供应链可以掌握物品更丰富与全面的信息，包括转运点、库存情况、运营情况甚至是消费者的使用情况，据此可以识别并纠正低效率运作的情况，因而可集中资源开发，从经济、运营、环境及安全方面提供最佳的生产运营方案。

1. 减小牛鞭效应

基于物联网供应链上的信息实现共享，上、下游企业能正确使用当前市场需求的数据有助于做出精确的预测，而不仅仅是依靠下游企业的订单进行预测。物联网环境实现的供应链可视化允许链上伙伴更好地进行协作生产运营，这样可以降低成本、缩短提前期，使供应链存货水平降低，从而减小牛鞭效应的影响。

2. 提高预测精度

基于物联网实现的供应链信息集成实现了产品信息、库存信息、销售信息、订单信息、生产信息、物流信息在供应链各节点企业之间准确的传递。将各节点企业成员看成一个整体，自下而上共享信息，共同预测消费者需求和市场变化，可避免由于信息不对称造成上下游博弈以及价格波动导致成本上升。

3. 提供创新途径

基于物联网实现的供应链信息集成实现了对链上物品从原材料、生产、存储至消费者使用的全过程可追溯，产品制造商及供应商、后市场运营商等企业可以通过全供应链信息剖析市场对产品的反应，据此进行产品性能、服务方面的创新，提升产品供应链的市场竞争优势。

第四节　供应链的管理信息系统

管理信息系统（Management Information System，MIS）是一个以人为主导，利用计算机硬件、软件、网络通信设备以及其他办公设备，进行信息的收集、传输、加工、储存、更新和维护，以企业战略竞优、提高效益和效率为目的，支持企业的高层决策、中层控制、基层运作的集成化的人机系统。供应链管理信息系统（Supply Chain Information System，SCIS）是按照流程进行供应链组织间的计划、安排进度表和供应链计划的执行和控制，着重于整个供应链和供应网络的优化以及整个供应链计划的实现。

供应链计划系统一般是建立在供应链核心企业的计划系统上的，以这些企业的计划体系为原型，开发的企业的计划信息系统，包括物料需求计划（MRP）、制造资源计划（MRPⅡ）、企业资源计划（ERP）、采购计划（PM）等。

在企业计划信息系统的基础上，考虑战略管理与决策、管理协调与控制、生产与物流运作，可构成企业整体的信息系统体系。在这个体系中，将信息系统划分为战略、管理、运作三个层面，每个层面包含决策、计划和执行信息系统。

一、决策支持系统

供应链信息系统管理软件（如ERP、SAP）试图通过基础构件将企业的功能集成在一起，从而提高企业的运营效益，但是软件无法回答应该做什么、在哪里、什么时间、为谁做等基本问题，这正是计划人员利用决策支持系统（DSS）所要解决的问题。

决策支持系统各不相同，根据企业规模、问题的复杂程度可以从自行分析的电子表格到综合各领域专家专业知识给出可能答案的专家系统。无论哪一种要成功使用决策支持系统，都必须选择合适的绩效衡量标准，比如以减少总成本为目标的决策或提高客户服务水平，并且DSS的接口通常允许用户选择不同目标。

DSS是以数据分析为基础的，因此一旦数据收集到后必须进行分析和处理。DSS的数据分析有两种方法。首先是利用商业分析工具，这类工具往往适用于对通用目标的决策，并通过 ERP 提取数据。这种情况下通常使用以下技术：

第一，信息查询。信息化时代对海量信息处理人工分析已是很困难，而决策者通过商业分析工具对数据进行提问则使决策得到了简化。比如："公司这个月的销售量是多少？多大比例来自本国消费？"

第二，统计分析。当通过上述简单提问无法解决问题时，利用数理统计分析的方法来确定大量数据所呈现出来的趋势。比如平均库存、销售量等。

第三，数据挖掘。随着企业业务的丰富，数据库规模不断扩大，内容增多，利用信息技术工具可以寻找数据中潜在的规律、模式和关系。例如，超市销售数据挖掘中发现购买啤酒与纸尿裤的关系后，帮助决策者对商品布局做出调整。

第四，在线分析处理工具。以直观的方式查看企业的数据，这些数据通常存储在数据库里，在线分析处理工具根据普通业务维度汇总数据，并提供各种方式查看数据。这个工具比电子表格更先进，比数据库工具更容易使用。

除了上述通用型的商业分析工具，还有一种工具就是利用 DSS 提供专门的接口，针对需要解决的具体问题来显示和报告相关的数据，具备了一些解决问题的嵌入式知识。由于这类问题都较为复杂，这些系统通常使用以下分析类型来提供决策支持：

第一，计算器。当变化是可预见的、易于评估的，决策支持工具的简单计算就能得到保证，比如在对一些产品的预测或库存管理中，而其他的则可能需要最先进的工具。

第二，仿真。针对一些具有随机因素的数据分析，计算机建立一个流程模型，并赋予每个随机因素一定的概率分布。当此模型运行时，计算机即完成了随机过程的模拟。

第三，人工智能。人工智能工具能用来分析 DSS 系统的输入数据。一些供应链管理的 DSS 确实能使用智能代理来计划和执行不同的活动，其中所谓代理是一个软件程序，目的是和其他代理之间进行交流和相互影响，这样能在全局层面上进行整个供应链的决策。例如，智能代理帮助确保客户服务代表做出有关最优提前期的辅助决策。

第四，数学模型和运算法则。数学工具通常根据运筹学原理与方法利用数据找到问题的潜在解决方案。例如配送中心的选址问题、卡车运输路线的优化等。

在实际应用中，分析工具往往是以上几种工具的综合使用。几乎所有的决策支持系统都提供一整套工具，并且还可以利用电子表格这类工具进行更深层的分析。

二、供应链计划系统

高级计划与排产（Advanced Planning and Scheduling, APS）软件是一种基于供应链管理和约束理论的先进计划与排产工具，包含了大量的数学模型、优化及模拟技术，其功能优势在于实时基于约束的重计划与报警功能。在计划和排产过程中，APS 将企业内外的资源与能力约束都考虑在内，用复杂的智能化运算法则，做常驻内存的计算。

APS在提高企业经济效益方面的潜能是巨大的，它能及时响应客户要求，快速同步计划，提供精确的交货日期，减少在制品与成品库存，并考虑供应链的所有约束，自动识别潜在瓶颈，提高供应链资源利用率，从而改善企业管理水平。

（一）APS的功能

APS覆盖了供应链管理战略层、战术层及操作层三个计划层次。其中，战略层包括供应链战略、供应链计划，战术层包括需求计划与预测、制造计划、操作计划、分销计划，操作层包括可承诺能力（Capable to Promise, CTP）、车间作业排产、运输计划、承诺可供货量（Available to Promise, ATP）。

APS的主要功能是实现对计划与排产优化的目的，它能代替ERP系统中预测计划、MPS、MRP、CRP（Capacity Requirement Planning）、DRP（Distribution Resource Planning）及生产计划功能。但APS具有更大的功能优势，计算速度更快，可以并发考虑供应链的所有约束，并基于约束的计划结果传给上游和下游合作伙伴，在交互环境中实施解决问题和供应链优化的方法。在运行APS时，其优化与模拟功能主要考虑五类约束，分别为资源约束、库存约束、运输约束、商业规则约束以及财务约束。

（二）APS的应用

APS系统需要大量的数据支持完成计划与排产任务，因此需要其他系统的数据与功能的支持。而ERP是目前企业广泛使用的管理系统，能够提供相当完备的数据，而且其功能也覆盖了企业管理的各个方面。因此APS与ERP通过集成来弥补各自的不足，整合各自的优势。

1.APS在需求计划方面的应用

APS用统计工具、因果要素和层次分析等手段进行更为精确的预测，用包括Internet和协同引擎在内的通信技术帮助生成企业间的最新和实时的协作预测。

2.APS在库存优化方面的应用

利用APS技术，对库存进行分类使企业能够分解供应链中的平均库存水平，揭示出过去持有库存的不同原因并显示各种库存的相对重要性。APS利用过去足够长一段时间（如半年）观测到的数值计算平均库存水平，找到合适的库存成本—收益的平衡点。APS有助于整个供应链看到库存的益处，找到决定库存水平的因素以确定目标库存水平。

3.APS在分销配置方面的应用

分销计划帮助企业分析原始信息，然后企业能够确定如何优化分销成本或者根据生产能力和成本提高客户服务水平。APS供应链计划可以帮助建立在供应与需求之间的详细匹配，可以统一考虑采购、生产制造、分销、运销的约束，使得整个供应链同步，自动产生可执行计划。动态处理决定库存如何，何时分配与配送，结合分销网络计划与部署计划可以保证最优地利用制造、分销和运输资源来满足预测需求和实际需求。

4.APS在运输计划方面的应用

基于APS技术的运输计划就是帮助确定将产品送达客户的最好途径。运输是物流决策中的关键所在，除采购产品的成本外，一般来讲运输成本比任何其他物流活动的成本所占比重都要高。利用APS软件对运输方式选择、承运人运输路线的规划、车辆调度和集中运输等内容进行决策支持。

（三）APS的未来

APS未来的发展必须嵌入ERP平台，形成ERP高级计划，将ERP扩展到高级供应链管理，利用无所不在的电子网络，使企业的供应链管理从原料供应、工程设计到零件制造和最后的组装、分销，最终到消费者实现有效的合作，加快整个物流的速度。企业可以实现更精确的预测、更实时的生产计划、更严密的配送计划、更低的安全库存，使企业的个性化响应以满足需求的能力大大加强。

成功的企业将是在供应链网络中实现商业协作与技术的有效结合，并以一种协作方式实现共享彼此资源的企业。

三、供应链执行系统

供应链执行系统综合运用了计算机技术、网络通信技术、物流管理和决策方法，辅助管理人员进行物流数据管理和决策。供应链执行系统主要包括仓储管理系统（WMS）、运输管理系统（TMS）、分销配送系统（DRP）、配送中心管理信息系统（DCMS），企业也可以根据自身业务需求开发新的供应链执行系统。

（一）仓储管理系统（WMS）

仓储管理系统（Warehouse Management System，WMS）是一个实时的计算机软件系统，它能够按照运作的业务规则和运算法则，对信息、资源、行为、存货和分销运作进行更完美的管理，提供仓库库存管理、追踪在库库存以及安排仓库运营策略，使其最大化满足有效产出和精确性的要求。WMS一般包含如下几个功能模块：入库作业、存货管理、出库作业、查询报表、财务结算等，功能齐全的WMS还会包括储位优化、补货管理等功能。

WMS系统不仅具有面向业务人员的单据管理，更重要的是针对一线操作岗位的作业管理，将一线操作人员作业数据实时连接到信息系统中，把客户的要求通过系统自动分解为若干个操作任务，并实时动态分配到具体操作岗位。同时业务人员通过一线岗位作业情况的实时汇总进行业务流量调节，实现仓储作业的有序、高效运转。

（二）运输管理系统（TMS）

运输管理系统（Transportation Management System，TMS）的主要功能是对物流中运输环节的具体管理，包括车辆管理、在途货物的管理等，并提供内外部的接入口，以便追踪在途货物。在这个层面可能会有一些路线规划和运输能力的计划，但是它在范围或者时间方面都比运输计划系统小得多。

先进的 TMS 系统能做到以实时方式追踪每次运货订单及明细项目，根据顾客要求和企业成本进行接驳式运输地点的选择，并考虑关税影响来优化国际多式联运业务，实现整个企业的运输资源优化。

（三）配送中心信息系统（DCMS）

配送中心信息系统采用大集中的管理模式，使得各配送业务节点之间实现信息高度共享，增加了企业基于配送作业情况进行企业决策的及时性和客观性，有助于企业实现数字化管理，从功能上满足区域配送服务，并支持与铁路、水运、航空等运输方式的联运。配送中心信息系统重点解决物流活动过程的核心问题，即系统性、协调性、经济性等。

第七章　现代物流与供应链管理的创新发展

第一节　第四方物流

一、第四方物流概念

第四方物流供应商是一个供应链的集成商，它对公司内部和具有互补性的服务供应商所拥有的不同资源、能力和技术进行整合和管理，提供一整套供应链解决方案。因此，第四方物流实质上就是一个将自身现有资源、技术进行结合并提供供应链综合解决方案的企业或组织。可以从四个方面把握：

（一）第四方物流是对企业内外物流资源的整合和管理

第四方物流既不是企业物流服务与管理的全部外包，也不是完全由企业自己完成物流服务的内部管理。第四方物流要拥有全面的管理能力和协调能力，需要通过把不同公司的现有资源进行集成整理，全面分析各个公司的特点，从而进行相应的调整，最终提供具有第四方物流特色的服务。物流业务外包一方面有利于企业经营管理，不仅能降低成本，提高服务水平，还能为企业节约时间成本，减少工作的复杂性等。此外，第四方物流有利于公司的物流资源配置，提升管理水平，为客户提供专业化的物流服务，提高顾客满意度。

（二）第四方物流是通过签订协议形成的组织

第四方物流要实现委托客户企业内外物流资源和管理的集成，意味着要进行多个企业的资源整合，其流程是相当复杂且烦琐的；第四方物流要提供全面的供应链解决方案，就需要与主要委托客户企业或服务供应组织签订合资协议或长期合作协议来形成一种稳定的关系。

（三）第四方物流是在第三方物流基础上延伸和发展起来的

在实际运作中，第三方物流虽然增加了组合操作，但还是把主要精力集中于运输和仓储，缺乏使整个供应链与技术真正一体化连接的策略。企业为了实现建立一体化供应链来提高服务水平、保持效益持续增长的目标，就形成了对第四方物流服务的需求。第三方物流企业长期从事物流供应链管理，已经在各种高附加价值活动的提供和管理方面具备了综合协调管理的经验和相应的管理能力，第四方物流就是在先进的第三方物流的基础上发展起来的。

（四）为顾客提供最佳的增值服务是第四方物流的重中之重

发展第四方物流需要平衡第三方物流的能力、技术、性能和物流过程管理等，通过影响整个供应链来共同获得增值服务。

二、第四方物流的基本功能

第四方物流在实际运作过程中，主要有下列四个功能：

（一）第四方物流可以为企业提供全面的供应链问题解决措施

第四方物流不仅具有第三方物流功能，还具备信息管理和服务咨询的能力，可以向顾客提供一系列系统、全面的物流作业服务，使所有相关企业资源在供应链体系中得到合理配置与运用。通过企业在进行物流活动时的各个环节的合作与协调来改善供应链管理，第四方物流可以提供全面的措施来解决供应链上的问题，体现了流程再造、供应链过程协作和设计的要求。

（二）第四方物流具有强化供应链职能的功能

第四方物流可以集中调整与改善某一具体的供应链职能，包括作业方案、销售管理、采购计划、顾客反馈等。第四方物流充分应用新技术，进行战略思维、流程再造和卓越的组织变革管理，共同组成最佳方案，对供应链活动和流程进行整合和改善。第四方物流可以依据客户特性来提供相应的管理方案和解决措施，并且能够随时根据行业的发展程度及时进行调整。

（三）第四方物流具有系统集成功能

第四方物流服务企业帮助客户实施新的业务方案，包括业务流程优化、客户公司和服务供应商之间的系统集成，以及将业务运作转交给第四方物流的项目运作小组。第四方物流承接多个供应链职能和流程的运作，工作范围远远超越了传统的第三方物流服务与运作管理，有利于实现供应链系统管理的服务过程一体化。

（四）第四方物流可以为顾客提供增值服务

第四方物流充分利用一批服务供应商的能力，包括第三方物流企业、信息技术与服务供应商、合同物流供应商、呼叫中心、电信增值服务商等，再加上客户的能力和第四方物流自身的能力，通过对供应链产生推动作用来实现增值服务。所以第四方物流要及时掌握供应链活动流程，在优化自身管理系统的同时，满足顾客需要。

三、第四方物流和第三方物流的区别

（一）从服务范围看

第四方物流和第三方物流相比，服务范围更广，对进行的物流作业有更新、更高的要求，服务内容也更为具体化、个性化。第四方物流最为突出的特点是它可以更快、更好且更为廉价地进行货物运输。因此，第四方物流不只是在操作层面上借助外力，其在决策层面上也会依靠外部力量，将物流服务水平往更高的水准上推进。

不管是运输顾客所需产品的简单服务，还是为企业设定一系列的物流活动与流程系统等复杂的服务，第四方物流公司都能够提供给客户最好的服务工作。换句话说，第四方物流就是物流业的外延与伸展。

（二）从服务职能看

第三方物流侧重于实际的物流运作，在物流实际运作能力、信息技术应用、多客户管理方面具有优势。第四方物流则侧重于在宏观上对企业供应链进行优化管理，在管理理念创新、供应链管理方案设计、组织变革管理指导、供应链信息系统开发、信息技术解决方案等方面具有较大的优势。

（三）从服务目标看

第四方物流面对的是整个社会物流系统的要求，通过电子商务技术将整个物流过程一体化，最大限度地整合社会资源，在一定范围甚至全球范围内进行资源的合理优化配置，选择最优方案。而第三方物流面对的是顾客需求产生的一系列物流信息化服务，通过把现有资源信息进行集成整理，再对供应链进行调整，最终实现顾客需求。

（四）从服务的技术支撑看

发展前景广阔的网络经济成就了第四方物流。第一，互联网提供了一个广阔且国际化的发展大平台，可以实现高速、及时、快捷、安全的信息共享。第二，通过互联网平台，可以减少不必要的成本费用，用最小成本实现资源的高效配置。互联网信息共享平台更有利于减少信息不对称，使中小企业也能够获益。第三，互联网信息平台不受时间、地点限制，能够进一步减少企业成本，从企业自身经济角度出发，发展第三方物流公司或其他物流行业内部信任的物流联盟模式，最终实现物流资源的最优配置与行业集成。

四、第四方物流的运作模式

第四方物流提供了三种运行模式，即协同运作模式、方案集成模式、行业创新模式。

（一）协同运作模式

协同运作模式需要第四方物流和第三方物流进行合作、协作，结合两者优势进行互补，

科学合理整合物流系统，实现最大限度优化；与相关方面的专家学者合作，制定供应链战略。第四方物流和第三方物流签订商业合同，选择组建战略联盟的方式进行合作，两者的关系像是大脑和四肢，第四方物流负责思想，制定策略；第三方物流负责执行落实，实现两者的共同目标。

（二）方案集成模式

方案集成模式将第四方物流当成一个枢纽，集成多个服务供应商的能力，为企业制订合理的供应链管理方案，并加以落实。第四方物流不仅可以依靠自身资源和能力，还能借助第三方物流的力量，将周边的资源、技术、设备等有效集成，更好地为客户进行供应链规划。第三方物流则通过第四方制订的方案进行工作，确保顾客需求得到满足。

（三）行业创新模式

行业创新模式是方案集成的进一步升级与延伸，这个模式中的第四方物流连接着第三方物流企业和客户，实现企业供应链的优化整合，为同一行业的多个客户提供服务，并提出促进企业间合作的科学供应链方案。第四方物流还将促进第三方物流的优化发展，为供应链下游的客户提供优质服务。不难看出，在此模式里，第四方物流是重中之重，它负责的是整个行业的改善运行工作，因此工作流程十分复杂，但同时它带来的收益也是巨大的。第四方物流可以通过高效运作能力实现供应链集成，从而进一步提高整个行业的经济效益。

第三方物流建立在企业物流业务外包的基础上，第四方物流则是建立在第三方物流基础上的企业物流策划能力外包。第四方物流的快速发展使企业面临更少的物流层面的限制，让企业能够集中精力开展核心业务，进一步提高企业运作效率。

第二节　绿色物流

一、绿色物流概述

（一）绿色物流的概念和特征

绿色物流是一个以减少资源浪费、降低污染环境、减少资源消耗为目标，借助先进物流技术规划和实施的运输、储存、包装、装卸、流通加工等物流活动。它也是一种快捷有效的针对绿色产品和服务的流动绿色经济管理活动过程，也可称为环保物流。总之，那些不会损害生存地域环境的物流被称作绿色物流。专业物流企业是绿色物流的主要行为主体，相关生产商、销售商、客户等也与其有所关联。

常见的物流活动的目标有实现自身企业的销售盈利、提高企业服务水平、满足客户所需、提高行业占有率等，这些目标都是为了提高自身经济利益。与常见物流活动不太相同，绿色物流除了满足常见目标外，同时还不断追求节能、节源与环境保护这类社会经济性目标。值得一提的是，从企业利益视角出发，节约资源、保护环境与获得经济利益，这三者的目标实际上是相同的，不过对于某些特定的物流公司，这三者是相反的、矛盾的。

绿色物流不单单具有一般物流的特点，还有着多目标性、多层次性、时域性和地域性等特点。

1. 多目标性

多目标性意味着企业在进行物流活动作业时，需要立足实际，坚持走可持续发展之路。大力提高保护生态环境的意识，追求经济效益和生态环境的有机结合，实现经济效益、顾客利益、社会效益与生态环境效益四者的协同发展。另外，绿色物流的各个目标既相互矛盾又相互制约，如果某个目标达成度提高，那么其他目标的达成度就会下降。所以，绿色物流必须解决的问题是如何从可持续发展的角度出发，以生态环境效益为基准，促使其他三个效益得到发展，实现多目标的平衡协调。

2. 多层次性

绿色物流的多层次性包括下列内容：

第一，从管理和控制主体出发，绿色物流可划分为宏观层次的社会决策层、中观层次的企业管理层和微观层次的作业管理层。社会决策层通过运用政策来进行绿色观念的宣传；而企业层则是与其他公司进行合作协调，一同完成双方供应链的优化升级，实现对企业绿色物流系统的规划控制，从而创造高效的循环物流系统，实现资源的优化再利用；作业管理层是绿色化物流过程，在包装、运输方面实现环保绿色化，以及实现流通加工绿色化等。

第二，从系统的角度来看，多个单元（或子系统）构成了绿色物流系统，包括绿色包装子系统、绿色存货子系统，以及绿色运输子系统等。也可以根据角度的不同，对子系统进行更为细化的分类，各个子系统有着各自的层次，和不同层次的子系统相辅相成，最终形成一个有机系统整体。这个有机系统能够优化自身结构，促进绿色物流系统的进一步提升，最终实现绿色物流系统的整体目标。

3. 时域性和地域性

时域性就是指绿色物流管理活动贯穿产品生命周期的全过程，包括从原料供应、生产内部物流、成品的包装、运输、分销，直到报废、回收的整个过程。地域性的表现形式有两种：第一种是因为国际化经济，世界各地联系密切，物流活动早已不再受到空间限制，有着跨地域的迅猛涨势；第二种是指绿色物流管理活动不能单单依靠一个或几个企业的力量，它需要供应链上所有企业的积极响应和参与。

（二）绿色物流的产生背景

目前对于绿色物流，尚未有一个统一的概念，而国内外学术界与工业界对绿色物流的范畴描述也不尽相同。因为绿色物流对象和服务范围并不是一致的，所以会有概念性的偏差。不过存在一个整体的、普遍被接受的绿色物流定义，即它是以降低能源的消耗率、减少污染为发展目标，运用物流技术对企业经营进行优化的一个过程。而这一概念的提出与兴起，与世界各国日益重视环境保护、企业不断提升自身责任感，并且希望绿色物流能够显著增加其经济效益的社会背景是密不可分的。

1.环境背景

随着经济的高速发展，人们对物流活动的需求日益增加。物流活动排放了大量的废弃物和废气，消耗了大量能源，进一步加剧了自然环境的恶化程度。物流的一系列工作对自然环境造成许多不良影响，主要有以下几方面：

（1）运输作业对环境的不良影响

运输活动的完成离不开大量运输工具的使用，交通运输工具可以缩短货物配送时间，加快产品流通进程，但也带来了很多污染。运输作业对环境的不良影响主要有两种：大气污染和噪声污染。大气污染主要指交通工具产生的废气、尾气，如小汽车排放的一氧化碳（CO）、没有燃烧完全的碳氢化合物（HC）及引起人体不适的浮游性尘埃等。另外，运输会产生噪声污染，运输交通工具的噪声来源有：汽车的发动机、汽车或者轮船鸣笛、火车或者飞机启动时产生的声响等。不仅如此，在建设运输基础设施时，施工机器产生的噪声也是非常巨大的，给人们带来诸多不便。

（2）储存对环境的影响

储存作业对环境的不良影响有两种：第一种存在于商品的仓储中，有些产品需要进行适当的保养和维护，使其不会变质，但是有些保养维护手段所用到的东西或许会对环境产生污染，比如一些化学药剂等；第二种，对于易燃、易爆的化学危险品，储存必须谨慎小心，万一储存不当发生事故，将会对环境产生重大污染，如发生爆炸或泄漏事故等。

（3）流通加工对环境的影响

不合理的流通加工方式会造成环境污染，主要体现在：加工时会出现一些不能再循环利用的废品，导致废弃物污染；因为消费者分散，加大了资源的损耗；此外配送中心选址不合理，不仅会提高生产成本，还会因为运输路程的增多而带来更多的生态污染。

（4）包装对环境的影响

一方面是包装材料带来的环境污染，如对生态环境污染巨大的塑料包装等，塑料很难被降解，带来一系列污染；另一方面就是过度包装或重复包装，这不仅不利于环境保护，还不利于提升企业生态经济效益。

（5）装卸搬运对环境的影响

装卸过程中造成的环境污染有：装卸搬运设备的使用会造成污染，如排放废气等；装卸运输不当会造成商品的破坏，使资源消耗；有些废弃物也可能对环境造成污染，如废水等。由此可见，物流活动会从多个方面对环境产生巨大影响。

此外，物流活动还占用了大量自然资源。物流对资源的占用主要表现为物流基础建设所需的土地、原材料及物流活动的能源消耗。物流基础设施的建设占用了大量的土地资源，如铁路、公路、客货运站场、港航码头、机场、仓库等。而现代物流系统的运转依靠能源驱动，建立在能源消耗的基础上。近年来，我国物流业对石油的需求急剧增长，从长期来看，燃油消耗会越来越大。即使在欧盟等经济较发达的国家，物流也是能耗增长速度最快的行业。

2. 政府背景

在提倡绿色环保的今天，环保问题不可忽视，生态环境日益恶化的原因之一就是许多企业进行的物流活动没有考虑环境问题。现如今，许多发达国家已经运用法律手段来对物流活动进行限制，以减少环境污染。很多国家还结合循环经济理念，落实绿色物流，减少物流作业活动对环境带来的不良影响。

3. 企业背景

大力开展绿色物流管理，是产业发展需要。物流是一个商品货物流动过程，从产品的生产到使用，物流和环境相互作用、相互影响。在物流的各个环节里，特别是生产与运输环节，我们制造了所需要的产品，但也带来了污染。图 7-1 说明了资源转换与污染物产生之间的关系，在生产产品时，资源和能量在消耗，也会产生一定的污染物，导致环境污染。

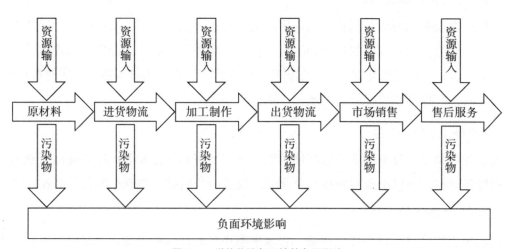

图 7-1　增值物流与环境的负面影响

资源是有限的，工业企业不但要知道资源的宝贵性，更要提高资源的利用率，整个工业行业都必须具备保护环境、节约资源的意识。现如今，我国政府着重发展循环经济，加大了对环境的保护力度，大力提倡资源的再利用，许多工业企业肩负社会责任，在不断提升自身环保意识。实际上，只要实现企业绿色物流管理，减少企业物流活动对环境的污染就不难。企业要进行绿色物流管理，必须始终保持资源循环再利用的理念，并贯彻落实到产品的各个生产环节中。循环利用生产时产生的废弃物，减少排放污染物。大力发展清洁生产模式，运用先进的清洁技术，构建新型环保、清洁的生产体系，做到保护环境、降低污染。

总而言之，传统的企业物流系统不仅忽视了成本最低化与利润最大化问题，还忽视了环境污染问题。而新型的绿色物流系统致力于将物流对环境的不良影响降至最低。在不久的将来，物流管理的绿色化会是企业强有力的竞争优势和武器。

（三）发展绿色物流的意义

1. 促进社会效益

绿色物流以减少资源的浪费、实现生态环境保护为目标。发展绿色物流是一种促进社会经济发展、实现文化进步的战略性方式，这主要体现在以下两个方面：

（1）对生态保护的作用

人类社会的蓬勃发展意味着对资源的利用、环境的开发日益加剧，因此，带来的环境破坏问题也越来越严重。很长一段时间内，人类一边掠夺般地开发自然能源，一边又不断地产生废物与垃圾，并将其丢进大自然。生态问题日益严重，人类的生存也会面临问题。解决物流活动中的环境问题，有利于保护生态环境，绿色物流正是从长远与整体角度出发来协调物流与生态间的关系。

（2）对可持续发展的价值

可持续发展是指既满足当代人的需要，又不损害后代人需要的发展模式。在进行物流活动时，肯定会有一定程度的能源和物资消耗，对环境产生影响。绿色物流正是一种可持续的发展方式，立足绿色环保理念，在循环经济条件下，实现物流与环境之间的有机结合，实现两者共生，推动物流行业发展至一个新台阶。

2. 对企业产生效益

发展绿色物流不仅有利于生态环境建设与循环经济的优化发展，还能提高企业的经营成果和经济效益。所以企业要想提高企业经济效益，发展绿色物流不失为一个好方法。

（1）绿色物流的社会价值

绿色物流始终贯彻减少环境污染、实现生态环境和谐这两个意识。绿色物流管理不仅可以加快循环经济的发展步伐，还有利于社会文化与社会经济建设。公司实施物流绿色化管理不仅能带来经济效益，还能树立良好的企业形象，提升企业信誉，将企业责任付诸实践。

绿色物流管理给企业带来的社会价值具体表现在：①企业实施绿色物流管理，不仅带来经济效益，也能树立良好的企业形象，有利于提升企业信誉。企业理论学提出，企业不应单单注重经济效益，更应该将树立企业形象放在重要位置，提升企业信誉，履行社会责任。②实施绿色物流管理的企业可以得到诸如 ISO14000 环境管理体系这类环境标准认可，这些环境标准的认证会让消费者更加趋向那些企业产品，从而提高销售量，带来经济利益。

（2）绿色物流的经济价值

生态系统与经济系统之间存在固有的平衡联系。在严格的环境标准下，企业会选择环保的物流方式，也在一定程度上迫使自身提高资源利用率，进而减少成本费用，在竞争者中脱颖而出。因此，解决环境问题的结果是利大于弊，虽然此举增加了成本，但环境问题的解决会提高经济效益，带来发展机遇，提高企业竞争力。

实施绿色物流管理为企业创造的经济价值体现在以下几个方面：①绿色物流可以帮助企业树立良好形象，推动企业文化建设。②有利于企业提高资源利用率，节约资源，制定合理科学的运输方式与产品库存方案；在降低物流成本的同时，提高工作效率，使企业获得更多经济效益。③回收、再利用自然资源，发展逆向物流，促进资源、能源的循环再利用，减少公司原材料成本，提高企业服务质量。

二、绿色物流的理论基础

（一）可持续发展理论

可持续发展的定义有很多种，根据相关学者的不完全统计，有几十种关于可持续发展的定义，这些定义可以被归为下列两种类型。

1. 从生态环境及其保护角度定义

国际生态学联合会（INTECOL）和国际生物科学联合会（IUBS）联合举行的关于可持续发展问题的专题研讨会定义可持续发展为保护和加强环境系统的生产和更新能力，即可持续发展是不超越环境系统的再生能力的发展。

可持续发展就是找出一种既可以满足人类需求，又能保持生态环境的完整性、和谐性，将环境的持续性最大化的发展方式。

2. 从技术性角度定义

从技术性角度来定义可持续性发展，可持续发展实质就是一项科学技术，它会最大化减少产生的污染和废物。可持续发展促使技术朝更高效、更清洁的方向发展，最大限度地降低能源资源的损耗率，最大限度地实现零污染排放和密闭式工艺方式。

（二）生态经济学理论

生态经济学是指研究再生产过程中，经济系统与生态系统之间的物流循环、能量转化和价值增值及其应用的科学。从生态经济学出发，现代企业就是一个由生态系统同经济系统相结合而组成的生态经济系统。从微观角度可以明显看出的是企业的经济效益，而企业环境效益则属于宏观且长远的利益，两者是对立统一的。环境效益为经济效益提供物质基础，而环境效益的经济表现就是经济效益。

现代企业管理的工作内容、工作流程都存在经济性与生态性，因此，必须将经济与生态两者进行有机统一和协调。物流活动是社会再生产活动中的重要部分，它承担着价值转移与价值实现的责任，同时促进资源的循环利用。物流具有经济特性，也具有生态环境特性，物流是生态环境效益和经济效益的连接纽带。

传统的物流管理偏向了经济效益的发展方向，没有发挥好纽带作用，过于重视经济效益，忽视了生态环境效益，从而使企业失去了发展机会，失去了社会价值与效益。如今，现代绿色物流管理作为一种新型物流体系，并没有明显偏向哪一方，而是将两者进行有机结合。绿色物流立足于经济学与生态学，研究探索物流活动中发生的经济行为规律与生态系统间的相互作用，运用专业绿色的工作活动将资源进行最优化处理，减少污染，提高企业整体效益。

（三）生态伦理学理论

如今环境问题日益严重，生态危机凸显，人类要负担的道德责任也越来越重，生态伦理学也就因此应运而生。生态伦理学是关于人对地球上的动物、植物、微生物、生态系统和自然界的其他事物行为的道德态度和行为规范的研究，是从道德角度研究人与自然关系的交叉学科。生态伦理学将道德对象的范围扩大，不单是人与人、人与社会的关系，还将其扩展至人与生命和自然界中去，它提倡不单是要对人讲道德，对自然也是一样。

生态伦理让人类对自己的行为进行反思，促进其产生责任心和义务感。为了社会的发展，为了人类环境的延续和子孙后代的利益，人类必须担起社会道德、环境道德责任，致力于维持生态平衡。对于自然界来说，这些是人类的权利，也是应尽的义务与责任。

（四）环境成本理论

成本就是指使用或者消耗某种资源或服务所带来的费用。从环境责任原则出发，企业的生产经营活动对生态环境所造成的损害，需要以污染后的某种支出作为赔付和补偿。另外，按照预防为主原则，企业也应采取积极措施，在污染发生之前或之中主动治理。企业要重视环境成本，在进行生产经营活动时，贯彻预防污染理念，将环境污染降至最低。

虽然人们对环境成本已经有了总体概念，不过对于环境成本的精确定义，似乎还没有一个明确且统一的认知。曾经就改进政府在推动环境管理会计中的作用问题，联合国举行了会议并出台了《环境管理会计——政策与联系》，里面提到了环境成本，认为破坏环境与环境保护有关的全部成本，包括外部成本和内部成本。就目前看来，环境成本是规范企业活动行为的根本，以保护环境为出发点，在企业进行经营活动时，限制企业对环境的破坏行为，规范企业的经营行为。环境成本是指本着对环境负责的原则，为管理企业活动对环境造成的影响而采取或被要求采取的措施成本，以及因企业执行环境目标和要求所付出的其他成本。企业环境成本目标的实现，也体现了绿色物流的发展目标，环境成本是一个企业不可忽视的部分。

想要精确定义环境成本不是件容易的事情，不过可以从多个方面来对环境成本进行分析探讨，然后再进行针对性的确认与准确计量。

（五）其他理论

此外，绿色物流还获得了其他理论的支持，如循环经济理论、外部成本内在化理论、物流绩效理论等。

1. 循环经济理论提倡循环利用现有资源。以物质闭环流动、资源循环利用为特征的循环经济，是按照自然生态系统物质循环和能量流动规律构建的经济系统。绿色物流也是如此，遵照循环经济理论，以提升资源利用率为主，进行科学合理的双向物流活动，减少污染。

2. 外部成本内在化理论是一种将环境效益和经济效益相结合的成本理论。外部成本内在化理论提倡将物流活动造成环境污染而导致产生的治理成本也应计入物流活动的成本内。如今，许多发达国家已使用环境会计管理系统，强调公司在进行物流服务作业时，不能单单只在乎自身经济效益与成本，更要注重环境的保护。

3. 在当今提倡绿色消费的环境下，环境污染严重的公司将会被时代和消费者抛弃，被市场淘汰。绿色消费深入人心，人人提倡绿色运动，也会根据管理与经营是否符合绿色发展来评估一个企业的发展，并以此来评价它的经营绩效。

三、绿色物流系统

绿色物流是企业的发展方向。它能为企业带来广阔的新市场，只有实行环境战略才能跟上时代的前进步伐。物流公司需要通过保护环境、减少污染的绿色方式来进行企业经营，企业绿色物流活动的实施正在被广泛接受。

社会物流体系中，企业物流是不可忽视的存在。因为在物流行业里，生产公司可以是物流的提供方，第三方物流公司也可以是物流的提供方。企业要落实企业环境战略，就必须实现物流绿色化。企业物流绿色化，可以拉动社会物流共同发展，也会增加企业经营环保成果，建设企业绿色文化，有利于供应链绿色优化配置。物流的直接实现方与活动进行者都是企业，只有企业关注绿色环保问题，绿色物流才能得到稳定发展。否则，没有企业对绿色物流活动的支持，社会的绿色物流系统将难以发展，进而影响环境建设。

在循环经济条件下，发展绿色物流模式不能只关注"采购、制造、分销"的正向物流，逆向物流也不容忽视。逆向物流包括回收废旧物、再循环副产品与绿色包装、再利用资源等。将正向物流与逆向物流进行有机结合，实现循环绿色物流模式，将绿色活动贯彻到物流活动的每个环节，实现原材料绿色采购、产品绿色设计和生产、绿色包装和配送、绿色消费、绿色回收、绿色再生产。下面将对其具体物流作业活动进行总体分析。

企业物流过程对产品有着极大意义，物流分布范围极广，几乎存在于产品生命周期的各个环节中，包括生产需要的原材料、产品的零部件，以及生产时的材料运动，直到最终成品的分销及售后等。企业的绿色物流可以分为四种类型：一是绿色采购物流，二是绿色生产物流，三是绿色销售物流，四是绿色逆向物流。前三种我们统称为绿色正向物流。

（一）绿色采购物流

绿色采购物流是指原材料采购活动的绿色化，还有对绿色供应商的评价选择、采购运输活动的绿色化。绿色采购物流中，供应商提供的绿色原材料十分重要，因为它决定了产成品的环境性及绿色化程度。

企业在选择产品的原材料和零部件时，首先要考虑其安全性还有环保性，确保用户的使用安全及废物的回收利用程度，减少污染浪费，实现绿色环保。所以绿色采购物流的第一步，同样也是首要任务，就是要正确选择绿色原材料，避免使用会对环境产生不良影响的原料。

绿色采购物流的第二步就是对供应商进行绿色性评价对比，从原料特性出发，选出最佳供应商。评价分为组织过程的评价和产品的评价两方面，前者主要是进行管理系统、环境业绩还有环境审核的评价，后者则是对生命周期、商标还有商品标准进行评价。

绿色采购物流第三步就是绿色化采购活动。首先，要抛弃只注重降低采购费用的观念，采购原料的环境质量同样值得重视；在进行包装和运输原料时，要采用绿色环保的包装及运输方式，比如降低运输次数、使用可重复利用的包装、货物一贯式运输、集装箱运输、回程管理、降低公路运输的比例等。

很多成功企业都十分重视对供应方的评估。国外品牌通用电气公司，前期因为忽视了生产环保性，只注重降低原料的采购成本，导致产品中后期出现了问题，不仅增加了处理费用，也阻碍了通用电气公司的发展。不过近年来，该公司做出了一系列改变和调整，不仅开始注重采购原料的绿色性，还提高了供应方的选择标准，将环境评估放在首要位置。这一措施大大减少了公司产生的环境污染问题，降低了公司中后期的处理成本。虽说前期投资较大，不过还是在中后期得到了补偿，提高了产成品的质量，进而增加了经济效益。

（二）绿色生产物流

生产物流是生产的重要部分，如运输物料、存储装卸物料等。就像人身体的血液循环系统和内脏器官，生产物流系统和生产制造之间的关系也是如此，物流系统不仅仅是生产制造流程间的连接纽带，也是生产作业活动顺利进行的保证。生产物流系统具有环节多、生产线长、覆盖面广，以及生产规模大的特性。生产物流活动效率较低，资源浪费较为严重，使物流成本几乎占生产成本的 20% ~ 30%。

（三）绿色销售物流

企业实现绿色原料采购与产品绿色化后，还要进行销售绿色化。想要实现销售绿色化，那么就要战胜销售过程的复杂性，制订好高效的销售方案。第一，优化线路，合理规划分销网络，优先考虑绿色环保的运输方式；第二，对产品的物流包装确定规范标准，不仅要确保产品的安全性，也要使包装尽量简单化、标准化，最好是可以实现再利用，减少浪费。特别地，要重视食品类销售，因为对食品类的要求较高，要最大限度地确保其安全性和绿色性。

（四）绿色逆向物流

逆向物流的目的就是在回收产品时，获取其剩余价值和利润最大化，也就是一个产品从消费者手上回到制造方的过程。绿色环保观念日益深入人心，由于政府对环保的号召，以及行业间的激烈竞争，逆向物流已经是企业物流中不可忽视的重要部分。很多企业已经意识到逆向物流具有巨大的竞争优势。逆向物流活动是正向物流活动的延伸，因此，企业在发展逆向物流的同时，也必须重视正向物流，要以正向物流为基础，大力发展逆向物流，实现两者的有机结合，进而促进自身物流服务水平的提升。

（五）企业绿色物流系统运行模式

企业的绿色物流过程是系统化的、全面化的，一个高效科学的绿色物流系统可以推动企业物流发展，实现资源的再利用，减少污染，节能减排。那么，如何建立一个高效且科学的绿色物流系统呢？第一步就是要对它进行分析，然后构建总体概念。借鉴上述分析，设计出企业绿色物流系统运行模式，如图 7-2 所示。

不难看出，企业绿色物流系统运行模式大致是这样运作的：第一，制造方通过掌握的信息，对供应商进行多方比较，选出最佳绿色供应商，然后由供应商把绿色资源转变成原材料或零部件运输给制造方。第二，企业收到绿色原材料后，进行产品的设计开发、生产与包装等，得到绿色产成品。其中对生产时出现的副产品或者次品，以及边角余料进行回收，加工改善后再利用。产成品会通过公司的绿色销售方式，由企业自营运输配送或者由第三方物流企业进行较为专业化的外包配送。第三，实现资源最大利用，将废品进行回收并修复，提高原料再循环的水平。第四，在原材料或者零部件的检查与组装过程中，如果出现残次品，也要将其放入再制造流程中，实现资源最优化配置，减少污染、浪费。科学结合正向与逆向物流，能够有效实现供应链集成，提高经营水平，降低生产成本。

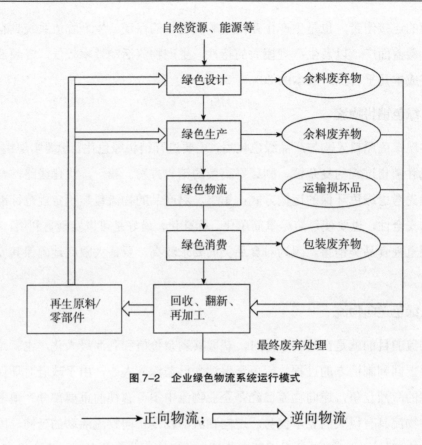

图 7-2　企业绿色物流系统运行模式

→ 正向物流；⇒ 逆向物流

第三节　电子商务物流

一、电子商务物流概述

有人用"成也配送，败也配送"这句话来解释物流和电子商务的紧密关系。电子商务保证了信息资料的传播，物流是过程的执行者。物流是衡量公司经营水平的重要指标之一，没有物流，那么谈电子商务也没有意义。

（一）电子商务的概念和特点

企业利用计算机技术或网络技术等现代信息技术进行的各种商务活动，其有三个主要内容，即服务贸易、货物贸易、知识产权贸易。

1.电子商务实质是一种采用先进信息技术的买卖方式

交易各方将自身的各类供求信息按照标准的格式要求输入电子商务网络，电子商务网络根据客户的需求，搜寻相关信息并将多种买卖选择提供给客户。客户确定后，就可以安排合同各项事宜，以及收付款、产品运输交易等流程。这样，卖方就能够以较高价格出售商品，买方也能以较低价格买入原材料和商品。

2.电子商务实质是一个用来进行虚拟交易的市场交换场所

电子商务跨越时间、空间界限，可以及时为客户提供各种优质服务，包括产品需求量与供应量和交易各方的具体资料等，让交易各方便于分析市场，更准确地掌握市场发展方向。

3.从商务和现代信息技术角度理解电子商务

电子商务里的现代信息技术包含了各类以电子信息技术为基础的通信方式。另外，商务从宏观理解包括契约型或非契约型的所有商务性关系所导致的各类活动。电子商务是商务和现代信息技术的重合部分，就是电子商务中会广泛提到的 Intranet 和电子数据交换（EDI）。图 7-3 表示了三者的关系。

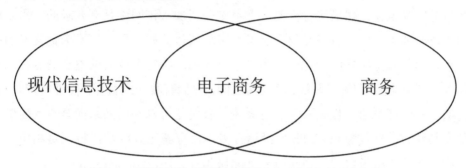

图 7-3　电子商务是"现代信息技术"和"商务"的重合部分

4.电子商务并不单指将商务进行电子化

电子商务包括很多方面，包括公司前台业务电子化、后台所有工作体系的电子化与信息化，以及改善调整公司的业务经营活动。简而言之，真正意义上的电子商务，是指以公司整体系统信息化为主，利用电子方式对公司的一系列物流流程进行全面、系统的指挥。

狭义的电子商务是指依靠 Internet 进行的商务过程；相反，广义的电子商务所定义的电子商务是指通过 Internet 和 LAN（局域网）等很多不同类型网络进行的商务过程。不能简单认为电子商务只利用 Internet 进行商业贸易，而需要把通过电子信息网络进行的设计、开发、广告、销售、采购、结算等都放入电子商务内容中。电子商务不失为一种适应当代商业的发展形式。它为了满足企业、销售方和客户所需，不断提高企业经营效率和服务水平，从而减少成本。

传统企业只有对自身内部管理信息系统进行重组优化才能实现企业的转型和开启电子商务之路。管理信息系统（Management Information System，MIS）是公司实现电子商务的出发点，MIS 实质就是通过对公司内部所有信息的处理分析，系统地管理物流、信息流、商品流、资金流等，减少相关费用，提高企业经营水平和经济效益。

（二）电子商务的分类

1. 按照交易对象分类

（1）B2C（Business to Customer）电子商务

B2C电子商务是企业与消费者之间的电子商务，就如同联机服务中的产品交易过程，将零售电子化、网络化，通过计算机网络提高顾客直接参与度。如今，Internet上到处都是各类商业活动中心，其不仅提供鲜花、书籍等日常所需，还有计算机、汽车等各类产品及各种各样的服务。

（2）B2B（Business to Business）电子商务

B2B电子商务是指企业之间的电子商务。B2B分为特定公司间的电子商务与非特定公司间的电子商务两个不同种类。非特定公司间的电子商务是指公司会在一个开放的网络平台中寻找最佳交易伙伴，然后进行交易。非特定公司加入该网络是有要求的，需要这些产品的公司才符合要求。也可以说是仅限于某个市场或行业的公司，它不会把交易的持续性作为出发点，这与特定企业间的电子商务是不一样的。特定企业间的电子商务存在于有着持续交易关系或未来要保持交易关系的公司之间，它们有着一致目标，能够实现共同合作，进而提高双方的经济效益，优化公司管理系统。公司还可以利用网络向合作人提供一系列高质量的交易流程。在此领域，B2B已经运行多年，有着充分经验，特别是利用专用网络或增值网络上运行的电子数据交换（Electronic Data Interchange，EDI）。

（3）B2G（Business to Government）电子商务

B2G电子商务就是企业和政府的电子商务，其涉及企业和政府机构间的各类事务活动。政府组织采购清单、利用Internet向公司发布，公司可以通过网络进行反馈。另外，政府组织征收企业税也可以通过B2G实现。如今此系统被运用得还不多，但在政府组织的推动下，B2G必定会得到迅猛发展。

2. 按照商务活动内容进行分类

按照商务活动内容，电子商务分为间接电子商务和直接电子商务。前者是指现实商品的交易，所以还是要依靠常见的快递运输配送手段进行商品货物的配送；而后者是指虚拟的、无形的商品交易，如网络软件、网络信息服务等。一个公司往往经营着直接和间接电子商务，它们是公司的"左膀右臂"，能够增加公司的经营成果。间接电子商务对运输配送环节依赖性较强，而直接电子商务可以让交易双方超越空间直接进行交易活动，最大限度开发全球市场的消费潜力。

3. 按照使用网络类型分类

使用的网络类型不同，电子商务的分类也有所不同，通常可以将其分为以下三种类别：EDI（电子数据交换）商务、Internet商务及Intranet商务。

（1）EDI 商务

EDI 商务是指将商务或行政事务按照一个公认的标准，形成结构化的事务或文档凭据格式，从计算机到计算机的电子传输方法。简言之，EDI 是根据合同规定，将企业商业资料标准化与格式化，利用网络在企业合作方的计算机网络系统之间分析处理企业数据。

企业与企业、企业与批发商、批发商与零售商之间的交易活动大多采用 EDI。和传统的订货、交付方法相比，EDI 节约了成本与时间。使用 EDI 比使用 Internet 更为安全，因为它拥有许多安全防范指标权限，只有信用良好的用户才能使用；EDI 还有严格的登记手续和明确的准入制度，能将大量的交易活动过程全部进行电脑化、数据化。

因为使用 EDI 要租用 EDI 网络专线，这意味着要购买增值网（Value Added Network，VAN）服务，故成本偏高，并且还需有专业的 EDI 运行工作人员，加之需要企业的合作方也使用 EDI，这些因素都会使中小企业难以运作 EDI。

（2）Internet 商务

Internet 是组织松散、国际合作的互联网络，其通过自主遵守计算的协议和过程，支持主机之间的通信。Internet 使大量电脑运用一种叫作 TCP/IP 的协议来及时进行信息交换。

Internet 商务是国际现代商业的最新体现之一。它突破了传统商业生产、批发、零售及进、销、存、调的销售模式和运营过程，利用 Internet 在网络上进行销售、购物，做到投入低、成本低、零库存、效率高，免除无效搬运产品，实现能源资源的最大流通和最大节余。顾客可以广泛查看、比较和模拟使用产品，不再受时间、空间限制，争取实现价格最低化，来获取最为满意的产品及服务。

（3）Intranet 商务

Intranet 是在 Internet 上延伸出的企业内网。其增加了新的软件系统，连接局域网与 Internet，进而组建了公司内部的虚拟网络。Intranet 与 Internet 两者最大的区别是：Intranet 内的敏感或享有产权的信息受到企业防火墙安全网点的保护，它只允许有授权者进入内部 Web 站点。Intranet 将大中型企业分布在各地的分支机构及企业内部，有关部门和各种信息通过网络予以联通，使企业各级管理人员能够通过网络读取自己所需的信息，利用在线网络代替传统纸张完成信息流动和贸易，从而有效地降低交易成本，提高经营效益。

Internet 商务、EDI 商务和 Intranet 商务三者关系如图 7-4 所示。

二、电子商务物流的作用与特点

（一）电子商务物流的概述

电子商务物流也叫网上物流，是基于互联网技术，旨在创造性地推动物流行业发展的新商业模式。物流公司利用互联网可以被更多客户知晓并与之进行联系，进而能在全国甚至全球范围内开展企业活动；工厂也可以更快地找到最佳性价比的物流企业。电子商务物流把全球有物流需求的客户，以及可以提供物流服务的物流企业都集中在网络上，组成一个自由的网上物流交易市场，方便交易双方进行贸易活动。

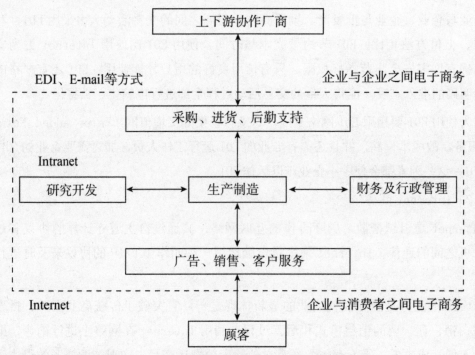

图 7-4 Internet 商务、EDI 商务和 Intranet 商务的关系

电子商务物流就是在电子商务特定的时间和空间内，将要移动的产品、包装设备、运输工具、仓储设施、工作人员等约束条件集成为具有特定功能的系统整体。电子商务物流是因为电子商务技术与经济需求的发展而诞生的，它是电子商务不可或缺的环节。电子商务物流不同于一般物流，它不仅具有电子化、信息化、自动化等特点，还具有快捷迅速、低价灵活等优点。电子商务物流也被称作 ERP 系统，虽然电脑上显示了物流资料和有关操作指示，但物流也还是要靠人与机器共同进行搬运活动。换句话说，电子商务物流是"鼠标 + 车轮"。不管是哪一种模式的电子商务，交易流程都可大致归为下列六个环节。电子商务的流程如图 7-5 所示。

（二）电子商务物流的作用

1. 物流是生产过程的保证

要进行生产，离不开物流活动，所以我们说一个产品的生产过程就是系统的物流作业过程。

（1）供应物流以采购原材料为出发点，采购好所需材料，才能为生产运行提供保障。

（2）不管是原材料还是半成品，生产物流一直存在于生产各环节。

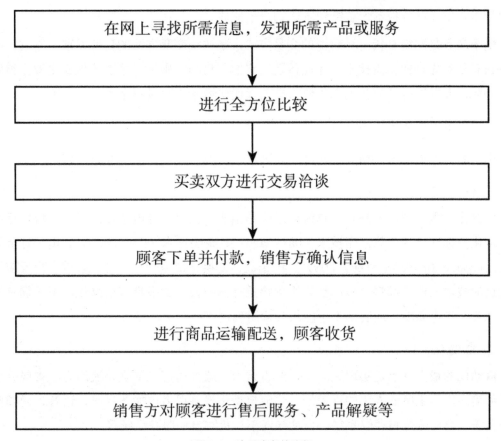

图 7-5 电子商务的流程

（3）回收物流将生产环节中的剩余材料与尚可利用的材料一一回收。

（4）废弃物物流就是对生产环节中的废弃物进行处理。

在进行生产时，现代化物流可以提高生产工作效率，减少生产费用和生产周期，甚至实现资源的优化配置。值得一提的是，如果生产过程失去了现代化物流的帮助，生产作业可能会很难进行下去，从而导致电子商务交易失去本身优势。

2. 物流服务于商流

商流的最终结果是将产品所有权从供应者移交到需求者。实际上，在签订合同后，产品实体并没有实现实时转移。顾客在网上购物，进行了交易，这只是出现了产品所有权的交付过程，直到客户实际上得到其所需产品或者服务时，才意味着产品所有权转移的结束，即交易的结束。物流服务于商流，物流服务于产品交易，电子商务离不开物流，二者相辅相成。

3. 物流是实现顾客至上的保障

电子商务满足了消费者对购物便利的需求，顾客只需打开 Internet，搜寻与挑选想要的商品。不过若是顾客选购的产品迟迟收不到，或收到的并不是自己所购买的，顾客可能就不会再选择网上购物。物流是电子商务实现"顾客至上"准则的保障，离开了先进的物流技术，电子商务根本无法给顾客购物带来便捷。

电子商务是网络时代一种新型的交易方式，是传统交易方法的延伸发展。不过，电子商务只有依赖先进的物流技术，才能体现出它的优势和先进性，才能确保交易双方得到满足。因此，要发展电子商务就必须全力推动现代化物流的发展和完善。

（三）电子商务物流的特点

电子商务促进了世界物流的发展，同时也使物流具有了电子商务的特点。

1. 信息化

信息化是电子商务的基石。物流信息化是指实现物流信息电子化，以及物流信息存储的数据化与标准化等。数据库技术（Database）、条码技术（Bar Code）、电子订货系统（Electronic Order System, EOS）、电子数据交换、快速响应机制、有效客户反应机制等先进的技术与理论都将会被广泛应用到物流行业中去。如果没有信息化，不管拥有的设备技术多么先进高端，最后都不可能将其运用到物流活动中。

2. 自动化

自动化的最大特点是实现无人化，节省人力；此外还可以增强物流活力，实现劳动生产率的提高，尽量降低人工的误差等。物流自动化设备很多，如条形码、语音、射频自动识别系统、自动分拣与存取系统、自动导向车、货物自动跟踪系统等。

3. 网络化

物流网络化有两个内容，一个是物流系统的电脑通信网络，通过网络平台与交易各方进行联系。如物流配送中心向供应商发出订货通知，便可借助计算机通信手段，还可借助增值网（Value Added Network, VAN）上特有的 EOS（电子订货系统）、EDI（电子数据交换技术）。另一个是组织的网络化，即企业内网（Intranet）。

4. 智能化

在进行物流活动时，会存在大规模的信息、决策等需要及时进行处理，如控制好仓储问题、如何正确选择运输手段、掌握自动导向车运行、高效使用自动分拣机、配送资源优化等，这些都要依靠智能化与信息化解决。所以说，只有依靠物流智能化，物流总体自动化才能得到更好的实现。现今，全球智能机器人等有关技术已有了较成熟发展，在今后电子商务公司的物流发展过程中，物流智能化将会大放异彩。

5. 柔性化

生产柔性化是为了实现顾客至上原则。要实现生产柔性化，就意味着要时刻关注客户需求变化，进而以此为依据来调整生产环节和服务。在生产环节广泛应用的弹性制造系统、计算机集成制造系统、公司与生产制造资源规划，以及供应链管理的理念、技术等，将生产与流通环节进行集成，根据顾客所需进行生产，确定相应的物流流程，被称为新型柔性化物流模式。物流配送中心也要确定对应的配送方式，灵活开展配送工作，体现顾客对产品需求品种全、批量小、批次多、周期短的特性。

另外，在电子商务模式下，物流不只有信息化、自动化、网络化、智能化及柔性化等特点，物流设施、商品包装的标准化、社会化等也是它的特点。

三、电子商务物流的组建方式

（一）电子商务中物流方案的重点考虑因素

要想发展电子商务模式，制订并执行一套科学合理的物流方案是必不可少的。在制订方案过程中应考虑以下因素：

1. 消费者的区域分布

在进行商务活动时，可以根据销售资源来设定销售网点，各个销售网点有既定的销售目标和销售范围。例如，可以按照城市分区来安排销售网点，各个区都配备人力及设备，然后交通最为发达的区被用作配送中心，配送货物给销售网点。同样地，销售网点可以向配送中心要求进行补退货，配送中心收到订单后按时将产品送达。电子商务也存在此种作业，不过电子商务的顾客在区域分布上是不集中的，它的物流网络并不像 Internet 那样拥有广大覆盖面，因此不能及时进行配送。为了实现经济性，提供电子商务服务的企业也要同实体商铺类似，需要定位自身销售范围，一定要确保在人口集中地实现及时物流。还有一种方式，就是在各地销售点有针对性地选取不同的物流服务活动。

2. 销售商品的品种

在电子商务刚刚起步时，必须以不同商品的消费特点及流通特点作为出发点，选择最适合利用电子商务来零售的产品。电影、书籍、游戏视频、电脑软件、音乐歌曲等可利用 Internt 来传达信息的商品，其产品交易、物流过程都能够在网上完成，使用电子商务销售再适合不过。如顾客在网上选购音乐歌曲，进行订购付款，那么收听歌曲的一系列活动便是物流作业的流程，歌曲播放完毕意味着该物流活动顺利完成。顾客若存在更多人性化需求，如想要得到产品的实际物体，如 CD、录音带等，最终还是要依靠物流，把实物产品送到客户手中。简而言之，几乎所有商品都适用电子商务的销售手段，不过因为流通本身的规律，要先做好产品定位。不存在一个企业可以销售所有的产品，但可以确认最适合企业自身零售的产品。企业如果要推行电子商务，就要清楚哪些产品不适合采用电子商务方式进行交易。

3. 配送细节

与有形市场相似，物流方案中的配送环节是构成电子商务的关键要素，是进行物流活动时不可或缺的部分。配送细节需要进行合理安排，并确定配送方案。配送细节要注意以下几点：库存的可供性、反应速度、首次报修修复率、送货频率、送货的可靠性、配送文档的质量，同时还要设计配套的投诉程序，提供技术支持和订货状况信息，等等。

4. 服务提供者

互联网服务提供商 ISP、互联网内容提供商 ICP、传统零售商店、传统批发企业、制造企业等均有条件开展电子商务业务，但不同电子商务服务提供商具有不同的组织商流、物流、信息流、资金流的能力。从物流的角度来看，传统的零售商、批发商的物流能力要优于纯粹的 ISP、ICP，也优于一般的制造商，但从商流、信息流和资金流的角度来看可能正好相反。所以，企业在确定物流方案时，要将电子商务服务提供商进行分类，找出差异，然后放大各自的强项，实现供应链集成，为客户提供高质量物流服务。

5. 物流成本

电子商务的物流费用会比实际店铺的销售物流费用高。电子商务虽有种类多、批量小、周期短、次数多的特点，但是因为无法形成规模经济，物流费用会比较高。当客户到店铺里选购一台电视机，店铺向顾客提供免费配送服务，假设一次的配送成本是 50 元，那店铺会把处于同一条线路上的其他客户选购的产品放在同一送货车里进行一次性配送。比如进行 5 台电视机的配送，每台电视机的配送费用是 10 元。在使用电子商务时，企业无法在短时间内做到只用一台送货车完成多客户的配送，所以会导致配送分散，增加了配送批次，也就加大了配送费用。所以，电子商务服务商必须扩大在特定的销售区域内客户群体的数量，若是没有形成一定的物流规模，物流费用就太高了。

6. 库存控制

对于产品的销售量永远没有办法进行精准预测，所以在库存控制方面，电子商务企业也存在着不少难题。戴尔公司是个特例，它采用直销方式，得到订单后，立马按订单进行生产作业，然后把产品配送到客户手中。不过，直销对于客户而言并无好处，因为顾客不仅要等待，还要花更多的钱，甚至有时要预付。若是企业没有向顾客提供承诺，给予相对应的服务，顾客也不会去选择这个交易方式。另外，直销方式要严格规定生产流程，普通制造公司没有按单生产的条件，所以不是所有企业都可以利用直销手段来解决库存控制的难题。

许多制造商和销售公司根据对历史与实时数据的分析，采用库存控制技术，对客户未来需求进行一定的预测。电子商务企业相比实体店铺，存在难以解决的库存控制问题。在制订电子商务的物流方案时，还应制定好运输配送的方式、设备等。

（二）组建电子商务物流的几种方式

按我国物流发展形势，中国的电子商务物流体系有下列几种组建方法。

1. 制造商、经销商的电子商务与普通商务活动共同使用一套物流系统

制造商和经销商创造以 Internet 为基础的电子商务销售系统，能够将现有的物流资

源进行优化利用，然后进行物流作业活动。从专业分工方面看，制造商的主要任务是研发创造产品，但越来越多的制造商拥有着覆盖范围很广的销售网络，以及覆盖整个销售节点。制造商采用原有物流资源和广阔的物流配送网来进行电子商务，使得电子商务能够减少物流配送的成本。对于一个公司来说，要做的就是制定科学的物流系统，合理规划物流资源。特别是以流通为主的经销商会比以生产为主的制造商更具有物流方面的优势。

2.ISP、ICP 自己建立物流系统或利用社会化物流、配送服务

Internet 服务提供商（Internet Server Provider，ISP）、Internet 内容提供商（Internet Content Provider，ICP）在组织商流、信息流、资金流方面有着绝对的优势。我国企业在与国际物流信息企业合作成立新兴企业时，要掌握以下两种解决物流与配送问题的方法。

（1）组建自身物流公司

对于国内的 ISP、ICP 企业来说，采用这种方式，投资方十分慎重，因为电子商务的信息业务与物流业务是截然不同的两种业务，企业必须对跨行业经营产生的风险进行严格的评估，新组建的物流公司必须按照物流的要求来运作才有可能成功，而且要避免"大而全""小而全"。在电子商务发展的初期，物流配送体系还不完善的情况下，不要把电子商务的物流服务水平定得太高。另外，可以寻求培养、扶持物流服务供应商，让专业物流服务商为电子商务企业提供物流服务。

（2）外包给专业物流公司

把物流外包给第三方专业物流公司是跨国公司管理物流的普遍形式。从企业供应链出发，把非主要业务外包给从事该业务的专业企业。这样的话，整个产品的生产到配送，全是由擅长某一方面或在该方面具有核心竞争力的专业企业合作协同来完成的，此时所形成的供应链具有很强的优势。

3.物流企业建立自己的电子商务系统

不论是区域性的第三方物流公司，还是国际性的第三方物流公司，都具有物流网络竞争力，其发展到一定规模后，会把它的工作环节顺着主营业务向供应链的前后端发展。

四、电子商务下我国物流业发展的策略

（一）把现代物流产业作为我国国民经济的重要产业

实际上，国外相当重视现代物流产业，甚至将其作为促进国民经济发展的主要动力。因此，我国要将物流资源进行优化配置，实现物流系统的集成重组，以此来加快物流产业的发展步伐。第一，随着国民经济的不断发展，可利用的物流资源量较大，可尽量提高资源利用率，促进物流业从传统物流向现代化物流转型，从而实现国民经济的增长；第二，立足实际，合理配置物流资源，运用先进的科学技术进行物流行业的重组与优化，振兴现

代物流行业，使其更具生命力与创新力；第三，把现代物流产业作为推动国民经济发展的重要产业，也要求政府为物流产业提供经济与政策方面的支持，升级物流基础设备，加大研发力度，促进物流产业成长为新的经济增长点，为其在新兴行业领域立足提供有力保障。

（二）加强运输和保管

由于运输是构成物流服务的关键要素，政府组织应加大对交通基础设施建设的投资，以此来缓解交通拥堵问题；大企业可将公司的运输业务外包给专门从事运输的组织，进行联合运输和托盘化运输，降低企业运输费用，同时也能满足顾客对于快捷到货的需求。

企业引进更为先进的库存管理技术，如资源需求计划（MRP）和准时生产方式（JIT）等，有利于提高服务水平，提升仓储管理服务水平，减少库存率及提高公司的投资回报率。大企业还可以把自身传统仓库改造成配送型仓库，方便满足客户需求，提升公司竞争力。另外，物流服务应具有社会属性，物流服务只有在给客户进行服务、给公司创造经济利益、给社会造福时才能被称为真正的公司战略性竞争方式。只有这样，物流服务才会存在蓬勃生命力和竞争力，从而拉动企业的发展，推动社会可持续性发展。

（三）按客户或产品的重要性依次进行有等级的物流服务

物流服务有着成本费用的限制，合理安排物流服务十分重要。ABC 分析法可以帮助企业制定物流服务安排，使用合理的系统方式来确保客户需求得到相对满足。按照所销售的产品进行物流服务的分配，为普通产品与战略产品提供不同的物流服务。对于产品发展前景较好的"明星商品"，应借助水平较高的物流服务来加大商品销售量；而对于普通商品，则只维持当下的物流服务水平，稳定其销售量；对于存在明显缺点的商品，公司不仅要引起重视，更要及时进行分析，给出解决措施，总结经验；最后对于处于衰退期的商品，没有发展前景，公司可以将其放弃，退出市场竞争。

（四）进行物流信息系统的创建

物流信息系统管理包括对物流系统软件、硬件及系统的管理，是应用电脑技术与通信技术来进行的物流活动的集合。信息网络技术是现代物流的基础，如利用信息传递，与顾客、制造商及供应商等进行资源共享，有利于对物流各个流程进行实时跟踪，实现合理控制和有效管理。应建立科研团队来进行技术研发工作，实现高效有序的信息管理，建立数据库信息系统，有效处理大量数据；加快物流信息处理速度，确保信息时效性，及时制订工作流程和工作方案；学习国外先进的物流管理技术，结合国情，加大研发适合的服务标准力度。

（五）加大电子商务物流管理理论研究及重视培养人才

有关部门要在科学系统的指导下，立足于系统发展的基本要求，加大对系统化管理技术的研究力度，推动我国物流业蓬勃发展。政府组织要利用相关科研教育单位的专业知识，对企业物流、社会物流的技术、经济、管理等方面进行一系列全面研究。在有关院校进行物流管理相关技能知识的宣传活动，尽可能地培育出具有综合物流管理能力的专业人员，同时积极参与国际物流交流会议。加强与其他国家之间的物流协同合作，以及学习借鉴国外先进的物流管理知识，吸纳具有创新性的物流科学技术，加强合作意识，在电子商务迅速发展的条件下，实现物流管理理念与人才培育的共同发展。

第四节 "互联网＋物流"

一、"互联网＋物流"概述

"互联网＋"被写入政府工作报告，并且制订了"互联网＋"行动计划，将移动互联网、云计算、大数据、物联网等应用到传统制造业，促进电子商务、工业互联网和互联网金融健康发展，引导互联网企业拓展国际市场。借着"互联网＋"的趋势，物流业也开始从中寻找新的突破口。

（一）"互联网＋物流"的概念

在当今"互联网＋"的大环境下，信息化的时效性使得空间距离相对缩短，因此，需要调整原先的物流运作模式。物流市场格局将加快调整，全面推行信息化，实现智慧物流。劳动密集型是传统物流业的特点，企业更愿意加大对物流硬件设施设备的投入。随着物流活动逐步由制造业驱动的传统合同物流向快递、零担类的物流转变，小批量、多批次的物流作业成为主要趋势，导致市场需求与传统物流运营模式不匹配，服务内容同质化、服务水平低下、恶性竞争等问题频繁出现。"互联网＋物流"的出现在很大程度上可以解决这些问题。

现在一般将"互联网＋物流"描述成一种新的物流形态，即移动互联网与物流行业融合发展，充分发挥移动互联网在资源配置中的优化和集成作用，以能够实现信息共享、资源共用和流程可视化，重构物流的价值链。"互联网＋物流"深入了解消费者的需求，实时调度运输、仓储、配送等中间环节的资源，以提高客户满意度和服务效率。

（二）"互联网＋物流"的特征

1. 物流平台互联网化

根据互联网思维来构建物流平台，将物流资源整合和价值链重构。如阿里巴巴的生态模式，从物流平台角度延伸数据、流量、营销等价值，并且带动和帮助中小型企业。再如小米模式，是一个整合上下游企业的物流平台模式，它的盈利点主要是在延伸服务和增值服务上，而不是基础物流服务。

2. 物流运营大数据化

"互联网＋物流"通过提供良好的客户体验汇集大量流量，通过整合客户资源，进一步利用大数据进行精准营销；建设平台辅助系统，打造一个为客户企业提供有价值服务的平台，提高客户黏性。

3. 物流信息扁平化

通过"互联网＋物流"可以实现物流信息的高效共享，将物流行业的供求信息进行整合，实现物流服务供需双方的交易扁平化、物流运营监控的可视化，以及提高物流供应的透明度。

4. 物流资源众筹化

互联网时代是依赖资源和信息盈利的时代，具有开放、分享及一加一大于二思维的众筹非常符合互联网经济时代的要求。众筹模式在国外已有许多的研究和发展，在国内市场，将互联网领域的众筹模式应用到物流行业，不管是资本的众筹还是资源的众筹，都会带来很大的发展空间。

二、"互联网＋物流"的内涵

（一）物流资源整合

通过资源整合可以促进对传统物流业的变革。互联网通过对物资的资源整合可以达到两个作用：一方面可以加速打破传统物流组织的自我封闭，创造一个新的社会和经济环境；另一方面也可以加强物流组织同外部的沟通与联系，为封闭组织整合外部资源提供有效的工具。

（二）价值链重构

在互联网与物流业进行深度融合时，必然会对传统物流模式和流程变革进行重组。因而，价值链的重构对"互联网＋物流"从根源上提供驱动力。价值链的重构可以分为表层重构和深度重构。

表层重构主要是在传统互联网的基础上，重构物流信息的聚合和分发方式。如在信息层面上通过物流信息平台、ERP 和手机 App 等对传统物流业进行重构。而深度重构则是在移动互联网的基础上，逐一分析物流流程的各个环节，把能省的步骤都省去，利用互联网的特质对物流行业进行重构。这种深度重构，将颠覆性地改造传统物流行业。

正如价值链深度重构所阐述的，"互联网＋物流"可以为省去物流中间环节和节省中间费用等去中介化提供直接的驱动力。第一，在交易活动中供需双方直接通过互联网联系，省去了时间、人力、物力等中间成本；第二，由于物流信息扁平化发展，避免了过多的人力参与，还可以在互联网上记录交易过程，双方可随时审核查看，保证交易的透明度；第三，在去中介化以后，各种交易数据可更加直接和高效地通过互联网反馈给整个行业，利用"互联网＋物流"平台的大数据监测行业的发展走向。

三、"互联网＋物流"的模式

（一）平台模式

互联网的快速发展促使全国物流各大平台陆续产生，如物流园区平台、公路港平台、零担物流专线平台等。传化物流是国内最早采用平台经营模式对行业转型升级提出系统解决方案的企业之一。传化物流就建成了全国首个公路港——杭州公路港，在全国首创公路港物流服务平台模式。传化物流致力于打造中国智能公路物流网络运营系统，发展物流大数据，形成中国物流大脑；同时应用互联网、云计算等信息技术，供应链、金融等服务手段，贯穿供应链全链条，成为中国物流行业新生态的品牌企业。物流平台经济是以生态为基础的新型商业模式，是商业模式的融合，也是战略思路的协同，具有长远的战略价值。

（二）众包模式

京东众包是"互联网＋物流"众包模式的典型代表，是京东到家推出的新模式，该模式是利用用户抢单，来为附近的客户提供送货服务。众包模式可以合理利用社会闲散劳动力，优化社会可利用资源。京东众包作为创新型的社会化物流体系，将原应分配给专职快递员的配送工作，经由互联网平台转包给兼职人员来做，实现资源配置最优化，实现物流成本最小化。传统的物流配送模式成本一般是固定的，且支付给物流人员的费用较高，而众包模式则可以通过对物流配送人员需求预测，适时变动配送人员数量，达到降低物流成本的目的。

（三）跨界模式

在"互联网＋物流"的背景下，物流企业纷纷发展跨界经营模式，顺丰是进行跨界电商最早的快递企业之一。电商食品商场顺丰优选开始上线，并坚持不懈地对电商进行投入。以全球优质安全美食为主的网购商城，覆盖生鲜食品、母婴食品、酒水饮料、营养保健、休闲食品及美食用品等品类。"顺丰优选"依托覆盖全国的快递配送网，从原产地到客户需求地进行全程冷链保鲜，主要服务于中高端客户。

参考文献

[1] 申纲领. 物流管理基础 [M]. 北京：中国轻工业出版社, 2021.

[2] 张启慧, 孟庆永, 杨妍. 供应链管理 [M]. 北京：机械工业出版社, 2021.

[3] 刘助忠. 现代物流管理实务 [M]. 长沙：中南大学出版社, 2021.

[4] 柳荣, 杨克亮, 包立莉. 库存控制与供应链管理实务 [M]. 北京：人民邮电出版社, 2021.

[5] 张庆英. 物流管理基础 [M]. 武汉：武汉理工大学出版社, 2021.

[6] 许贵阳. 区块链技术与现代流通业融合发展研究 [M]. 北京：中国社会科学出版社, 2021.

[7] 张恩娟. 电子商务环境下的物流管理与应用研究 [M]. 北京：中国社会出版社, 2021.

[8] 范碧霞. 物流与供应链管理（第 2 版）[M]. 上海：上海财经大学出版社, 2020.

[9] 张莉莉, 姚海波, 熊爽. 现代物流学 [M]. 北京：北京理工大学出版社, 2020.

[10] 冯耕中. 物流信息系统 [M]. 北京：机械工业出版社, 2020.

[11] 沈易娟, 杨凯, 王艳艳. 电子商务与现代物流 [M]. 上海：上海交通大学出版社, 2020.

[12] 杨叶勇. 物流信息技术与信息系统 [M]. 长沙：湖南师范大学出版社, 2020.

[13] 柳荣. 新物流与供应链运营管理 [M]. 北京：人民邮电出版社, 2020.

[14] 张惠敏. 新编物流管理实务 [M]. 北京：中国水利水电出版社, 2020.

[15] 范学谦, 翟树芹. 现代物流管理 [M]. 南京：南京大学出版社, 2020.

[16] 潘勇. 跨境电子商务物流管理 [M]. 北京：高等教育出版社, 2020.01.

[17] 穆丽娟. 新编现代物流管理 [M]. 北京：中国水利水电出版社, 2020.

[18] 陈雄寅, 贾铁刚. 现代物流基础学习指导 [M]. 北京：电子工业出版社, 2020.

[19] 赵道致, 何龙飞. 采购与供应管理 [M]. 北京：清华大学出版社, 2020.

[20] 贾春玉, 双海军, 钟耀广. 仓储与配送管理 [M]. 北京：机械工业出版社, 2019.

[21] 杨国荣. 供应链管理 [M]. 北京：北京理工大学出版社, 2019.

[22] 宾厚, 王欢芳, 邹筱. 现代物流管理 [M]. 北京：北京理工大学出版社, 2019.

[23] 孙家庆．物流风险管理 [M]．沈阳：东北财经大学出版社，2019.

[24] 庞凌．物流信息平台整合供应链资源模式研究 [M]．长春：吉林人民出版社，2019.

[25] 陈俊，刘强，饶阳春．现代物流管理 [M]．济南：山东大学出版社，2019.

[26] 刘胜春，李严锋．第三方物流 [M]．沈阳：东北财经大学出版社，2019.

[27] 汪莹，蒋高鹏．现代物流与供应链商业模式创新理论及案例解析 [M]．北京：中国商务出版社，2019.

[28] 张良卫，林勋亮，陈海权，等．国际物流学 [M]．北京：机械工业出版社，2019.

[29] 赵启兰．物流实践能力培养与提升 [M]．北京：机械工业出版社，2019.

[30] 丁宁．运营管理 [M]．北京：北京交通大学出版社，2019.

[31] 南洋．基于电子商务环境下的物流体系研究 [M]．长春：吉林大学出版社，2019.

[32] 魏修建，姚峰．现代物流与供应链管理（第 3 版）[M]．西安：西安交通大学出版社，2018.

[33] 王瑾．现代物流与供应链管理理论及运作研究 [M]．北京：九州出版社，2018.

[34] 丁俊发．供应链国家战略 [M]．北京：中国铁道出版社，2018.

[35] 陈明蔚．供应链管理（第 2 版）[M]．北京：北京理工大学出版社，2018.

[36] 王东波，黄世政，庞凌．供应链管理实务 [M]．北京：北京工业大学出版社，2018.

[37] 张喜才．物流产业链管理 [M]．北京：中国商业出版社，2018.

[38] 王欣兰．现代物流管理概论（第 3 版）[M]．北京：北京交通大学出版社，2018.

[39] 苑春林，喻晓蕾．国际物流 [M]．北京：中国经济出版社，2018.

[40] 王之泰．新编现代物流学（第 4 版）[M]．北京：首都经济贸易大学出版社，2018.

[41] 谭春平．基于第四方物流的现代物流园区经营管理模式创新研究 [M]．成都：四川科学技术出版社，2018.

[42] 李海波，苏元章．物流基础实务 [M]．北京：北京理工大学出版社，2018.

[43] 张文杰．综合物流研究规划与实践 [M]．北京：北京交通大学出版社，2018.